유식, 마음을 읽다

언어에 대한 인식적-문화적 해석

저자 안환기

유식,
마음을 읽다

언어에 대한 인식적−문화적 해석

저자 안환기

올리브
그린

동서고금을 막론하고 마음을 성찰한 이야기는 늘 관심의 대상이 되었다. 마음의 흐름을 진솔하게 서술한 이야기, 마음에 대해 객관적으로 분석한 이야기는 자신을 간접적으로 바라볼 수 있는 계기가 되기 때문이다. 이 가운데 유식학은 고대 인도의 불교 수행자들의 이야기이다. 이 수행전통은 수 세기에 걸쳐 동아시아로 전파되었으며 지금도 여전히 살아 있다. 그래서인지 유식학에는 현대인들도 자신의 마음을 성찰할 수 있게 하는 다양한 요소들이 있다. 특히 수행이라는 방법을 통해 마음이 변하는 모습을 관찰하고 그 내용을 구체적으로 보여주고 있어서, 현대인들이 겪는 심리문제를 상담하고 치료하는 데에도 유용한 부분이 많다.

필자가 유식학에 관심을 가지게 된 것은 우연히 보았던 '마음을 찾는 길'이라는 글귀에서 비롯한 것 같다. 실존적인 문제를 해결하고자 고민했던 시기에 필자에게 다가온 소중한 인연이었다. 마음에 생겨나는 번뇌를 어떻게 해결할 수 있을까. 자유롭게 나 자신을 조절할 수는 없는 것일까. 유식학에는 해탈이라는 종교적 목표를 향해 수행한 사람들의 경험 내용이 자세하게 표현되어 있다. 번뇌의 여러 양상, 그것을 소멸하는 방법, 번뇌가 사라지면서 마음은 어떻게 변화되는지 등… 이 내용을 살펴보면, 수행자는 현실적인 문제에서 출발하여 궁극의 경지에 도달하고자 노력하는 사람이라는 사실을 알 수 있다. 그래서 유식학에는 우리가 겪고 있는 실존적인 문제를 해결할 수 있는 실마리가 많이 보인다.

유식학을 연구하면서 필자는 자연스럽게 마음속의 번뇌에 대해 성찰하는 기회를 갖게 되었다. 유식학은 마음의 다양한 모습을 세밀하면서도 광범위하게 5위100법이라는 범주로 설명하고 있다. 그리고 마음의 여러 측면을 현대인인 우리도 공감할 수 있게 묘사하고 있다. 그래서 우리는 수행자의 경험 내용을 문자로 표현한 이러한 글을 통해 그들의 경험을 공유하게 된다. 필자 또한 번뇌가 사라지면서 마음이 변화되는 경험을 했다.

그런데 언젠가부터 필자의 마음에서 떠나지 않는 물음이 있었다. 수행은 자신의 마음을 관찰하는 과정이다. 그런데 어떻게 주관적인 경험이 타인과 공유될 수 있었을까. 경전과 논서로 만들어지게 되었던 그 과정은 어떻게 설명할 수 있을까. 본서는 이러한 의문을 풀어보고자 한 것이다. 흥미롭게도 주관적인 경험의 객관화 문제는 서양의 철학자 비트겐슈타인(Ludwig Josef Johann Wittgenstein, 1889-1951)의 후기이론 속에서도 나타나고 있었다. 비트겐슈타인은 언어에 초점을 두고 이 문제에 천착했다. 그래서 필자는 수행 경험의 사회화 문제를 유식학 뿐만 아니라 서양학자들의 시선도 고려하면서 이 문제를 풀어나가고자 했다.

논의를 위해 현대 종교 언어 이론을 살펴보던 중 조지 A. 린드벡(George Arthur Lindbeck, 1923-2018)이 설정한 범주를 발견하게 되었다. 그는 지금까지 나온 서양의 종교 언어 이론을 '인식-명제적 모델', '경험-표현적 모델', '문화-언어적 모델'로 분류하고 있었다. 필자는 이 모델을 유식학에도 적용할 수 있는지 분석하였다. 그 결과 '문화-언어적 모델'은 유식학에 부분적으로 적용할 수 있다고 보았다. 그리고 '인식-명제적 모델'

에서 '인식'이라는 이름만 사용하고 그 의미를 유식학에 기원을 둔 개념으로 새롭게 정의했다. 필자는 두 가지 모델 즉 '인식적 모델'과 '문화적 모델'을 만들어, 수행 경험이 문자로 표현되어 경전에 담겨질 수 있었던 메커니즘을 분석하게 되었다.

'인식적 모델'과 '문화적 모델'은 언어를 사용하는 주체인 '사회적 자아'의 형성과정, 그 특성, 언어와 대상의 관계, 언어와 '사회적 자아'의 관계를 큰 틀에서 해석한 것이다. 그리고 보다 자세한 논의는 유식학의 문헌을 분석하여 진행하였다. 유식학은 모든 현상이 마음에서 생겨난다고 보는 입장이다. 그래서 언어를 사용하는 주체, 인식 대상, 언어 등이 만들어지는 과정을 모두 마음의 현상으로 해석하고 있다. 필자는 더 확장해서 유식학의 견지에서 인간의 사회화는 어떻게 설명할 수 있는지를 논의하였다.

본서는 필자의 박사학위논문에 기초하여 단행본으로 만든 것이다. 박사학위논문을 지도해 주신 윤원철 교수님, 논문을 쓸 때 도움을 주신 안성두 교수님 그리고 함께 심사를 맡아주신 성해영 교수님, 셈 베르메르쉬 교수님, 우제선 교수님께 감사드린다. 서울불교대학원대학교 황윤식 총장님, 윤희조 교수님, 정준영 교수님께 감사드린다. 최종남 교수님, 김진무 교수님, 김치온 교수님께도 감사드린다. 그리고 항상 삶의 지표가 되어주시는 본각 스님께 두 손 모아 감사의 말씀을 올린다.

2020. 02. 10.
저자 안환기

목차

서론

1. 수행 경험은 어떻게 타인과 공유될 수 있었을까

2,600여 년 전 붓다는 수행을 통해 인간의 삶을 근본적으로 통찰하여 깨달음의 경지에 이른다. 이후 불교는 인도를 비롯하여 동아시아에 전파되었다. 이 과정에서 불교는 시대와 지역에 따라 다양한 모습을 보였다. 인도의 부파불교, 중관학, 유식학, 여래장 사상 그리고 중국의 천태종, 화엄종, 선종 등이 그 예이다.

이 가운데 특히 유식학파는 수행을 통해 마음의 작용을 세밀하게 분석하여 그 내용을 체계적으로 정립시킨 것으로 알려져 있다. 당시 요가행자들은 자신의 마음을 관찰하고 그 내용을 수행공동체 구성원들과 공유하며 수행을 진전시켰다. 유식학 경전(經典)과 여러 논서(論書)는 그러한 과정을 통해 형성된 것이라고 할 수 있다. 이렇게 형성된 경전과 논서는 이후 유식학을 비롯해서 불교의 여러 종파를 유지하는 구심점이 되었다.

이로 인해 불교에 대한 연구도 주로 경전과 논서를 분석하는 방법으로 진행되어 왔다. 수행에 의해 관찰한 내용이 주를 이루는 유식학에 대한 연구 또한 이러한 방법으로 전개되었다. 그 내용은 주로 인식론과 수행론에 초점을 두고 있다.[1] 하지만 수행을 통해 관찰한 내용이 언어로

---

1) 유식학의 연구현황은 다음의 논문에 나타나 있다. 김치온(2013), 〈유식학의 연구현황과 연구

표현되어 그것이 이론으로 정립된 과정과 그 근거에 대해서는 아직 연구되지 않았다. 수행자의 경험 내용이 이론화된 과정 즉 경전과 논서로 정착하게 된 배경에 대한 문제는 특히 유식학이 성립될 수 있었던 토대에 관해 묻는 중요한 주제이다.

따라서 필자는 다음과 같이 3가지 문제에 초점을 맞추어 논의하고자 한다.

첫째, 수행자의 개인적인 경험 내용이 공적인 이론으로 성립될 수 있었던 과정을 어떻게 설명할 수 있을까? 주지하듯 유식 경전이나 논서에는 수행을 통해 관찰한 마음의 변화 양상이 세밀하게 기록되어 있다. 이것은 수행자의 경험이 객관화되었다는 것을 의미한다. 이 현상을 해석하기 위해 필자는 수행 경험이 이론으로 정립된 과정이 수행공동체에서 형성되었다는 것에 주목할 것이다.

둘째, 마음의 관점에서 언어의 문제를 어떤 방식으로 해석할 수 있을까? 유식학이라는 이론적인 체계는 개인의 수행 경험이 언어로 표현되어 타인에게 전달되면서 형성되었다. 언어의 작용에 관한 문제는 수행 경험이 객관적으로 정형화된 사실을 논의하는 데 핵심적인 역할을 한다. 유식학에서 마음에 나타난 영상을 언어로 표현하여 타인에게 전달하는 메커니즘은 언어의 주체, 언어와 대상과의 관계, 언어와 언어 주체 사이의 관계에 관한 분석에 의해 밝혀질 수 있다. 필자는 이와 같은 과정에 의해 언어의 문제를 체계적으로 논의할 것이다.

셋째, 유식학은 개인의 사회화에 관한 문제를 어떤 방식으로 해석하

과제〉, 《한국불교학》 68, pp.135-168; 김성철(2006), 〈한국유식학연구사〉, 《불교학리뷰》 1권 1호, pp.13-54.

는가? 이것은 언어의 주체가 타인과 관계를 형성하는 것에 대해 주목한 물음이다. 요가행자들은 수행을 통해 관찰한 내용을 스승에게 점검을 받고 더욱더 정진하는 계기로 삼는다. 이 과정은 개인이 사회화되는 양상을 보여주는 단적인 예가 된다. 수행공동체 속에서 수행자들은 구성원과 대화를 통해 자신의 수행 경험을 논의함으로써 그들의 경험 내용을 객관적 이론으로 체계화했다. 필자는 이 논의를 위해 언어의 주체를 '사회적 자아'로 명명하고 그 특성과 작용 양상에 주목할 것이다.

2. 인식적 - 문화적 모델(cognitive[vijñapti]-cultural model)

사실, 개인적인 수행 경험을 어떻게 타인에게 이해시켰으며 나아가 그 내용을 공적인 이론으로 정립할 수 있었는지에 대한 논의는 불교에 한정된 주제가 아니다. 이 문제는 우리가 암묵적으로 타인의 주관적인 생각을 이해한다고 여기는 것에 대한 물음으로 이어진다. 서양의 위대한 언어철학자인 비트겐슈타인(Ludwig Josef Johann Wittgenstein, 1889-1951) 또한 '통증'과 같은 감각 내용과 언어의 관계를 탐색함으로써 이 문제에 대해 깊은 논의를 했다. 따라서 필자는 수행 경험의 객관화에 대한 문제를 유식학에 한정해서 논의하지 않고 현대 서양학자들의 이론 또한 고려하고자 한다. 이를 위해 '인식적-문화적 모델(cognitive[vijñapti]-cultural model)'을 제안한다. 이것은 서양학자 조지 린드벡(George Arthur Lindbeck, 1923-2018)이 시대를 전근대, 근대, 후기 근대로 나누고, 각 시대에 논의되었던 종교 언어의 이론을 각각 '인식-명제적(cognitive-propositional),' '경험-표현적(experiental-expressive),' '문화-언어적(cultural-linguistic)'으로 정의한 것에 착안한 것이다.[2] 린드벡이 분류한 이 3가지 유형을 간단히 살펴보면 다음

---

2) 조지 A. 린드벡(George Arthur Lindbeck, 1923-2018)은 미국 예일대 교수였으며, 교회의 일치를 모색했던 신학자였다. 그는 《교리의 본질》(1984)에서 전통적인 기독교 신학의 '인식-명제적 접근'과 자유주의의 '경험-표현주의적 접근'이 포스트 모던적 종교 현상에 대한 해결책이 되지 못한다고 생각했다. 그래서 기존의 두 접근법들을 극복할 내인으로서 '문화-언어적 접근법'을 제시했다. https://en.wikipedia.org/wiki/George _Lindbeck(2019.12.28. 검색); George Lindbeck(1984), *The Nature of Doctrine: Religion and Theology in a Postliberal Age*, London: Westminster Press, p.112.

과 같다.

첫째, '인식-명제적 모델'은 논리실증주의자의 '모사(模寫) 이론' 혹은 '대응 이론'을 말한다. 사물을 거울로 비추듯이 언어가 사태를 있는 그대로 묘사한다고 보는 이 모델에 따르면, 언어는 정보를 제공하며 객관적 실재에 대한 진리를 표현한다.

둘째, '경험-표현적 모델'은 내적 느낌 또는 내적 태도와 같은 내면의 상태가 언어에 의해 표현된다는 입장으로, 이 모델에서는 종교적 경험이 그것을 표현하는 언어보다 더 중심적인 지위를 차지한다. 언어로 표현된 교리의 의미는 시대 및 장소에 따라 다르게 해석될 수 있지만 종교에 대한 그 근본적인 경험은 동일하다고 본다. 린드벡은 이 모델을 시카고학파의 입장으로 분류했다.

셋째는 '문화-언어적 모델'이다. 이 모델에 의하면 언어의 유의미성은 객관적인 사태를 모사(模寫)함으로써 결정되기보다, 어떤 특별한 문화적 양태 속에서 결정된다. 논리실증주의자의 이론이 첫 번째 모델을 대표한다면, 이것은 후기비트겐슈타인의 이론을 대표한다. 후기비트겐슈타인의 이론은 언어를 '놀이'로 본다. 각각의 '놀이'에 규칙이 있듯이 언어에도 규칙이 있다고 보았다. 놀이가 규칙에 의해 이루어지듯 언어는 그 언어가 가지고 있는 규칙에 의해 의미를 부여받게 된다. 언어의 의미는 각 문화적 맥락에 따라 다르게 결정되기 때문에 언어는 다양한 의미를 지닐 수 있다.[3]

---

3) 예컨대 '공(空)'개념은 인도 중관학에서 실체를 부정하는 의미 곧 무아(無我)를 의미한다. 한편, 중국불교 초기에 '공'개념은 무(無)라는 의미로 이해되었다. 중국인들은 그들에게 익숙했던 '무'개념을 통해 '공'개념을 해석했다. 이를 격의불교(格義佛教)라고 부른다. 다른 한편, 물리학을 비롯한 자연과학에서 '공'은 텅 빈 공간을 의미한다. 후기비트겐슈타인

린드벡이 분류한 3가지 모델 중 유식학을 적확하게 해석할 수 있는 모델은 발견되지 않는다. 필자는 이 중 '인식-명제적 모델'과 '문화-언어적 모델'이 유식학을 해석할 수 있는 틀에 근접할 수 있다고 판단했다. 따라서 논리실증주의자의 '인식-명제적 모델'에서 '인식'이라는 개념을 유식학에 맞게 새롭게 정의하고, '문화적 모델'이 의미하는 바를 후기비트겐슈타인의 언어관을 포함해서 보다 포괄적으로 정의했다. 이를 통해 '인식적-문화적 모델'이라는 틀을 새롭게 구성했다. 필자가 정의한 '인식적-문화적 모델'의 구체적인 의미를 살펴보면 다음과 같다.

1) 인식적 모델(cognitive[vijñapti] model)

'인식적 모델(cognitive[vijñapti] model)'은 수행자가 경험하는 마음의 작용에 주목한 것이다. 일반적으로 '인식'이란 인식하는 주체가 인식의 대상을 파악하는 활동 또는 그 활동의 결과를 뜻한다. 인식 작용은 인식의 주체와 인식 대상이 서로 관계를 맺음으로써 시작된다. 유식학에서는 독특하게도, 마음 즉 '식(vijñapti)'이 변형되어 형성된 인식 주체가 인식 대상을 파악하는 작용으로 인식 작용을 해석한다. 이때 인식 주체는 인식 대상과 구분되어 대립하는 주관이면서, 동시에 그 '관계 맺음'의 통합적 근거가 되기도 한다. 이것은 수행의 주체가 마음에 떠오른 대상을 관찰하고

이론은 이와 같은 현상을 게임이론으로 설명했다. 가 게임에 놀이의 규칙이 있듯이 언어의 의미 또한 공동체의 규칙에 따라서 결정된다고 해석했다. '공'이라는 개념이 인도불교, 중국초기불교 그리고 자연과학에서 각각 다른 의미로 해석되었듯이, 언어의 의미는 각 공동체의 규칙에 따라 다르게 결정된다고 보았다.

그 경험 내용을 표현하는 과정을 유식학적으로 해석한 것이다.

이와 같은 현상은 '식'의 개념을 분석했을 때 명확히 드러난다. '식'을 의미하는 산스크리트 '비즈냡티(vijñapti)'는 '둘로 나눈다'는 의미의 '비(vi)'와 '알게 하다'는 의미의 '즈냡티(jñapti)'로 구성되어 있다. 이 개념은 '식'이 주관과 객관으로 나누어지고 인식의 주체가 된 '식'이 인식의 대상이 된 '식'을 파악하게 하는 작용이 인식 작용임을 의미한다. 또한, 이 개념은 '식'이 인식 주관과 인식 대상으로 나누어지지만, 이 둘은 '식'에 의해 연결되어 있음을 의미하기도 한다. 즉 '식'이 나누어져 인식 주관과 인식 객관으로 변형되지만, 이 둘은 완전히 분리된 것이 아니라 다만 역할이 다른 '식'일 뿐임을 의미한다.

이처럼 '인식적 모델'은 유식학에서 '식(識)'을 의미하는 산스크리트 '비즈냡티'의 의미에 기원을 둔다. 서양학자 조지 린드벡이 기존의 종교 언어이론을 검토하고 분류한 모델 가운데, 논리실증주의자를 비롯해서 전기비트겐슈타인의 언어이론을 '인식-명제적 모델(cognitive-propositional model)'로 정의한 '인식' 개념과 그 의미하는 바가 다르다.

2) 문화적 모델(cultural model)

'문화적 모델(cultural model)'은 수행자가 경험한 내용을 언어로 표현할 때, 첫째, 언어와 대상과의 관계, 둘째, 표현된 언어가 의미 있게 되는 근거, 셋째, 언어와 언어 주체 사이의 관계에 주목한다.

첫째, 언어와 대상 사이의 관계에 대해 살펴보면 다음과 같다.

유식학파는 언어가 묘사하는 대상은 플라톤의 이데아(Idea)와 같은 존재가 아니라 '식'이 변해서 나타난 것이라고 정의한다. 이 관점에 의하면 우리가 지각하는 모든 사물은 '식'이 만들어낸 관념에 불과하다. 즉 우리가 경험하는 현상세계는 마음['식']에 의해 만들어진 것이다. 요가행자들은 영상으로 나타나는 마음의 세계를 정확히 관찰함으로써 우리 안에 그런 영상을 만들어내는 또 다른 마음이 있음을 발견한다. 그리고 그 영상은 '식'이 변해서 나타난 것[변현(變現)]으로 해석한다. 그들은 일상적인 마음으로 돌아왔을 때도 마음은 계속 작용하고 있으며 일상적인 마음의 대상 또한 마음 즉 '식'이 변형된 것으로 본다.

유식학파는 현실의 경험세계가 구체적으로 '명언종자(名言種子)'가 나타나는 것이라고 표현한다. '명언종자'는 언어 작용의 결과가 심층에 저장된 것을 의미한다. 따라서 '명언종자'가 발현하여 언어가 생기고 '명언종자'에 의해 사물의 갖가지 형상이 생기게 된다. 이 둘 사이의 관계가 언어와 대상의 관계가 된다. 이것은 언어의 대상이 외부에 실재하는 것이 아니라 '식'의 변형체임을 나타낸다. 이상의 논의에 따르면 유식학에서 언어와 대상의 관계는 '식'과 '식'의 관계를 의미한다고 볼 수 있다.

둘째, '문화적 모델'은 언어가 의미를 가지게 되는 근거를 해석하는 틀이기도 하다. 수행자가 자신이 경험한 내용을 언어로 표현했을 때 그것을 타인이 이해하기 위해서는 표현된 언어가 의미를 획득해야 한다. 이것은 유식학의 관점에서 볼 때, 마음의 심층에 저장된 '명언종자'가 공동체의 언어 규칙으로 변형되고 또한 그 규칙이 새롭게 표현된 언어와 정합할 때 그 언어는 의미를 가지게 된다고 해석할 수 있다. 즉 유식학에서 언어는 객관적으로 실재하는 것을 전달해주는 매개적 역할을 하는 것이 아니다. 개념의 의미는 독립적으로 결정되는 것이 아니라 공동체에서 합의된 규칙에 부합(符合)할 때 결정된다. 즉 개념의 의미는 그에 상응하는 사태를 통해서가 아니라 바로 그 개념을 포함한 개념들 전체의 관계 안에서, 즉 또 다른 개념을 통해서 규정된다.

이 해석은 린드벡이 소개한 후기비트겐슈타인의 이론과 유사하다. 후기비트겐슈타인에 의하면 언어는 공동체의 삶 속에서 의미를 가진다. 언어는 스스로 그 자신의 의미를 전달할 수 없다. 오히려 그 의미는 활동과 실천이 포함된 전반적인 배경[규칙]에 의해 시사 된다. 이것은 우리가 특정한 의미를 이해하기 위해 삶에 참여하거나 아니면 적어도 관습[규칙]에 대해 공감을 가져야 한다는 것을 의미한다.

셋째, '문화적 모델'은 언어와 언어 주체 사이의 관계에 주목해서 이 현상을 해석하고자 한다. 독특하게도 불교는 언어에 의해 언어의 주체가 바뀌는 현상을 보여준다. 이것은 다른 이론에서는 볼 수 없는 불교만의 독자적인 해석이다. 특히 유식학에 의하면, 진리의 세계에서 흘러나온 이야기를 잘 듣게 되면 마음 깊은 곳의 '알라야식'에 청정한 '종자' 즉 '정문훈습종자(正聞薰習種子)'가 쌓이게 된다. 이로 인해 언어의 주체는 수행을 통해 진리의 세계에 도달하고자 하는 마음을 일으킨다. 즉 언어에 의해 언어의 주체가 변화되기 시작한다. 수행의 길로 접어들게 된 언어의 주체는 이후 다양한 인식의 변화를 경험한다.

이상에서 본 바와 같이 '인식적-문화적 모델'은 인식의 작용을 해석하는 '인식적 모델'과 언어와 대상과의 관계, 표현된 언어가 의미 있게 되는 근거, 언어와 언어 주체 사이의 관계를 해석하는 '문화적 모델'을 모두 포함하는 모델이다. 앞에서 언급했듯이, 불교 경전과 논서는 수행자의 주관적인 수행 경험이 언어로 표현되어 공적으로 이론화된 형태라고 할 수 있다. 필자는 '인식적-문화적 모델'을 통해, 이러한 현상이 가능했던 근거를 밝히고자 한다.

3. 글의 구성

이 글은 크게 두 부분으로 구성되어 있다. 1부에서는 수행자의 마음을 '인식적 모델'로 해석하며 2부에서는 수행 경험이 언어로 표현되는 과정을 '문화적 모델'로 살펴본다.

1부는 '인식적 모델'에 의해 '사회적 자아'의 의미와 그 특징 그리고 '사회적 자아'가 타인과 의사를 소통하는 과정을 분석한다.

우선 1부 제1장에서는 유식학의 핵심 개념이라 할 수 있는 '알라야식'의 의미와 기능을 살펴본다. 이어서 유식학은 인식 작용의 형성 과정을 어떻게 설명하고 있는지를 고찰한다. 이를 통해 마음을 두 가지 측면 즉 '개별적 자아'와 '사회적 자아'로 나누어 보고, 특히 '사회적 자아'가 만들어지는 과정을 '명언훈습종자'의 현현, '식'의 분화 등을 통해 구조적으로 분석한다. 다음은 '사회적 자아'의 특성을 현대 서양 이론과 비교 분석하여 살펴본다.

제2장에서는 언어의 주체인 '사회적 자아' 사이에 이루어지는 소통의 과정과 그 원리를 분석한다. 우선 불교에서만 나타나는 두 가지 차원 즉 일상 언어의 세계와 열반의 세계에서, 소통의 양상이 각각 분석될 것이다. 일상 언어의 세계에서는 '식'의 분화에 의해 언어의 대상이 형성된다는 사실이 논의된다. 반면 주관과 객관을 초월한 상태로 정의되는 열반의 세계에서는 '식'의 분화가 발생되지 않으므로 일상 언어의 대상이 존재하지 않는다는 것을 밝힌다. 그리고 일상인과 보살의 소통 과정은 '식'이 분화한다는 점에서 구조적으로 유사점을 보이지만, 심리적 동

인이 각각 다르다는 것을 논의한다. 이어서 소통의 원리를 후기비트겐슈타인 이론의 '생활양식', 유식학의 '명언훈습종자', 인도 후기논리학자의 '타의 배제'를 통해 논의한다.

2부는 '문화적 모델'에 의해 인식 대상과 언어의 관계, 언어의 유의미성을 결정하는 방식, '사회적 자아'와 언어 체계의 관계를 분석한다.

2부 제1장에서는 언어의 유의미성 문제를 논의한다. 이를 위해 우선 사적인 경험 내용이 객관화 될 수 있는 근거를 분석한다. 이것은 수행을 통해 관찰한 내용이 객관적인 이론으로 정형화될 수 있었던 이유에 대한 논의이다. 필자는 이 문제를 후기비트겐슈타인의 논지를 통해 해석한다. 다음은 속제(俗諦)와 진제(眞諦)의 견지에서 대상과 언어의 관계를 분석한다. 일상적인 언어의 세계인 속제에서는 무명(無明)에 의해 언어의 대상이 실재하는 것으로 여겨지지만, 진제의 세계에서는 언어의 대상이 공(空)하다는 것을 통찰하여 이 대상에 대해 집착하지 않는다는 것을 논의할 것이다. 이어서 언어의 유의미성 결정 방식을 후기비트겐슈타인과 인도 후기논리학자의 시선을 통해 논의한다.

제2장에서는 언어 체계와 '사회적 자아'의 관계를 논의한다. '사회적 자아'에 의해 체계적인 이론이 형성되는 과정을 두 가지로 측면에서 분석한다. 우선 미시적 차원에서 '명언훈습종자'에 의해 '심상'이 언어로 표현되는 과정을 분석한다. 그리고 거시적 차원에서 '사회적 자아'에 의해 가치관 및 문화가 형성되는 과정을 살펴본다. 이것은 데카르트와 후기구조주의 및 유식학의 견지에서 비교·분석하는 방법으로 진행된다. 다음은 언어에 의한 '사회적 자아'의 변화 과정을 논의한다. 우선 '정문훈습종자'의 역할을 분석하여 진리에 의한 인식의 변화 과정을 고찰한다. 더불어 문화 및 가치관에 의해 '사회적 자아'가 변화되는 과정을 살

펴본다. 나아가 보살이 중생을 교화하는 현상을 '성(聖)'의 구현체가 '사회적 자아'를 변화시키는 것으로 해석할 수 있음을 살펴본다.

인식적 모델로 본
수행자의 마음

1. 사회적 자아 : 사회 속의 나

1) 유식학파의 알라야식(ālayavijñāna)

(1) 붓다의 뜻을 계승한 알라야식

불교는 무상정등각(無上正等覺)에 이른 고타마 붓다가 자신이 깨달은 내용
을 세상에 전파하면서 시작되었다. 붓다는 35세에 깨달음에 이른 후 40
여 년간 인도의 여러 지방에서 포교와 교화에 힘을 썼다. 붓다가 입멸한
후에도 제자들에 의한 가르침이 계속되었고 불교 교단은 인도 각지로
퍼져나갔다. 이에 불교는 점점 각 지역의 관습, 기후, 생활양식 등과 같
은 문화에 영향을 받게 된다. 세월이 흐르고 사회환경이 바뀌면서 비구
들의 생활양식에도 변화가 생겨났다.

불멸후 100년경(BC 4C 경) 계율 문제가 쟁점이 되면서 불교도들은 보
수적인 상좌부(上座部)와 진보적인 대중부(大衆部)로 나누어진다. 이때의 분
열을 근본분열(根本分裂)이라고 부른다. 기원전 3세기경 마우리아왕조의
황금시대를 연 아쇼카왕(재위 BC270-BC230)이 호불정책을 실시하면서 불
교교세는 비약적으로 발전한다. 더불어 교학이 발달하게 되었지만 교의
해석에 대한 의견이 분분해지기도 했다. 결국 불멸후 200년 무렵에 상
좌부와 대중부 내부에도 분열이 생겨났다. 이것을 지말분열(枝末分裂)이라
고 부른다. 붓다가 입멸한 후 100년 무렵부터 시작된 분열은 BC 1세기
까지 약 300-400년에 걸쳐 교단이 20여 개의 부파로 갈라지게 되는 결
과를 낳았다. 이 시대의 불교를 후대인들은 부파불교(部派佛敎)라고 부른

다. 이러한 현상은, 시간이 지나고 환경이 변하면서 붓다의 본지가 그것을 받아들이는 사람들의 사유방식에 따라 다양하게 해석된 결과이다.

부파불교 중 가장 잘 알려진 설일체유부(說一切有部, sarvâsti-vāda)는 붓다의 법을 전통적으로 계승해 오던 상좌부에서 생겨난 부파이다. 설일체유부는 논서 즉 아비달마 문헌을 중시했기 때문에 경과 율을 중시했던 상좌부로부터 분리되었다고 전해진다. 설일체유부에서는 법(法)이라는 용어로 붓다의 가르침을 정리 분류했으며 대표적인 것이 5위75법이다. 설일체유부는 5위75법이 존재함으로써 모든 현상이 존재할 수 있게 된다고 보았다. 그리고 이 법들은 과거, 현재, 미래의 3세에 걸쳐 항상 존재하며 이것은 각각의 법에 변하지 않는 고유한 성질인 자성(自性)이 있기 때문이라고 주장했다. 이를 바탕으로 "삼세실유법체항유(三世實有法體恒有)"라는 교의를 세웠다. 이 뜻은 "법은 과거, 현재, 미래의 3세에 존재하며 법의 체인 자성은 영원히 존재한다."는 것이다.[1] 설일체유부는 법이 영원히 존재한다고 주장한다는 면에서 붓다의 무아설인 '세계에 존재하는 모든 것은 영원하지 않다.'는 본지와 다른 관점을 보였다. 따라서 이후에 많은 논란을 낳았다. 하지만 이러한 논란에도 불구하고 설일체유부는 불교의 정통 가르침을 유지하고 보존하여 후에 대승불교가 전개되는 데 큰 영향을 끼친 학파로 평가되고 있다.

설일체유부의 법에 대한 관점은 대승불교 중관학의 초조(初祖)인 용수(龍樹, Nāgārjuna, 2-3세기경)에 의해 비판된다. 그는 설일체유부의 '법은 영원히 존재한다.'는 실체에 대한 관점을 논파한다. 그는 붓다의 본지인 '무아설'을 드러내기 위해 '공'이라는 개념으로 그 시대에 유행했던 실체론

---

1) http://www.ibulgyo.com/news/articleView.html?idxno=66827(2019.12.01.검색).

자들과 대적했다. 하지만 용수의 이러한 사상도 이후의 모든 사람에게 그대로 받아들여진 것은 아니었다. 어떤 이들은 '공'을 표현하는 데 너무 집착하여, '공'이 아무것도 존재하지 않는 것을 의미하는 것으로 해석했다. 붓다의 본지를 제시하고자 했던 용수의 의도가 곡해되어 허무주의에 빠지는 자들이 나타났던 것이다.

당시 요기 수행자들은 수행을 통해 심층에 존재하는 마음 즉 '식'을 발견하고 이 관점에서 허무주의자들을 비판했다. 수행자들은 허무주의에 빠진 사람들이 '잘못 이해된 공'[악취공(惡取空)]에 집착하고 있다고 생각했다. 즉 아무것도 없는 것이 아니라 마음은 여전히 작용하고 있음을 통찰하고 그 마음을 '식'이라고 명명했다. 요가행자들은 이 '식'의 관점에서 '바르게 이해된 공'[선취공(善取空)]의 입장을 제시하여 붓다의 본지를 계승하고자 했다. 유식학은 이와 같은 역사적 배경에서 생겨난 대승불교이다. 유식(唯識)이라는 명칭에 나타나듯이 오직 마음 즉 '식'의 관점에서 일체 현상을 해석한다. 유식학파의 이러한 논의는 핵심 개념인 '알라야식'을 토대로 펼쳐진다.

유식학은 마음을 8가지로 구분한다. 초기불교부터 전해져 오던 6가지 마음에 제7식인 말나식과 제8식인 알라야식을 제시한다. 잘 알려져 있듯이 5식(識)은 안식(眼識), 이식(耳識), 비식(鼻識), 설식(舌識), 신식(身識)을 말하며, 제6식은 의식(意識)을 일컫는다. 5식은 5가지 감각기관과 감각대상에 의해 형성된다. 5식은 오직 감각기관에 현존하는 대상만을 지각함으로써 생겨나며 여기에는 분별작용이 일어나지 않는다. 반면 제6식인 의식은 의근(意根)이 5식을 통해 주어진 대상을 비롯해서 과거의 경험이나 상상의 내용을 대상으로 해서 생겨나는 마음이다. 5식과 달리 분별하며 판단하는 작용을 일으킨다. 한편 제7식인 말나식과 제8식인 알라야식은 마음의 깊은 곳에서 연속적으로 작용하는 마음이다. 유식학은 앞의 6가지 식들이 각각 개별적으로 활동하다가 중지하지만, 말나식과 알라야식은 끊임없이 작용하고 있다고 본다. 특히 말나식은 '알라야식'에 대해 집착하여 4번뇌[아치(我痴), 아견(我見), 아애(我愛), 아만(我慢)]를 일으키는 작용을 한다고 정의하고 있다.

유식학의 핵심 개념인 '알라야식'은 심층에서 이 7가지 마음과 유기적으로 작용하는 근원적인 마음이다. 요코야마 코이츠(橫山紘一, 1989: 115-120)에 따르면, 요가행자는 자기에 대한 인식은 표층적인 작용에 불과하고 이보다 심층적인 작용이 있음을 통찰한다. 그리고 심층에서 근원적인 작용을 하는 '알라야식'을 발견하게 된다. '알라야식'은 '집착되는 식'이며 '저장'의 의미를 지닌 것으로서 이러한 배경에서 생겨났다.

(2) 알라야식의 기능

'알라야식'의 기능은 4가지로 구분된다. 윤회의 주체로서 역할을 하며, 육체가 허물어지지 않게 그 형태를 유지하고, '종자'를 저장하며, 인식의 작용을 일으키는 근원이다. 이 4가지를 간단히 살펴보자.

첫째, 유식학에서 '알라야식'은 윤회하는 주체이다. 태어나서 죽고 죽어서 다시 태어난다고 하는 윤회사상은 인도인들이 일반적으로 받아들이고 있었던 상식이었다. 그런데 불교는 당시의 윤회사상을 수용하면서 불교가 제시하고 있는 무아(無我)를 설명해야 했다. 불교에 의하면 우리는 자신이 지은 행위의 결과 즉 업(業)에 의해 윤회한다. 그 경우 업을 어디에 저장하는가에 대한 물음이 제기된다. 업을 저장하는 기체(基體)가 존재하지 않는다면 신체가 소멸되었을 때 업 또한 소멸되어 윤회 자체가 불가능한 것은 아닌가 하는 의문이 일어나게 된다. 이 문제에 대한 구체적인 논의는 부파불교에서 비롯되었다. 몇몇 부파는 업을 보존하고 있는 주체 즉 윤회를 반복해 가는 주체를 상정했다. 그 예가 '유분식(有分識, bhavāṅga-vijñāna)', '근본식(根本識, mūla-vijñāna)', '궁생사온(窮生死蘊)' 등이다.

유식학의 '알라야식'은 이러한 역사적 배경에서 윤회의 주체로서 제시된다. 요가행자는 수행을 통해 발견한 '알라야식'에 의해 윤회와 무아의 문제를 해결하고자 했다. 그들은 '알라야식'에 저장되어 있던 경험 내용[업]이 윤회의 세계에 다시 태어나게 하는 원인이 된다고 생각했다.

그렇다면 유식학에서 '알라야식'은 윤회와 무아의 문제를 어떻게 해결할 수 있었을까? 유식학의 논리에 따르면, 윤회의 삶을 계속 살게 하는 요인은 '알라야식'에 쌓여 있는 업이다. 수행자들은 이러한 사실을 직시하며 '알라야식'에 존재하는 업을 소멸시키는 수행을 하게 된다. 이 과정을 통해 수행자가 해탈에 도달하게 되면 결국 수행자의 '알라야식' 그 자체는 소멸하게 된다. 따라서 유식학에서 '알라야식'은 윤회의 주체이지만 영원히 존재하지 않는 무아적 존재로 설명된다.

둘째, '알라야식'은 5가지 감각기관을 포함해서 육체를 유지시키는 기능을 한다. 유식학은 이 현상을 '집수(執受, upātta)'로 표현한다. upātta 는 upā-√dā의 과거분사이다. '받아들여진 것, 감수된 것, 유지된 것'이라는 뜻이다. 이것은 변형되어 감각기관[五根] 또는 육체[有根身]를 가리킨다. 감각기관을 비롯해서 육체는 무엇인가에 의해 유지된다[upātta]는 관점이다. 감각기관은 무엇인가에 의해 일정한 형상을 유지하게 되는데 유식학은 이것을 '집수'로 표현하고 이 역할을 '알라야식'이 한다고 보았다.

슈미트하우젠(Lambert Schmithausen, 2007:35-36)은 이러한 역할을 하는 '알라야식'이 존재하고 있음을 멸진정(滅盡定)에 든 수행자의 모습으로 설명한다. 수행자가 멸진정의 상태에 이르면 육체의 작용이 멈추어서 사망한 것처럼 보인다. 하지만 육체는 부패하거나 형태가 변하지 않고 그대로 유지된다. 심지어 멸진정에서 깨어났을 때 수행자는 이전의 상태와 다르지 않은 육체의 모습을 보인다. 슈미트하우젠은 이러한 현상이 육체의 이면에 무엇인가가 존재해서 육체의 형태를 유지하지 않으면 불가능하다고 보았다. 그는 육체를 유지하게 하는 그 무엇인가를 '알라야식'이라고 주장했다.

요코야마 코이츠(1989: 129-134)는 '알라야식'이 육체를 유지하는 기능을 한다는 점을 안위동일(安危同一, ekayogakṣema) 개념으로 설명한다. 이것은 '알라야식'과 육체 중 한 쪽이 양호한 상태 혹은 좋지 못한 상태이면 다른 쪽도 그에 대응해서 양호 또는 불량한 상태가 됨을 의미한다. 즉 육체와 '알라야식'은 유기적인 관계에 있다는 관점이다. '알라야식'과 육체는 서로 영향을 주고받는 관계에 있음을 보여준다.

셋째, '알라야식'의 기능 가운데 또 다른 하나는 '종자(種子, bīja)'를 저장하는 기능이다. '종자'는 정신적 작용의 결과가 심층에 씨앗처럼 존재하고 있음을 비유적으로 표현한 것이다. 예컨대 식물의 씨앗은 싹을 낼 수 있는 가능성으로 존재한다. 마찬가지로 유식학파는 우리에게 직접 지각되지는 않지만 모든 존재를 발생시킬 수 있는 가능태가 심층심리 속에 잠재한다고 생각하고 그것을 '종자'라고 불렀다.

'종자'는 현상을 생성하는 에너지를 가지고 있음을 의미하기도 하지만 이외에도 또 한 가지 중요한 의미를 가진다. 그것은 과거의 행위(업, karma)가 심층심리에 저장되어 있음을 의미한다. 주지하듯 인간은 일생동안 수많은 경험을 하게 된다. 인간은 몸과 입과 뜻으로 짓는 세 가지 업을 통해 그 결과를 마음에 축적한다. 이 축적된 업이 남긴 영향력을

'종자'라고 한다. '종자'는 마음에 잠복하다가 여러 조건이 형성되었을 때 다양한 현상으로 현현한다.

넷째, '알라야식'은 현상세계를 만들어내는 근원이다. '알라야식'에 존재하던 잠재적 상태인 '종자'가 현재의 상태로 바뀌는 존재적 변화를 전변(轉變, pariṇāma)이라 한다. 이를 통해 '알라야식'의 활동이 일어나고 7가시 '식'의 삭봉이 생겨나게 된다. 이후 각 '식'의 안에서 '식'이 인식 주관과 인식 대상으로 나누어지는 인식적인 변화가 '분화(分化)'이다. 이를 통해 인식의 작용이 생겨난다. 유식학파는 이러한 작용을 통해 현상세계가 나타난다고 설명한다. 그리고 이것을 현행(現行, samudācāra)이라고 불렀다. 이렇게 나타난 세계에서 사람들은 업을 짓고 그 결과는 다시 '종자'로 저장된다. 어떤 '종자'들은 현현되지 않고 '종자'로서 남아 있기도 한다. 요코야마 코이츠(1989: 165)는 다음과 같은 도식으로 각각의 식이 나누어지는 현상을 표현하고 있다.

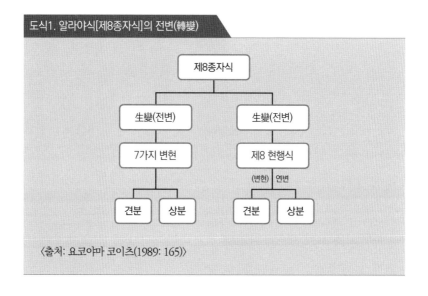

도식1. 알라야식[제8종자식]의 전변(轉變)

〈출처: 요코야마 코이츠(1989: 165)〉

이 도식에 따르면 제8종자식인 '알라야식'에 잠재적으로 존재하던 '종자'가 변해서[전변] 현행식이 된다. 각 '식'은 변현(變現) 또는 연변(緣變)을 통해 인식 주관(見分)과 인식 객관(相分)으로 나누어지고 이로 인해 인식의 작용이 생겨난다. 필자는 '알라야식'이 인식 주관과 인식 대상으로 나누어지고, 인식 주관이 타인과 의사를 소통하는 과정에 의해 언어의 주체인 '사회적 자아'가 형성되는 것에 초점을 두고 논의한다.

2) 마음에 떠오른 영상과 그것을 바라보는 주체

(1) 개별적 자아와 사회적 자아

앞에서 살펴본 바와 같이 '알라야식'에 저장되었던 '종자'는 여러 조건이 형성되면 마음속에 영상으로 떠오른다. 영상은 마음이 변형된 것으로서 인식 대상이 된다. 이때 그 영상을 바라보는 인식 주체는 그것을 분별하고 판단하는 인식 작용을 일으킨다. 여기서 인식 대상은 개인의 대상으로 존재하기도 하지만 타인과 공유되기도 한다. 개인의 대상은 '개인 각자의 분별' 작용에 의해 형성된 것이며 공통의 대상은 타인과 '공동으로 분별하는' 작용에 의해 형성된 것이다.

유식학 논서인 《섭대승론본(攝大乘論本)》은 개인의 인식 대상과 타인과 함께 인식하는 대상을 다음과 같이 '불공상'과 '공상' 개념으로 구분하여 설명하고 있다.

논에 이르길 이 가운데 상(相)에 의한 구별은[다음과 같다] 이 식['알라야식']에 공상(共相)이 있고 불공상(不共相)이 있으며, 감각없이 발생한 '종자'

의 상(相)이 있고 감각을 동반하여 발생한 '종자'의 상(相)이 있다. 공상은 기세간[환경세계]의 '종자'를 일컫는다. 불공상은 각 내처(內處)의 '종자'를 일컫는다. 공상은 곧 감각없이 발생하는 '종자'이다. 불공상은 곧 감각을 동반하여 발생하는 '종자'이다.[2]

'알라야식'에 존재하는 '공상'은 타인과 함께 가지는 인식 대상을 의미하며 '불공상'은 개인만이 가지는 인식 대상을 의미한다. 이 가운데 '불공상'은 감각을 동반하여 형성된 상으로서 타인과 공유하지 않은 상이다. 예컨대 사과를 먹었을 때 우리는 같은 맛을 느낀다고 할 수 없다. 어떤 이는 달콤한 맛을 더 느끼고 다른 이는 새콤한 맛을 더 느끼기도 한다. 미각(味覺)에 의해 형성된 상은 사람마다 각각 다르다고 할 수 있다. 즉 '개인 각자의 분별' 작용에 의해 형성된 인식 대상이다.

반면 '공상'은 감각 없이 발생한 인식 대상을 말한다. 감각을 동반하지 않고 만들어진 상은 개념화된 상으로 해석해 볼 수 있다. 예컨대 우리가 책상이라고 부르는 개념은 눈앞에 보이는 나무로 만들어진 특정한 어떤 것만을 의미하는 것이 아니다. 나무로 만들어진 것, 플라스틱으로 만들어진 것 모두를 책상이라고 생각한다. 즉 책을 읽거나 글을 쓰는 데 사용하는 것이면 눈앞에 보이는 대상이 무엇으로 만들어진 것인지에 상관없이 그것은 책상이라고 일컬어진다. 책상이라고 하는 것은 감각적 대상에 의해 포착된 특정한 대상이 아니라 감각작용이 수반되지 않은 개념화된 대상을 말한다. 그것은 '공상'으로서 타인과 공유되는 대상이다.

---

2) 《攝大乘論本》(T31, 137b10-b11), "論曰. 此中相貌差別者. 謂卽此識有共相. 有不共相. 無受生種子相. 有受生種子相等. 共相者謂器世間種子. 不共相者謂各別內處種子. 共相卽是無受生種子. 不共相卽是有受生種子."

이러한 현상은 공동체구성원들이 책상이라는 개념을 공통으로 인지하고 있음을 보여준다. 즉 구성원들이 '공동으로 분별한' 작용에 의해 책상이라는 인식 대상이 생겨났다고 할 수 있다.

그렇다면 '공상'에 대해 분별 작용을 일으키고 그것을 언어로 표현하는 주체는 어떻게 설명할 수 있을까? 유식학에 의하면 이 과정은 '알라야식'을 통해 설명된다. 앞에서 필자가 '인식적 모델'이라고 정의한 바와 같이, 어떤 인연에 의해 마음['식']이 두 부분[주관과 객관]으로 나누어지면 주관은 인식 주체가 되며 객관은 인식 대상이 된다. 그리고 그 인식 주체가 다른 인식 주체와 만나서 대상에 대해 이야기를 나누면서 그것을 공유하게 될 때, 인식 주체들은 서로 공감대를 형성한다. 즉 인식 주체는 '사회화' 된다. 여기서 '사회화'란, 언어를 통해 공동체에 맞는 규칙을 배우고 그 규칙에 맞게 사유하고 행동하며, 자신의 생각을 언어로 표현하여 소통할 수 있게 되는 것을 말한다. 필자는 공감대를 형성하는 인식 주체, 즉 '알라야식'이 분화되어 형성된 주체를 '사회적 자아'로 부르고자 한다. '사회적 자아'는 공동체 구성원이 공유하는 가치관이나 관습 등을 인식의 대상으로 삼아 그것을 언어로 표현하여 타인과 공유하는 인식의 주체이다. 이것은 '공동의 분별' 작용에 의해 형성된다. '공동의 분별' 작용은 사회구성원들이 공동의 가치관에 근거해서 공통의 인식 대상에 대해 판단하는 작용이다.

'사회적 자아'와 '공상'의 관계에 대한 예는 우리 주변을 살펴보면 쉽게 발견할 수 있다. 인간은 자신을 중심으로 다양한 사회적 관계[가족, 친구, 직장동료 등]를 유지한다. 따라서 그 관계에 따라 공유하는 대상 또한 다양하다. 여기에는 예컨대, 가족끼리 공유하는 생각 및 습관, 친구와 공유하는 정보, 직장동료들만이 가지고 있는 공통된 관심사[공상] 등이 존재한다. 이 대상들은 각각의 관계에 의해 형성되는 '사회적 자아'의 인식 대상이 된다. 즉 나와 친구는 둘만이 공유하는 인식 대상[공상]을 형성하게 된다. 이 때 인식 주체[나와 친구]는 '사회적 자아'가 되어 친구라는 사회적 관계를 만든다. 가족과의 관계 또한 마찬가지로 해석할 수 있다. 가족끼리 공유하는 '종자'가 발현함에 따라 가족만이 공유하는 인식 대상[공상]이 형성된다. 그리고 나를 비롯한 가족 구성원은 '사회적 자아'가 된다.

반면 타인과 공유하는 대상도 있지만 각자 자신만이 가지는 대상도 있다. 우리는 각각 나만의 독특한 특징 즉 개성을 가진 주체로서 존재한다. 이것은 타인과 공유하지 않은 나만의 '종자'가 현현하면서 형성된다고 볼 수 있다. 이 '종자'가 현현하여 나타난 대상은 나 자신만이 인식하는 대상이다. 개인이 인식하는 대상에는 앞에서 이야기 한 감각적 대상 이외에도 개인의 경험에 의해 형성된 대상도 이에 포함된다고 할 수 있다. 개인의 특성을 형성하는 요인은 개인이 자라온 환경, 교육받은 내용, 여행을 통해 경험한 내용 등 다양하다. 이러한 요인들이 복합적으로 작용하여 개성을 형성한다. 이로 인해 사람들은 어떤 사물을 바라볼 때 그 자신만의 독특한 견해로 사물에 대해 분별한다. 유식학에 의하면 이러한 현상은 '개인의 분별작용'으로 표현된다. 여기에는 타인과 공유하지 않는 개인만의 독특한 성향이 있다. 유식학은 이것을 '불공종자(不共種子)'로 표현한다. 한편 '사회적 자아'에는 한 개인이 타인과 관계를 맺는 종류에 따라 다양한 내용이 포함되어 있다. 유식학에서는 이것을 '공종자(共種子)'로 표현한다.

사실 우리의 마음은 '개별적 자아'와 '사회적 자아'로서의 역할을 모두 하고 있다. 여기서 '개별적 자아'와 '사회적 자아'를 개념적으로 구분한 것은 인식의 대상을 타인과 공유하는지의 여부에 의해 필자가 논리적으로 정의한 것이다. 지금까지 논의했던 '사회적 자아'와 '개별적 자아'가 형성되는 과정을 도식화 해 보면 다음과 같다.

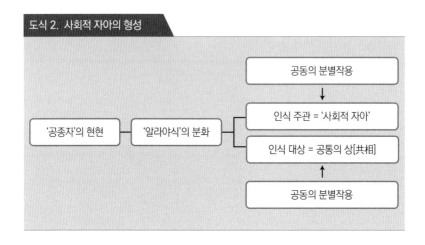

도식 2. 사회적 자아의 형성

공동의 분별작용

인식 주관 = '사회적 자아'

인식 대상 = 공통의 상[共相]

공동의 분별작용

'공종자'의 현현 → '알라야식'의 분화

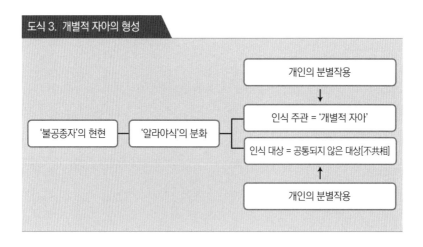

도식 3. 개별적 자아의 형성

개인의 분별작용

인식 주관 = '개별적 자아'

인식 대상 = 공통되지 않은 대상[不共相]

개인의 분별작용

'불공종자'의 현현 → '알라야식'의 분화

도식에 나타난 바와 같이 '사회적 자아'와 '개별적 자아'는 각기 다른 '종자'에 의해 형성된다. 우리 마음에 존재하는 '공종자'의 현현에 의해

'사회적 자아'가 형성되며 '불공종자'의 현현에 의해 '개별적 자아'가 형성된다. '공종자'는 공동체가 행한 결과가 저장된 것을 의미하며 '불공종자'는 개개인의 행위가 저장된 것을 의미한다. '공종자'와 '불공종자'는 업종자로서 '알라야식'을 분화시키는 역할을 한다.

유식학에서 '종자'는 이처럼 '공종자'와 '불공종자'로 구분되기도 하지만, '명언훈습종자', '아견훈습종자', '유지훈습종자'로 분류되기도 한다. 인간의 경험은 다양하기 때문에 그만큼 '알라야식'에 저장되는 경험 내용도 다채롭다. 따라서 '종자'의 종류도 무수히 많다. 유식학은 우리 마음의 본질이 언어에 의한 개념적 사고라고 본다는 데 그 특징이 있다. 따라서 모든 심리활동의 결과를 '명언훈습종자'로 본다. 자아가 실재한다고 보는 '아견훈습종자'와 욕계·색계·무색계에서 생사윤회하게 하는 역할을 하는 '유지훈습종자' 모두 '명언훈습종자'에 포함된다는 입장이다.[3] 이 관점에서 본다면 '공종자', '불공종자'도 '명언훈습종자'가 된다. 한편, '명언훈습종자'의 핵심적인 역할은 분별에 의해 파악된 대상을 언어로 표현하여 타인에게 전달하는 데 있다. 따라서 공동의 인식 대상을 현현시키는 '공동의 분별' 작용과 개인적 경험 내용을 현현시키는 '개인의 분별' 작용 모두 '명언훈습종자'에 의해 형성된다고 할 수 있다.

(2) 수행에 따른 인식 주체의 변화
유식학에 의하면 수행자의 마음에 존재하는 '종자'는 수행을 통해 변화된다. 이로 인해 개인이 가지고 있는 해석의 틀 또한 변하게 된다. 이 과정에서 개인의 성격이나 특성은 변하기 마련이다. 특히 감각작용에 의해

---

3) 《攝大乘論本》(T31, 137b).

형성된 결과물[인식 대상]은 개체가 만들어낸 것으로서 수행이 진전됨에 따라 결국 소멸하게 된다고 한다.

하지만 나와 타인의 '식'에 존재하는 공통의 '종자'가 현현하여 '공동의 분별' 작용이 계속되는 한 공통의 인식 대상은 여전히 존재한다는 입장을 보인다. 유식학은 이것을 다음과 같이 촛불의 비유로 설명한다. 방안에 여러 개의 촛불이 켜져 있으면 방안의 모습이 환하게 비친다. 이 때 하나의 촛불이 꺼지더라도 방안의 모습은 여전히 보인다. 다른 촛불이 존재하고 있기 때문이다. 마찬가지로 개개인의 '알라야식'에 존재하던 '공종자'가 현현하여 공통의 인식 대상이 우리의 인식세계에 비칠 때, 한 수행자의 마음이 청정해져서 수행자의 분별이 영원히 소멸되어도 여전히 인식 대상이 수행자에게 나타나는 것은 타인이 지속적으로 분별하기 때문이다. 다른 촛불에 의해 방안이 밝아지듯이 다른 사람들의 분별에 의해 수행자에게 인식 대상이 나타나게 된다.[4]

《섭대승론본》은 수행이 진전됨에 따라 '개인의 분별' 작용과 '공동의 분별' 작용이 소멸되는 과정을 다음과 같이 설명하고 있다.

> 번뇌를 소멸시킬[對治] 때, 오직 불공상(不共相)만 소멸된다. [반면] 공상(共相)은 다른 이의 분별에 의해 파악된 것[환경세계]으로 [수행자에게는] 다만 청정하게 보일 뿐이다. 마치 요가행자들이 모든 뛰어난 이해[勝解]로 한 대상 속에서 모두를 볼 수 있는 것과 같다. 여기에 두 게송이 있

---

4) 《攝大乘論釋》(T31, 397c22-28), "謂道諦生時. 唯不共相所對治滅者. 名別內處諸種子滅. 以相違故. 共相爲他分別所持但見淸淨者. 由此共相是器世間故. 修行者雖復內處分別永滅. 而他相續分別所持. 但可於彼證見淸淨觀. 彼淸淨如淨虛空非水所爛. 非地所依. 非火所燒. 非風所吹."

다. 끊기 어렵고 완전히 알기가 어렵다. 공통된 속박이라고 부른다는 것을 반드시 알아야 한다. 요가행자의 마음은 다르다. 외계의 대상은 크기 때문이다. 청정한 자는 비록[공통된 속박이] 멸하지 않음에도 불구하고 그 가운데에서 깨끗함을 본다. 또한 청정한 불국토를 본다. 붓다는 [그 가운데에서] 청정함을 보기 때문이다.[5]

유식학에서 수행이 진전됨에 따라 소멸되는 '종자'는 타인과 공유하지 않은 개별적인 것이다. 개개인의 지각에 의해 형성된 '종자'이기 때문에 개인의 마음상태가 달라지면 사라지게 된다. 반면 '공동의 분별' 작용에 의해 현현한 대상은 타인과 공유한 것이기 때문에 수행자의 분별작용이 소멸되더라도 타인의 분별작용에 의해 여전히 존재한다. 다만 달라지는 것은 그 대상을 바라보는 수행자의 마음상태이다. 대상에 대한 집착이 소멸되었기 때문에 수행자는 청정한 눈으로 그 대상을 본다. 그에게 있어서 타인과 공유한 대상은 집착의 상태로 파악되는 것이 아니라 대상 그대로 현현할 뿐이다. 진여(眞如)에 의지하기 때문에 집착하는 마음이 생겨나지 않는다. 청정무구한 경지만이 드러날 뿐이다.

정각(正覺)을 이룬 붓다와 범부가 각각 마음에 나타난 상에 대해 인식하는 방식을 나가오 가진(長尾雅人)은 다음과 같이 비교하고 있다. "마음이 티끌에 의해 덮여 있어서 범부의 눈에는 국토가 불평등하게 비치지만, 붓다의 눈에는 국토가 평등하고 청정한 정토이다."[6] 필자는 이 말이

---

5) 《攝大乘論本》(T31, 137b14-20), "對治生時, 唯不共相所對治滅. 共相爲他分別所持, 但見淸淨. 如瑜伽師於一物中種種勝解. 種種所見皆得成立. 此中二頌 難斷難遍知 應知名共結 瑜伽者心異 由外相大故 淨者雖不滅 而於中見淨 又淸淨佛土 由佛見淸淨."

6) 長尾雅人(1982), 《攝大乘論 和譯と注解》上, 東京: 講談社, pp.260-261.

범부와 붓다가 인식 대상을 어떻게 파악하며 각각의 경지는 어떠한지를 명확히 드러내 준다고 생각한다. 일상인들은 분별에 의해 대상을 인식하기 때문에 각자가 분별한 내용에 따라 대상이 그들의 마음에 나타난다. 눈앞에 놓여 있는 새끼줄이 뱀으로 보이는 현상은 비슷한 모양을 하고 있는 뱀에 놀란 경험이 있을 경우에 나타난다. 하지만 붓다는 대상에 대해 어떤 두려움이나 욕망을 일으키지 않는다. 그는 마음에 비치는 대상을 있는 그대로 인식할 뿐이다. 눈앞에 있는 새끼줄을 새끼줄로 명확히 인식한다. 범부와 붓다는 모두 대상을 현현시키는 '종자'를 공유한다. 이로 인해 인식 대상이 모두에게 나타난다. 하지만 범부와 붓다의 경지는 각각 다르다. 같은 새끼줄이 눈앞에 보이더라도 달리 반응한다. 즉 인식 대상은 각각의 마음에 따라 달리 나타난다.

이상의 논의에 따르면 개인의 지각에 의해 형성된 '종자'는 개인의 특성을 담지하고 있기 때문에 수행이 진전됨에 따라 그 '종자'는 결국 소멸한다. 반면 타인과 공유한 '종자'는 타인에 존재하는 '종자'가 현현하는 한 인식의 대상으로 여전히 나타난다. 다만 그 대상을 바라보는 수행자의 마음이 변할 뿐이다.

3) 사회적 자아의 언어 작용

불교는 독특하게도 현상을 세속과 깨달음의 영역으로 구분한다. 이 구분에 따르면 세속은 일상 언어로 의사를 표현하는 세계를 의미하며, 깨달음의 영역은 일상 언어를 초월한 진여(眞如)의 세계가 된다. 일상 언어의 작용은 언어의 주체가 인식의 대상을 언어로 표현하여 타인과 의사를 소통함으로써 형성된다. 본 논의에서는 '인식적 모델'을 통해, 일상 언어의 영역에서 발생되는 언어 작용이 '공동의 분별'에 의한 '사회적 자아'의 작용이라는 것을 살펴볼 것이다. 한편 수행을 통해 도달한 진여의 경지에서는 모든 '종자'가 완전히 소멸하기 때문에 '식'의 분화가 더 이상 발생하지 않는다는 것을 밝혀 보고자 한다.

(1) 사회적 자아와 공상(共相)

 유식문헌 〈오사장(五事章)〉[7]은 언어와 대상 사이의 관계를 '상(相, nimitta)'이라는 개념을 통해 분석한다. '상'은 마음[식]에 비친 대상을 의미한다. 앞에서 살펴본 바와 같이 이 '상'은 개개인에 의해서만 포착되는 '불공상'과 타인과 공유하는 '공상'으로 구분된다.

 〈오사장〉은 이 두 가지 '상'을 수행과 관련시켜 설명한다. 〈오사장〉은 존재하는 모든 것을 '분별'에 의해 만들어진 가상의 세계라고 정의한다면, 수행에 의해 '분별'이 사라질 때 언어의 대상은 모두 사라진다는 모순이 생길지도 모른다는 의문을 제기한다. 그리고 〈오사장〉은 '개인의 분별'에 의해 일어난 것과 '공동의 분별'에 의해 일어난 것을 구분해서 이 의문에 대해 답을 제시한다. 곧 '개인의 분별'에 의해 생겨난 사태[事, vastu], 즉 일체의 현상은 개인적 인식을 통해 소거되지만, '공동의 분별'로부터 생겨난 사태는 타인과 함께 공유되기 때문에 사라지지 않는다고

---

7) 오사(五事)란 相(nimitta), 名(nāman), 分別(vikalpa), 眞如(tathatā), 正智(samyagjñāna)로서 《瑜伽師地論》,〈攝決擇分〉〈五事章〉에 나오는 개념이다. 《瑜伽師地論》은 유가행파의 초기 문헌으로서 오랜 기간에 걸쳐 여러 명의 편찬자에 의해 편찬되었다고 알려져 있다. 〈五事章〉은 오사(五事)의 범주에 의거해 언어와 실재, 현상적인 것과 궁극적인 것에 대해 논의하고 있다.

설한다.[8]

이 논의의 취지는 앞에서 언급했던 촛불의 비유와 유사하다. 방안에 수많은 촛불이 켜져 있어서 주변을 환하게 비출 때 하나의 촛불이 꺼진 다 하더라도 여전히 방안이 밝은 이유는 다른 촛불이 켜져 있기 때문이 다. 마찬가지로 수행에 의해 '개인의 분별'이 사라지더라도 여전히 공통 의 대상이 나타나는 이유는 다른 사람들의 분별이 작동하기 때문이다.

앞에서 언급했듯이, 유식학에서 인식 대상과 '식'은 별개가 아니다. 유식학은 인식 대상이 외부에 실재하고 언어가 그것을 그대로 반영한다 고 보는 관점에 비판적이다. 주지하듯 논리실증주의자들은 실재하는 대 상을 언어가 그대로 표현함으로써 그 언어는 유의미하게 된다는 언어관 을 제시한다. 반면 유식학은 언어의 대상은 단지 '식'이 변형된 존재일 뿐이라고 본다. 이 점은 유식학이 논리실증주의의 이론에 대해 비판적인 입장에 있음을 보여준다. 유식학에서 언어는 '식'이 변형되어 나타난 공 통의 상을 표현한다. '사회적 자아'는 공동체의 규칙에 의거해서 '식'의 변형체인 인식 대상을 언어로 표현한다.

이 관점에서 볼 때 유식학에서 언어의 의미는 외부에 실재하는 대상 과 대응하는지의 여부에 의해 결정되는 것이 아니다. 대상을 표현한 언 어가 오직 공동체의 관행에 부합하는지의 여부에 의해 언어의 의미가 결정된다. 언어의 의미는 세간에서 공동체 구성원간의 협약에 의해 만들 어진다는 것을 말한다. '사회적 자아'가 자신들이 만든 규칙에 의거해서

---

8) 사태[事, vastu]는 일체의 현상을 설명하는 개념이다. 사태는 구체적으로 언어로 표현될 수 있는 영역과 언어로 표현될 수 없는 영역으로 나누어진다(안성두(2007), 〈인도불교 초기 유식문헌에서의 언어와 실재와의 관계-유가사지론의 三性과 五事를 중심으로〉, 《인도철학》 23호, p.232. 참조).

공통의 인식 대상을 언어로 표현하는 것이다.

흥미로운 점은 후기비트겐슈타인도 이러한 입장에서 언어와 언어의 대상 사이의 관계를 설명하고 있다는 것이다. 후기비트겐슈타인은 이 현상을 다음과 같이 '언어놀이'로 설명한다. 세상에는 축구, 야구, 권투, 바둑, 카드놀이와 같이 다양한 놀이들이 있다. 그런데 우리가 이들 모두를 놀이라고 부른다고 해서, 이들이 공동으로 가지고 있는 어떤 하나의 단일한 본질이 존재하는 것은 아니다. 이 놀이들은 우리가 '가족유사성 (family resemblance)'이라고 부를 수 있는 느슨한 고리로 묶여져 있다. '가족유사성'이란 모든 가족 구성원들이 어떤 공통된 본질을 공유하지는 않지만 각각의 구성원이 서로 중첩되고 교차됨으로써 유사한 성질을 가지는 것을 말한다. 이 속성들에 의해 한 가족이 형성된다.[9]

앞에 제시된 다양한 놀이들이 서로 다름에도 불구하고 모두 놀이가 되는 것은 이러한 '가족유사성'으로 인한 것이다. 언어놀이도 다른 놀이들과 마찬가지로 어떤 단일한 본질에 의해 형성된 것이 아니라 단지 '가족유사성'을 갖는 다양한 활동들로 이루어져 있다. 즉 언어는 언어놀이의 맥락에 따라서 매우 다양하게 사용된다. 그리고 언어놀이란 다른 놀이들과 마찬가지로 매우 다양해서 그런 다양성을 한 번에 포착해 줄 수 있는 단일한 이론은 있을 수 없다.[10]

후기비트겐슈타인의 '언어놀이' 이론이 의미하는 바는 언어가 표시하고 있는 대상이 이데아와 같은 본질적인 것이 아니라, 언어가 사용되는 맥락에 의해 즉 사용자들의 합의에 의해 이루어진다는 것이다. 유식

---

9) 루트비히 비트겐슈타인(2011), 《철학적 탐구》, 이영철 역, 서울: 책세상, p.62.

10) 신상규(2004), 《비트겐슈타인 《철학적 탐구》》, 서울: 서울대 철학사상연구소, p.34.

학에서도 언어는 고정된 본질을 가리키는 것이 아니다. 언어가 지시하는 상(相, nimitta)은 끊임없이 변화하고 소멸한다. 언어는 변화하는 현상을 포착하여 표현할 뿐이다.

이 때 언어의 대상이 되는 공통의 상에는 자연과 같은 기세간(器世間)을 포함해서 다양한 형태가 존재한다. 예컨대 언어는 나와 너, 가족 등 소수인만이 가지는 공감대를 표현할 수도 있고, 같은 지역에 사는 주민, 한국인 등 다수가 가지는 공통의 것을 표현할 수도 있다. 그런데 공통의 공감대가 유지되려면 의견의 일치가 이루어져야 한다. 이를 위해서는 의사소통이 가능해야 한다. 의사소통이 가능하다는 것은 공동체의 삶의 양식을 공유하고 있음을 의미하며 언어놀이를 습득하고 이해할 수 있다는 것을 말한다.

후기비트겐슈타인은 우리의 언어가 삶의 양식을 반영한다고 본다. 그런 의미에서 언어를 습득한다는 것은 언어적 표현들에 의미를 부여하는 다양한 가치관 및 실천적 관행, 즉 삶의 양식을 동시에 알게 되는 것이다. 언어의 습득이란 다양한 언어 놀이를 통해 공동체의 관행을 익히게 되면서 점점 사회화되어 공동체의 일원으로 편입되는 것이다.[11]

삶의 양식은 공동체 속에서 습득한 가치관, 관습, 규칙 등 문화전반을 포함하고 있다. 이것은 유식학에서 말하고 있는 공통의 '종자'에 의해 설명될 수 있다. 유식학에서는 '알라야식'에 공통의 '종자'로 저장되어 있는 예로 우리를 둘러싸고 있는 자연환경을 제시하고 있다.[12] 하지만 필

---

11) 신상규(2004), 앞의 책, pp.136-137.
12) 《攝大乘論釋》(T31, 178c29-179a01), "釋曰. 本識與一切衆生同功能. 是衆生所共用器世界生因."

자는 확장해서 삶의 양식 또한 '공종자'의 형태로 저장되어 있다고 본다. 예컨대 한국인은 한국어라는 공통의 언어를 구사하면서 의사를 소통한다. 여기에는 한국인만이 가지고 있는 공통의 '종자'가 있기 때문에 가능하다. 그런데 같은 한국인이지만 어느 지역에서 태어나 자랐는가에 따라 사용하는 말이 약간씩 다르기도 하다. 경상도와 전라도는 그 지역 특유의 억양과 단어를 구사한다. 하지만 한국인은 그 말이 의미하는 바를 대략 이해할 수 있다. '생활양식'을 오랫동안 공유해왔기 때문에 말하는 맥락을 통해 전달하고자 하는 의미를 이해할 수 있다. 비트겐슈타인의 '가족유사성'이 의미하는 바와 같이 전라도와 경상도 및 충청도에서 사용하는 단어들 사이에 약간의 차이가 나타나지만, 이 단어들이 의미하는 바는 비슷하기 때문에 한국인들은 의사소통을 할 수 있다.

또 다른 예는 우리가 최근 많이 사용하는 문자메시지에서도 보인다. 공동체 생활에서 타인을 방해하지 않으면서 빠르게 정보를 교환하는 매체로서 문자메시지는 매우 유용하다. 흥미로운 점은 메시지에서 사용하는 단어를 통해 자신이 속한 공동체의 특성을 파악할 수 있다는 것이다. 이것은 세대와 세대사이에 큰 차이를 보인다. 예컨대 알 수 없는 전화번호로부터 문자가 왔는데 굉장히 친숙한 메시지였을 때, 일반적으로 '누구세요?'라고 문자를 보낸다. 하지만 요즘의 10대들은 '누구세염^^;'이라고 쓰기도 하고 '누구샴?'이라고 표현하기도 한다. 문법에 맞는 어휘구사에 구애되지 않고 그들만이 사용하는 단어와 기호로 의사를 소통한다.

다양한 표현 속에는 공통으로 의미하고자 하는 것이 있다. 이것을 비트겐슈타인의 '가족유사성'으로 이해할 수 있고, 유식학의 '공상(共相)'으로 이해할 수 있다. 일상생활에서 사용하는 언어는 이와 같이 지역별, 세대별로 다양하다. 그리고 시간이 지남에 따라 퇴색하고, 새로운 언어가 만들어지기도 한다. 이러한 현상이 지속되어도 한국인이 한국인으로서 살아갈 수 있는 이유는 그들이 가지고 있는 공통의 '생활양식'이 있기 때문이다. 그 속에서 한국인들은 그들만의 전통을 이어가고 새로운 전통을 만들면서 공통의 '종자'를 '알라야식' 속에 심고 다시 발현시키는 과정을 반복하는 것이다.

이상에서 살펴본 바와 같이 유식학은 '불공상'과 '공상'에 의해 개별적인 인식 대상과 공통의 인식 대상을 논의하고 있다. 특히 '공상'은 '사회적 자아'의 활동에 의해 형성된 결과물이며, 언어에 의해 타인과 소통하는 현상을 설명하는 근거가 된다.

(2) 언어의 대상과 언어를 초월한 대상

유식학은 현상을 일상 언어로 표현될 수 있는 영역과 일상 언어를 초월한 영역으로 구분한다. 유식문헌인 《보살지(菩薩地)》 〈진실의품(眞實義品)〉은 현상과 언어의 관계를 논의하기 위해 '사태[事, vastu]'라는 개념을 다음과 같이 두 가지로 정의한다.

첫째, '사태'는 언어로 표현할 수 있는 근거이며 둘째, 언어로 표현할 수 없는 '진여'라는 측면이 그것이다.[13] '사태'는 언어로 표현할 수 있는 대상을 의미하기도 하지만 언어로 표현할 수 없는 깨달은 경지를 가리

---

13) 《瑜伽師地論》(T30, 486c25-487a09), "所言二者. 謂有非有. 此中有者. 謂所安立假說自性. 卽是世間長時所執. 亦是世間一切分別戱論根本. 或謂爲色受想行識. 或謂眼耳鼻 舌身意. 或復謂爲地水火風. 或謂色聲香味觸法. 或謂爲善不善無記. 或謂生滅. 或謂緣生. 或謂過去 未來現在. 或謂有爲或謂無爲. 或謂此世或謂他世. 或謂日月. 或復謂爲所見所聞所覺所知. 所求所得意隨尋伺. 最後乃至或謂涅槃. 如是等類是諸世間共了諸法假說自性. 是名爲有. 言非有者. 謂卽諸色假說自性. 乃至涅槃假說自性. 無事無相假說所依. 一切都無假立言說. 依彼轉者皆無所有. 是名非有."

키기도 한다. '사태'는 일체의 현상을 가리키는 개념이다.

한편 〈오사장〉에서는 언어로 표현할 수 있는 대상을 '상(相, nimitta)'으로, 언어로 표현할 수 없는 경지를 '진여'로 구분하고 있다.[14] '상'은 일반적으로 어떤 사물의 특질을 의미하고 있지만 이 말은 단순히 사물뿐만 아니라 선정 속의 영상에 대해서도 사용한다. 즉 언어로 표현할 수 있는 대상을 의미한다. 유식문헌인 《유가사지론(瑜伽師地論)》의 〈본지분(本地分)〉에서는 '상(nimitta)'을 '소연상(ālamnana-nimitta)'과 '인연상(nidāna-nimitta)'으로 구분한다. 티벳역에서는 '소연상(所緣相)'을 'mtshan ma'로 번역하고 '인연상(因緣相)'을 'rgyu mtshan'이나 'rgyu'로 번역한다. 'mtshan ma'가 현상적 상 내지 현상에 대한 관념상의 의미로 사용되는 반면, 'rgyu mtshan'은 그 현상이 언어표현을 위한 원인이나 근거로서 작용한다는 것을 나타낸다.[15]

---

14) 《瑜伽師地論》(T30, 696a01-13), "云何五事. 一相. 二名. 三分別. 四眞如. 五正智. 何等爲相. 謂若略說所有言談安足處事. 何等爲名. 謂卽於相所有增語. 何等爲分別. 謂三界行中所有心心所. 何等爲眞如. 謂法無我所顯聖智所行非一切言談安足處事. 何等爲正智. 謂略有二種. 一唯出世間正智. 二世間出世間正智. 何等名爲唯出世間正智. 謂由此故聲聞獨覺諸菩薩等通達眞如. 又由此故彼諸菩薩於五明處善修方便. 多住如是一切遍行眞如智故. 速證圓滿所知障淨. 何等名爲世間出世間正智. 謂聲聞獨覺以初正智通達眞如已. 由此 後所得世間出世間正智."

15) 안성두(2007), 〈인도불교 초기 유식문헌에서의 언어와 실재와의 관계-유가사지론의 三性과 五事를 중심으로〉, 《인도철학》 23호, pp.213-214.

이상의 것을 도식화해보면 다음과 같다.

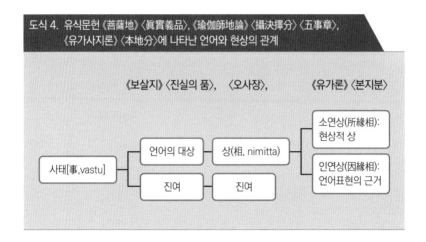

도식 4. 유식문헌《菩薩地》〈眞實義品〉,《瑜伽師地論》〈攝決擇分〉〈五事章〉,
《유가사지론》〈本地分〉에 나타난 언어와 현상의 관계

《보살지》〈진실의 품〉,   〈오사장〉,   《유가론》〈본지분〉

사태[事, vastu] — 언어의 대상 — 상(相, nimitta) — 소연상(所緣相): 현상적 상 / 인연상(因緣相): 언어표현의 근거

진여 — 진여

도식에 따르면 사태란 일체 현상을 나타내는 개념이다. 이것은 세
속에서 사용되는 언어의 대상을 가리키기도 하며 깨달음의 경지인 진
여를 의미하기도 한다. 한편 〈오사장〉에서는 전자[세속의 언어대상]를 상(相,
nimitta)으로 후자를 진여로 구분한다. 그리고《유가론》〈본지분〉에서는
상을 다시 '소연상(所緣相)'과 '인연상(因緣相)'으로 구분한다.[16)]

각각의 문헌에서 사용되고 있는 명칭은 다르지만 그 이면을 살펴보
면 사태는 크게 두 가지 즉 일상 언어로 표현되는 영역과 깨달음의 경지
인 진여의 영역으로 구분된다. 언어로 표현된 영역은 인식의 대상이며
언어의 대상이 된다. 반면 진여는 언어로 표현할 수 없는 초월적인 경지
로 정의된다.

---

16) 《瑜伽師地論》(T30, 456a26-b1), "云何觀相. 謂有二種. 一所緣相. 二因緣相. 所緣相者.
謂毘鉢舍那品所知事同分影像. 由此所緣令慧觀察. 因緣相者. 謂依毘鉢舍那所熏習心.
爲令後時毘鉢舍那皆淸淨故 修習內心奢摩他定所有加行."

필자는 이와 같은 구분이 '식'의 분화여부에 의해 생겨난 것이라고 본다. 앞에서 언급한 바와 같이 일상 언어의 작용은 '식'의 분화에서 시작된다. 한편 진여의 경지는 주객을 초월한 경지로 알려져 있다. 이 경지에는 언어의 대상이 될 수 있는 객관적 대상이 존재하지 않는다. 필자는 이러한 현상이 나타나는 이유가 진여의 경지에서는 일상생활에서 발생하는 '식'의 분화가 일어나지 않기 때문인 것으로 보고 있다. '식'의 분화가 발생하지 않기 때문에 진여의 경지는 일상의 언어로 표현할 수 없는 경지 즉 언어를 초월한 경지가 된다.

〈오사장〉에서 제시되고 있는 인상(因相)이나 《유가론》〈본지분〉의 인연상(因緣相)은 모두 언어표현의 원인이나 근거를 의미하는 개념이다. 이 개념에 의하면 언어는 그것에 의해 표현될 수 있는 대상이 존재해야 한다. 즉 '식'의 분화에 의해 형성된 현상적 존재이어야 한다. 반면 진여의 경지는 '식'의 분화가 발생하지 않는 상태, 즉 주객이 구분되지 않는 상태이기 때문에 이 경지에는 언어에 의해 표현될 대상이 존재하지 않는다.

이상에서 본 바와 같이 일상 언어로 표현할 수 있는 영역과 일상 언어를 초월한 영역으로 구분되는 근거는 언어의 대상이 존재하는지의 여부에 있다. 언어의 대상은 '식'의 분화에 의해 형성된다. '식'의 분화에 의해 일상의 세계가 성립된다. 즉 일상의 세계는 '식'의 분화에 의해 형성된 인식 대상과 언어 그리고 인식 주체의 상호관계에 의해 형성된다. 이들은 단절되어 있지 않고 서로 연결되어 있다.

유식학에서 수행을 통해 얻고자 하는 것 또한 이 관계에 대한 통찰이다. 그렇게 될 때 주객을 초월한 경지가 나타난다. 〈오사장〉은 이 현상을 언어와 대상의 관계를 통해 분석한다. 그리고 마음의 상태를 삼성론[변계소집성, 의타기성, 원성실성]에 의해 설명한다. 잡염의 세계인 일상의 세계는 의타기성의 한 측면이며 청정의 세계인 깨달음의 세계 또한 의타기성의 한 측면이다. 세계는 서로 연결되어 있는 존재임을 통찰할 때 원성실성에 이를 수 있다.

〈오사장〉[17]은 특히 명칭(nāma)과 그 명칭의 대응체로서의 상(nimitta), 그리고 현상적 의식작용으로서의 분별(vikalpa)의 관계를 분석하고 있다. 이것은 개념의 역할과 작용, 상(nimitta)과 개념 간의 논리적 관계를 설명하기 위한 것이다. 이를 통해 진여의 경지에 이르는 과정을 설명한다.[18] 〈오사장〉은 이 과정을 다음과 같은 순서로 논의한다.

우선 대상에 명칭을 붙이기 위해서는 명칭에 대한 근거가 제시되어야 하기 때문에 '인상(nimitta, rgyu mtshan, 因相)'을 가장 먼저 분석한다. 그리고 '인상'을 표현하는 '명칭(nāma, ming, 名稱)'에 대해 설한다. 그 다음은 이 둘에 대한 '분별작용'이 발생하기 때문에 '분별(vikalpa, rnam par rtog pa, 分別)'을 말한다. 이 셋은 잡염품(雜染品) 곧 번뇌로 물든 세계인 일상의 세계를 형성한다. 그리고 청정품(淸淨品)의 획득은 '정지(samyagjñāna, yang dag par she pa, 正智)'를 통해 얻어지기 때문에 '진여(tathatā, de bzhin nyid, 眞如)'와 '정지'를 마지막에 설명한다. 여기서 인상(因相)과 명칭(名稱), 분별(分別) 등은 변계소집성의 관점에서 해석된 것이다. 한편 바른 지혜[正智]에 의해 의타기성을 통찰함으로써 진여의 상태에 이르게 되는데 이 경지가 원성실성이 된다. 〈오사장〉은 변계소집성을 잡염품으로 원성실성을 청정품

---

17) 〈오사장〉은 언어와 그 근거 및 작용의 양상을 통해 일상생활 속에서 발생하는 언어 작용을 논리적으로 설명한다. 이 문헌에 의하면 언어 작용은 '식'이 대상을 인식하는 과정 속에서 이루어진다. 즉 '식'의 분화작용에 의해 형성된 인식 주체와 인식객체의 관계 속에서 언어 작용이 생겨난다. 본 논의에서는 언어의 관점에서 현상에 대해 구체적으로 분석하고 있는 〈오사장〉을 중심으로 살펴본다.

18) 안성두(2007), 앞의 논문, p.221; 《瑜伽師地論》(T30, 696a01-13).

으로 구분한다. 다음은 오사의 구체적인 내용을 살펴보기로 하자.

〈오사장〉에서 정의된 '인상'은 언어표현의 근거가 되는 사태를 말한다.[19] '인상'이라는 말에는 인식 대상이 언어의 근거가 되며 그 인식 대상은 '식'을 기반으로 형성된 것이라는 의미가 내재해 있다. 인식 대상은 독립적인 존재가 아님을 의미한다. '알라야식'에 존재하는 '종자'의 현현에 의해 '식'은 인식 주관과 인식 대상으로 분화되고 인식 대상이 언어로 표현되는데 이 인식 대상이 언어표현의 근거인 '인상'이 된다.

'명칭'은 대상에 대한 이름을 말한다. 일상인들은 일반적으로 명칭에 의해 표현된 대상이 실재한다고 여긴다. 자신의 욕망으로 인해 눈앞에 보이는 대상이 영원히 존재할 것이라는 착각을 한다. 하지만 유식학에 의하면 궁극적인 경지[원성실성]에서 볼 때 명칭의 대상은 다만 가유(假有)로서만 존재한다. 궁극적인 경지에 이르면 대상뿐만 아니라 명칭 또한 '알라야식'에 의해 구성된 것일 뿐 실재하는 것이 아님을 통찰하게 된다. 즉 대상과 명칭의 관계는 의타기성임을 볼 수 있다.

다음으로 '분별'은 심(心)과 심소(心所)의 작용을 말한다.[20] 곧 인식 주체와 인식 대상 사이의 작용을 의미한다. 일상인들은 분별작용에 의해 인식 대상을 구별하고 판단한다. 분별은 파악하는 능력을 말하며 대상을 구분하는 작용이다. 이 작용에 의해 '개별적 자아'와 '사회적 자아'가 형성된다. 즉 '개별적 자아'는 각각에 의해 포착된 인식 대상을 분별함으로

---

19) Jowita Kramer(2005), *Kategorien der Wirklichkeit im frühen Yogacārā*, Wiesbaden: Reichbert, p.69., "rgyu mtshan gang zhe na/ mdor bsdu na/ mngon par brjod pa'i tshig gi gzhi'i gnas su gyur pa'i dngos po gang yin pa'o//"

20) Jowita Kramer, *ibid.*, p.69, "rnam par rtog pa gang zhe na/ khams gsum na spyod pa'i sem dang sems las byung ba'i chos rnams so//"

써 각자의 세계관을 형성하는 반면 '사회적 자아'는 타인과 공유하는 인식 대상에 대해 타인과 더불어 분별하고 집착함으로써 공동의 세계관을 형성한다고 할 수 있다.

이 때 분별작용에 의해 형성된 세계는 일상적인 세계 즉 변계소집성의 세계이다. 변계소집성에서 언어의 대상은 실재하는 것으로 간주된다. 다음의 글은 변계소집성을 언어와 관련시켜 기술하고 있다.

> 중생들은 의타기자성과 원성실자성에 대해 언설(言說)을 일으킴이 여여(如如)하다. 언설을 일으킴이 이와 같은 것은, 이와 같이 언설이 마음에 훈습되기 때문이며, 언설로 이해하기 때문이며, 언설은 잠재적 성향이 있기 때문이다. 의타기자성과 원성실자성에 대해 집착하는 변계소집성은 여여(如如)하다. 집착함이 이와 같고 이와 같이 의타기자성과 원성실자성에 집착하는 변계소집성은 이 인연 때문이다. 내세의 의타기자성을 낳는 것도 이 인연 때문이다. 혹은 번뇌잡염(煩惱雜染)에 의해 물들었기 때문이며 혹은 업잡염(業雜染)에 의해 물들었기 때문이며 혹은 생잡염(生雜染)에 의해 물들었기 때문이다.[21]

인용문에 나타난 바와 같이 언어 작용의 결과는 마음에 훈습된다. 마음에 훈습된 그 결과는 이후 분별작용을 일으켜 인식의 작용을 다시 일으키게 된다. 이것은 일상인의 언어 작용을 나타내고 있다. 일상인들은

---

21) 《解深密經》(T16, 694c2-10), "彼諸有情於依他起自性及圓成實自性中, 隨起言說如如. 隨起言說如是, 如是由言說熏習心故, 由言說隨覺故, 由言說隨眠故. 於依他起自性及圓成實自性中, 執著遍計所執自性相如如, 執著如是, 如是於依他起自性及圓成實自性上, 執著遍計所執自性, 由是因緣. 生當來世依他起自性, 由此因緣. 或爲煩惱雜染所染, 或爲業雜染所染, 或爲生雜染所染."

마음에 떠오른 영상을 자신의 관점에 의해 해석하고 그것을 옳다고 여긴다. 그리고 그것을 언어로 표현하여 타인에게 자신의 생각을 전한다. 이 과정은 일상의 세계에서 끊임없이 발생하는 현상이다.

하지만 깨달은 자는 언어와 대상과의 관계가 연기적 관계라는 사실 즉 '식'의 분화에 의해 인식 주관과 인식 객관이 형성되고 인식 객관이 언어로 표현된다는 사실을 통찰한다. 〈오사장〉은 이 현상을 '정지(正智)'를 증득함으로써 진여의 세계에 도달하는 과정으로 설명한다. 여기서 '정지'는 두 종류로 나누어진다. 하나는 '한결같은 출세간 정지'이고 다른 하나는 '세간적이며 출세간적인 정지'이다. '한결같은 출세간 정지'에 의해 보살은 진여(眞如)를 증득한다. 보살은 진여를 대상으로 하는 지[진여지(眞如智)]가 두루 존재하는 곳에 머무르면서 소지장(所智障)을 소멸한다. 반면 성문승과 연각승은 진여를 부분적으로 증득했기 때문에 세간의 고통에 대해 여전히 두려워하고 삼계(三界)의 적정함에 대해 탐닉한다고 본다. 그들은 사성제(四聖諦)를 대상으로 수행하여 번뇌장(煩惱障)만을 제거한다는 것이다. 출세간이지만 언어의 상을 대상으로 한다는 점에서 세간적이다. 이 때문에 '세간적이며 출세간적인 정지'라고 한다.[22]

'정지'에 의해 증득된 '진여'는 법무아(法無我)의 특성을 지닌다. 이 경지는 성자의 지혜에 의해 통찰되지만 일상 언어의 대상은 아니다.[23] 즉 진여는 일상 언어를 초월한 경지이다. 수행자들은 '바른 지혜'로 잘 분석

---

22) Jowita Kramer, *ibid.*, p.69, "yang dag pa'i shes pa gang zhe na/ de ni mdor bsna rgyu gnyis su blta bar bya ste/ gcig tu 'jig rten las 'das pa dang/ 'jig rten pa dang 'jig rten las 'das pa'o//"

23) Jowita Kramer, *ibid.*, p.69, "de zhin nyid gang zhe na/ chos bdag med pas rab tu phye ba/ 'phags pa'i ye shes kyi spyod yul mngon par brjod pa thams cad kyi gzhi'i gnas su ma gyur pa'i dgnos pa gang in pa'o//"

한 승의(勝義) 즉 진실한 대상을 반복적으로 수습(修習)하여 '진여'에 다가간다. '진여'는 '바른 지혜'로 통찰한 영역이다.[24]

이상에서 살펴 본 바와 같이 〈오사장〉은 언어와 대상 간의 관계를 일상의 세계에서 발생하는 언어 작용과 수행에 의해 도달한 진여의 세계로 나누어 설명하고 있다. 〈오사장〉은 명칭과 그 대응체로서의 상(nimitta), 그리고 의식작용으로서의 분별(vikalpa)에 의거해서 일상생활에서 발생하는 언어의 작용을 분석한다.

《보살지》〈진실의품〉과 〈오사장〉 그리고 《瑜伽師地論》〈본지분〉에 나타난 언어와 대상 간의 관계는 앞에서 논의한 바와 같이 언어로 표현할 수 있는 영역과 언어를 초월한 영역으로 나누어진다. 두 영역이 이와 같은 차이를 보이는 이유는 '인식적 모델'에 의해 보다 명확히 설명된다. 즉 '식'의 분화에 의해 형성된 인식 주관이 인식 대상을 언어로 표현할 수 있는지의 여부에 의해, 일상 언어의 영역과 일상 언어를 초월한 영역 간의 차이가 보다 분명히 나타난다.

언어의 작용은 언어로 표현할 수 있는 대상이 존재할 때 가능하다. 이것은 일상의 세계 속에서 발생하는 현상이다. 일상의 언어 작용은 '식'의 분화에 의해 형성된 인식 주관과 인식 객관[대상]에 의해 이루어진다. 이 때 인식 객관은 언어표현의 근거가 된다.

유식문헌인 〈오사장〉에서 이것을 '상'으로 표현하고 있으며, 《瑜伽師地論》〈본지분〉에서는 '소연상'과 '인연상'으로 나누어 표현하고 있다. 반면 진여의 상태는 일상 언어를 초월한 경지로 묘사되고 있다. 주객의

---

24) Jowita Kramer, *ibid*., p.74., "de bzhin nyid kyi mtshan nyid gang zhe na/ smras pa/ yang dag pa'i shes pa'i spyod yul gyi mtshan nyid do//"

분별이 사라진 경지이다. 이것은 '식'의 분화가 이루어지지 않은 상태라 할 수 있다. '식'이 주관과 객관으로 나누어지지 않았으므로 일상 언어로 표현할 수 있는 인식 대상이 없다. 따라서 진여의 경지에서는 일상 언어의 작용이 발생되지 않게 된다.

4) 사회적 자아의 특성

다음은 붓다의 본지인 '무아(無我)'가 유식학에 그대로 계승되고 있음을 '사회적 자아'의 특성을 통해 고찰해 보고자 한다. 이와 함께 후기비트겐슈타인을 비롯해 서양의 후기구조주의가 실체를 비판하고 있다는 점에서 무아론적 맥락에 있음을 살펴보기로 한다.

(1) 사회적 자아와 무아론

유식학파는 '알라야식'을 윤회의 주체로 본다. 하지만 이 '알라야식'은 아트만과 같은 존재가 아니다. 수행을 통해 해탈에 이르게 되면 '알라야식'에 존재하던 모든 '종자'는 소멸하고 '알라야식'도 사라진다. 따라서 '알라야식'은 영원히 존재하는 실체가 아니다. 유식학파 또한 '알라야식'에서 생겨난 인식 주관과 인식 대상 모두를 영원한 존재로 보지 않는다. 그래서 인식 주관과 인식 대상을 '인무아(人無我)'와 '법무아(法無我)'로 표현한다.

유식학파가 이와 같은 '무아론'을 제시할 수 있었던 것은 인식 주관과 인식 객관 모두가 '식'이라고 본 것에 있다. 앞에서 본 바와 같이, 인식 작용은 주관으로서의 '식'이 객관화된 '식'을 인식하는 것이다. 인식 주체는 인식 대상을 객관화시켜 그것에 대해 분별한다. 이 때 객관화된 대상은, 실재론자들이 이야기하는 것처럼, 외부에 존재하는 사물이 아니다. 마음['알라야식']이 변화해서 마음['알라야식']에 나타난 것이다.

유식문헌《섭대승론본(攝大乘論本)》은 이 현상을 설명하기 위해 주관의 작용을 '견(darśana, 見)'으로 그리고 대상을 '상(nimitta, 相)'으로 표현한다. 그리고 '식(vijñapti)'을 '유견식(有見識)'과 '유상식(有相識)' 두 측면에서 분석하여 인식 주관과 인식 대상이 모두 마음속에서 생겨난다는 것을 보여주고 있다.

> 유상(有相)과 유견(有見)으로 인해 두 가지가 성립한다. 안(眼) 등의 식은 색(色) 등의 식을 상(相)으로 삼고, 안식(眼識)의 식(識)을 견(見)으로 삼는다.[25]

'유상식'은 인식되는 대상으로서의 '식'이고 '유견식'은 인식하는 주체로서의 '식'이다. 사과라고 인식되는 대상은 '유상식'이고 사과를 인식하는 주체는 '유견식'이다. 다시 말하면 사과[색(色)]는 대상[상(相)]이 되고, 사과를 인식하는 주체는 견(見)이 된다.

'주체로서의 식'과 '대상으로서의 식'의 관계는 영사기와 영사기에 의해 비추어진 영상으로 비유될 수 있다. 영상의 이면에 영상으로 표현되는 어떤 실체가 존재하지 않는다. 영상과 대응되는 존재가 있다고 생각하는 것은 다만 '실체화된 관념'에 불과하다. 그 관념은 영원히 존재하

---

25) 《攝大乘論本》(T31, 138c16-18), "有相見故得成二種 若眼等識以色等識爲相, 以眼識識爲見."

길 바라는 집착에 의해 나타난 것일 뿐이다.[26)]

유식학은 인식 주체와 인식 대상이 영원히 존재한다는 생각이 집착에서 비롯된다고 본다. 집착은 분별작용에 의해 형성된다. 인식하는 나, 타인과 대화하는 나 자신에 대해 집착을 하면서 나 자신은 영원히 존재할 것이라는 착각을 하게 되고 그것은 결국 번뇌장을 생겨나게 한다. 나아가 나의 인식 대상에 대해 집착하고 그것이 영원히 존재할 것이라는 생각에 사로잡히게 될 때 소지장이 생겨난다. 유식학은 이러한 번뇌는 수행을 통해 소멸할 수 있다고 본다.

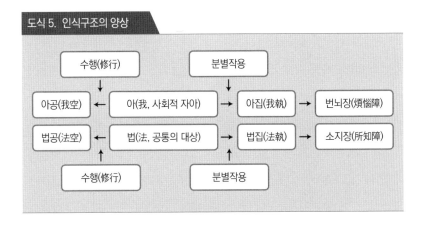

도식 5. 인식구조의 양상

《유식삼십송(唯識三十頌)》에서는 분별에 의해 생겨난 세계를 다음과 같이 '변계소집성'으로 표현한다.

이러저러하게 두루 계탁함에 의해서 갖가지 사물을 두루 계탁한다.

---

26) Ashok Chatterjee(1975), *The Yogācāra Idealism*, Delhi: Motilal Banarsidass, p.49.

이 변계소집의 자성은 실재하지 않는다.[27]

　'변계소집성'은 평범한 인간이 살아가는 세계를 일컫는 말이다. 일상생활 속에서 인간은 대상을 보고 판단하며 분별한다. 그리고 그 대상을 갖고 싶어 하거나 싫어하는 마음을 일으킨다. 도자기를 예로 들어보자. 찰흙으로 도자기를 빚기 전까지는 찰흙은 그저 흙일뿐이다. 하지만 도예가가 매혹적인 모양과 아름다운 색을 지닌 도자기를 만들게 되면 사람들은 그 도자기를 자기 것으로 만들고 싶다는 마음을 일으키기도 한다. 대상에 대한 분별이 생겨나고 이로 인해 그 대상에 대한 집착이 생긴다. 즉 그것을 자신의 것으로 소유하고자 하는 욕망이 일어난다. 이 욕망은 타인으로부터 전해들은 정보에 의해 더욱 커지기도 한다. 도자기의 미적 가치를 알게 되면 그것을 선호하는 마음이 증대되기 때문이다. 이것은 일상생활에서 우리가 일반적으로 느끼는 마음의 상태이다. 유식학은 이것을 '변계소집성'의 세계에서 발생하는 현상으로 본다.

　하지만 우리는 마음을 비우고 도자기의 아름다움을 인정하면서 즐길 수 있다. 소유하려는 마음을 일으키지 않은 채 현상자체를 있는 그대로 바라보는 마음을 일으킬 수 있다. 유식학은 이러한 마음의 작용을 보다 근본적인 관점에서 설명하고자 한다. 외물에 대해 집착하는 마음의 작용을 있는 그대로 볼 때[여실지견(如實知見)], 주관과 객관을 넘어선 '원성실성'의 세계로 진입할 수 있다고 본다. 유식학은 수행을 통해 이것이 가능함을 보여준다.

　유식학에 의하면, 요가행자들은 수행을 통해 우리들의 일상경험 즉

---

27) 《唯識三十論頌》(T31, 61a14-15), "由彼彼遍計, 遍計種種物, 此遍計所執, 自性無所有."

지식이나 언어활동을 근본적으로 검토한다. 그들은 마음에 떠오르는 상념들을 분석하여 그 본질을 파악하고자 한다. 이 과정을 통해 수행자는 언어의 대상이 실재하지 않으며 그것은 다만 마음의 현상에 지나지 않는다는 사실을 깨닫게 된다. 곧 분별작용은 '식'의 분화로 인해 생겨나는 것임을 통찰한다. 《유식삼십송》은 요가행자들이 관찰한 내용을 다음과 같이 보여주고 있다.

이 모든 식이 전변하여 분별과 분별된 것이[생겨난]다. 때문에 이것[실아(實我)]과 그것[실법(實法)][으로 간주된 것]은 모두 실재하지 않는다. 따라서 일체는 유식이다.[28]

유식학에서는 인식주체를 '분별하는 것'으로 인식 대상을 '분별된 것'으로 본다. '변계소집성'의 세계에서 생겨나는 마음의 작용을 분별작용의 견지에서 해석한 것이다. 그리고 이것은 마음에 존재하고 있던 '종자'가 변하여 이러한 현상을 일으키는 것으로 본다.[29] 앞의 인용문은 마음과는 별도로 인식의 주체와 인식의 대상이 존재하는 것이 아님을 설명하고 있다. 즉 모든 것은 '식'일 뿐이라는 주장이다. 이것은 이미 언급한 바와 같이, '알라야식'이 인식의 주체와 인식의 대상으로 분화되어 '인식주체로서의 식'이 같은 식인 '인식 대상으로서의 식'을 파악한다고 주장한 것과 같은 맥락이다.[30]

---

28) 《唯識三十論頌》(T31, 61a2-3), "是諸識轉變, 分別所分別. 由此彼皆無, 故一切唯識."

29) 《唯識三十論頌》(T31, 61a6-7), "由一切種識, 如是如是變, 以展轉力故, 彼彼分別生."

30) 하지만 우리는 주관이 대상을 인식하면서 그 '인식한다는 사실'을 인식하기도 한다. 이런 문제에 대해 디그나가는 '식'의 삼분설(三分說)을 주장했다. 그는 《집량론》에서 어느

유식문헌 《해심밀경(解深密經)》의 〈분별유가품(分別瑜伽品)〉에서는 모든 것이 '식'일 뿐이라는 것을 비파사나(vipaśyanā)수행 중에 나타나는 영상의 본질을 통해 다음과 같이 설명한다.

미륵보살이 다시 부처님께 여쭈었다. 세존이시여, 모든 비발사나삼마지 중에 나타나는 영상은 이 마음과 다른 것입니까? 같은 것입니까? 부처님께서 미륵보살에게 말씀하셨다. 선남자여, 둘은 같은 것이다. 왜냐하면 그 영상은 오직 식이기 때문이다. 선남자야, 식의 대상은 오직 식이 현현한 것이라고 나는 말한다.[31]

인용문은 수행 중에 떠오른 영상이 마음과 다르지 않은 것으로 묘사하고 있다. 요가행자는 수행을 하는 동안 마음속에 나타나는 갖가지 영상이 다만 마음[식]에 지나지 않음을 자각하게 된다. 구체적인 예로 부정관(不淨觀)을 들 수 있다.[32] 부정관은 시체가 바람과 비에 의해 변하는 모습, 벌레나 고름이 흘러나오는 모습, 살이 문드러지고 오장이 썩는 모습, 백골 등 시체의 갖가지 추한 모습을 자기 마음속에 관념으로 그려냄으

하나의 인식[pramāṇa, 量]이 성립하는 데는 '인식되는 것'[prameya, 所量]과 '인식하는 것'[pramāṇa, 能量]과 '인식의 결과'[pramāṇa-phala, 量果] 등 세 요소가 존재해야 한다는 견해를 보였다(Louis de la Vallée Poussin, 1948: 131). 한편 호법은 상분(相分), 견분(見分), 자증분(自證分), 증자증분(證自證分)으로 구분했다(요코야마 코이츠(1989), 《유식철학》, 묘주 역, 서울: 경서원, pp.95-97).

31) 《解深密經》(T16, 698a27-b2), "慈氏菩薩復白佛言. 世尊, 諸毘鉢舍那三摩地所行影像, 彼 與 此 心 當 言 有 異 當 言 無 異. 佛告慈氏菩薩曰. 善男子, 當 言 無 異. 何 以 故. 由彼影像唯是識故. 善男子, 我說識所緣唯識所現故."

32) 슈미트하우젠(2006), 〈《성문지》에서의 선정수행과 해탈경험〉, 안성두 역, 《불교학리뷰》 1권 1호, pp.133-144.

로써 탐욕을 없애고자 하는 관법이다. '관'을 행할 때 떠오른 영상은 전에 보고 듣고 알았던 사물이 '재생된 표상'이다. 수행자는 자기 마음이 그려낸 영상 곧 시체의 모습에 대해 그 더럽고 추함을 반복해서 인식한다. 그럼으로써 그가 본 모습을 명철하게 이해한다. 요가행자는 이 단계에 머무르지 않고 더 나아가 시체가 푸르게 변한 모습이나 벌레나 고름이 흘러나오는 것 등의 영상은 단지 영상일 뿐이며, 그것에 대응하는 사물이 실제로 존재하는 것은 아니라고 이해한다. 요가행자는 이런 관법을 반복해서 실천함으로써 '영상은 다만 식이 만들어낸 것일 뿐이다.'라는 것을 통찰하게 된다.

하지만 중생은 마음에 나타난 영상이 '식'일 뿐임을 통찰하지 못하고 마음에 떠오른 여러 기억, 망상으로 인해 괴로워한다. 다음은 그 이유가 전도된 생각에서 비롯된 것임을 보여주고 있다.

> 세존이시여, 만약 중생이 색(色) 등으로 나타난 마음의 영상으로 하여금 자성에 머물게 하는 것도 또한 저 마음과 다르지 않습니까? 선남자여 다르지 않다. 범부는 지혜가 뒤바뀌어서 영상이 단지 식에 지나지 않는다는 것을 여실히 알지 못하므로 전도된 생각을 한다.[33]

색(色) 등으로 나타난 마음의 영상이란 빛깔이나 형태를 띤 구체적인 '심상' 내지 관념을 말한다. 자성에 머무는(svabhāva-avasthita) 영상이란 수행을 하면서 의도적으로 만들어낸 영상이 아니라 본래 상태에 있는 영

---

33) 《解深密經》(T16, 698b9-13), "世尊, 若諸有情自性而住, 緣色等心所行影像, 彼與此心亦無異耶. 善男子, 亦無有異. 而諸愚夫由顛倒覺, 於諸影像不能如實知唯是識, 作顛倒解."

상을 말한다. 유식학파에 의하면, 일반인들은 이 관념[영상]을 외적인 사물로 인정하고 그것이 자기 마음 밖에서 실재한다고 생각한다. 하지만 깨달음의 경지에서 보았을 때 모든 관념은 '식'과 다르지 않으며 그 관념에 대응하는 실재가 존재하는 것이 아님을 인용문은 보여주고 있다.

이상에서 살펴본 바와 같이 유식학파는 요가수행을 통해 관찰한 내용에 의거해서 인식의 대상과 인식 주체는 '식'이 변형된 것일 뿐임을 주장한다. 이것은 불교의 근본 요지인 무아론을 유식학파의 방식으로 계승한 것이라 할 수 있다. 유식학파에 따르면, 깨달음의 경지에서 보았을 때 모든 것은 '식'이 변형된 것이며 '식' 그 자체도 영원한 존재가 아니다. 반면 일반인들은 인식 대상에 대해 그것이 영원하다고 생각하고 집착하기 때문에 '변계소집성'의 세계 속에서 살게 된다.

(2) 후기구조주의: 실체에 대한 비판

앞에서 살펴보았듯이, 유식학에서 인식 작용은 인식 주관이 인식 대상을 분별하는 현상으로 설명된다. 이 작용의 결과는 다시 '종자'의 형태로 '식'에 저장되어 있다가 인연이 무르익으면 또 다른 인식 작용을 일으키게 된다. 이 때 인식 작용을 발생시킨 원인은 이전의 원인과 완전히 같지는 않다. 즉 동일한 것이 원인이 되어 똑 같은 결과를 만들어 내는 것이 아니다. 비유하자면 감자에서 싹이 나고 이후 그 싹이 자라나서 다시 열매를 맺을 때 싹을 자라게 한 감자는 새로 생겨난 감자와 동일하다고 할수 없는 것과 같다. 원인으로서 제공된 감자와 결과로서 생겨난 감자는 각각 자란 환경에 따라 모양과 맛의 차이를 보일 수 있다. 감자의 특성을 보유하고 있지만 동일하다고 볼 수 없듯이 결과가 다시 원인이 될 때 그 원인은 이전의 원인과 같지 않다.

유식학파는 인식의 주체와 인식 대상은 모두 '식'의 변형체로서 변화하는 존재로 본다. 마찬가지로 인식 작용에 의해 형성되는 현상의 세계 또한 끊임없이 변화하는 것으로 본다. 이 관점에 의하면 '식'에 영원히 변하지 않는 무엇인가가 있어서 현상의 세계를 만들어 내는 것이 아니다. 유식학은 여러 인연이 무르익었을 때 현상세계가 생겨나며 이러한 과정은 '식'의 인식 작용에 의한 것이라고 본다.

그런데 이와 같은 관점은 불교뿐만 아니라 서양의 후기구조주의 이론에서도 발견된다. 후기구조주의는 구조주의를 비판하면서 발생되었기 때문에 후기구조주의의 입장을 논의하기에 앞서 우선 구조주의를 간단히 살펴볼 필요가 있다. 구조주의는 소쉬르(Ferdinand de Saussure, 1857-1913)의 언어학에 그 모태를 두고 있다. 이 새로운 언어학의 두드러진 특징은 공시(共時)언어학이라는 데 있다. 공시언어학은 언어의 공시적 구조를 연구한다. 이것은 언어의 통시적 변천을 연구하는 언어학과 대비된다. 이 공시적 구조를 소쉬르는 랑그(langue)라고 불렀다.

반면 특정한 시공간적 위치에 있는 주체에 의해 발화되는 언어는 빠롤(parole)이라 불린다. 구조주의는 플라톤 이래 사물의 기호와 구조를 통해 인식의 형식적인 측면을 포착하고자 한 것에서 비롯된다. 공시언어학을 창립하고자 했던 소쉬르의 이론에서 보이듯이 구조주의는 변하지 않는 관계적 질서와 구조를 구축하고자 했다. 반면 후기구조주의는 그런 믿음으로부터 벗어나 실체론적 사유를 비판하면서 시작되었다고 할 수 있다.[34]

불교의 무아설이 당시 우파니샤드 전통의 실체론적 입장을 비판했

---

34) 리차드 할랜드(1996), 《초구조주의란 무엇인가》, 윤호병 역, 서울: 현대미학사, pp.25-28.

듯이 서양의 후기구조주의도 실체론적 사유를 비판했다. 예컨대 데카르트(René Descartes, 1596-1650)이후 피이테(Johann Gottlieb Fichte, 1762-1814), 셸링(Friedrich Wilhelm Joseph von Schelling, 1775-1854)을 거쳐 헤겔(Georg Wilhelm Friedrich Hegel, 1770-1831)에 이르기까지 절대적 자아를 강조해온 근대이성주의는 다윈(Erasmus Darwin, 1731-1802), 니체(Friedrich Nietzsche, 1844-1900), 프로이트(Sigmund Freud, 1856-1939)와 같은 후기구조주의자들에 의해 비판을 받게 된다. 인간의 이성은 진화의 과정에서 획득된 부산물에 지나지 않는다는 다윈의 입장과 초월적 주체를 부정한 니체 그리고 비이성적인 무의식을 토대로 인간의 행동양상을 분석하고자 했던 프로이트와 같은 후기구조주의자들은 절대적 자아를 부정하는 입장을 보여주었다.

후기구조주의자들의 무아론적 경향을 논의하기 위해, 우선 근대 이성론자들의 사유를 탐색해 보기로 하자. 주지하듯 근대인들이 강조했던 실체론적 사유는 '이성'에 대한 신뢰에서 출발한다. 근대인에게 '이성'은 진리에 이르는 빛이며 방법이고, 때로는 진리 그 자체인 것처럼 생각되었다. 데카르트는 '나는 생각한다. 그러므로 나는 존재한다.'(Cogito, ergo sum)는 명제를 확고하고 확실한 진리라고 생각했다.

그래서 회의론자들이 이 명제에 대해 어떤 의문을 제시하더라도 이것은 흔들릴 수 없는 진리라고 보았다. 그는 이것이 철학의 제 1원리가 될 수 있다고 판단하였다. 데카르트는 그가 바라던 아르키메데스의 점에 도달한 것이다. 그는 인간의 지식이 의지할 튼튼한 기초는 바로 위의 명제에 있다고 생각했다. 이것은 비이성적인 권위나 전통에 대해 비판을 가한 사상 즉 계몽주의를 통해 문화의 모든 영역을 합리적인 것으로 바꿔가자는 생각으로 확산되었다. 현대철학과 현대과학은 이 기초위에 세

워지고 이 기초위에서 발전해 왔다.[35]

이후 칸트(Immanuel Kant, 1724-1804) 시대에 이르기까지 사람들은 외부 세계가 엄연히 존재하고 외부세계에 있는 존재물이 우리의 마음에 인상을 줌으로써 지식이 생성된다고 믿어왔다. 당대인들은 주체와 대상, 주관과 객관, 자아와 세계 또는 인식과 존재가 분리된 상태에서 인식이 이루신다고 생각했다. 하지만 칸트는 우리 마음속에 부여된 능력에 의해 지식이 만들어진다고 생각했다. 칸트는 세계란 주체 즉 나의 활동에 의해 규정되고 생산되고 실현되는 세계일 뿐 그 외에 다른 것이 아니라는 입장을 전개했다.[36]

즉 칸트는 백지와 같은 마음에 경험이 새겨질 때 비로소 지식이 생겨난다고 생각하지 않았다. 그는 오히려 마음은 경험을 정리하여 지식을 제정하는 능력을 가진 것으로 보았다. 다시 말하면, 사람의 마음은 일정한 구조를 가지고 있어서 경험을 통해 마음에 들어 온 모든 것을 그것에 의해 정리하여 지식으로 만든다고 생각했다. 칸트는 시간과 공간이라는 직관의 형식(直觀形式, forms of intuition)과 12범주라는 오성(悟性, understanding)을 제시했다. 그는 우리 경험 속에 들어오는 지식의 자료는 반드시 이 두 가지 종류의 형식을 거쳐서 정리된다고 생각했다. 즉 우리가 경험으로부터 지식의 자료를 받아들이면 그 자료는 인간의 마음속에 있는 일정한 지식의 틀을 거쳐서 정리되고 분류되어 마침내 어떤 지식이 된다고 보았다.[37]

---

35) 최명관 역저(1987),《방법서설·성찰 데카르뜨연구》, 서울: 서광사, p.155.

36) 스털링 P. 렘브레히트(1987),《서양철학사》, 김태길 외 역, 서울: 을유문화사, p.521.

37) 소광희 외(1988),《철학의 제문제》, 서울: 지학사, pp.103-108.

이후 칸트의 사상은 피히테와 셸링에 의해 비판적으로 계승되었다. 셸링은 칸트의 사상에는 모든 것을 자기의식에 근거해서 설명했을 뿐 자기의식을 가능하게 한 전제 자체가 결여되어 있다고 비판한 것으로 알려져 있다. 셸링은 칸트의 '자기의식'을 가능케 한 '전제'를 찾아내는 것을 자기의 과제로 삼았다. 그 전제란 자기의식조차 가능케 한다고 본 '절대자아'였다.[38] 이 '절대자아'는 피히테나 셸링에게 다 같이 인식과 존재를 근거 지우는 절대적 근거이다.

이에 영향을 받은 헤겔은 인류의 역사를 이성의 자기 구현 과정으로 이론화시킨다. 헤겔은 전체적인 추세는 이데아로 향해 가는 것 즉 진보라고 했다. 세계에 있는 모든 것은 변화 속에 있다. 자기를 실현하며 자기를 실현할 목적인(目的因) 그 자체를 향해 스스로를 움직여 나간다. 이 본질을 전개하기 위한 목적을 헤겔은 절대 이데아라고 불렀다. 헤겔은 우리가 이성이라고 부르는 것은 사회적 유산과 우리가 그 안에서 살고 있는 사회적 집단, 즉 민족의 역사적 전개과정의 산물 이외에 아무것도 아니라고 보았다. 이 전개과정은 변증법적으로 진행된다. 먼저 정론(正論, thesis)이 제시된다. 그러나 그것은 비판을 불러일으킨다. 그것은 그 반대, 반론(反論, antithesis)을 주장하는 반대자에 의해 모순에 부딪힌다. 이와 같은 견해의 충돌 속에서 반대자와 일종의 통일, 보다 높은 수준에서의 타협 내지 화해인, 종합(綜合, synthesis)이 이루어진다. 이 종합은 두 개의 상반된 입장을 흡수하여 그것들을 넘어선다. 종합이 이루어지고 나면 전체

---

38) W.E. 에르하르트(1988), 〈셸링: 자유의 현실성〉, 요세프 슈페크 편, 원승룡 옮김, 《근대독일철학》, 서울: 서광사, pp.136-137.

과정이 이제까지 도달된 수준보다 높은 수준에서 다시 반복된다.[39] 이와 같이 근대 이성론은 헤겔에서 최정점을 이룬다.

근대적 이성에 대한 비판은 헤겔 이후에 본격화된다. 이 비판은 실체에 대한 비판이다. 이성에 의해 합리적이고 명증적인 진리를 추구했던 근대사상은 과학의 발달을 가져왔고 중세의 신관에 의해 억압되었던 인간을 자유롭게 해방시켰다는 긍정적인 측면이 있다고 평가되었다.[40] 하지만 이성에 대한 확신은 자연을 이용하려는 욕망을 불러 일으켰고 이로 인한 폐단은 세계대전의 결과에서 정점에 도달한다. 사상가들은 계몽주의 사상에 대해 의문을 제시했다. 이때부터 실체를 중심으로 하는 사유에서 실체를 해체하는 새로운 관점이 생겨나기 시작했다.

서구의 근대인들에게 이와 같은 탈근대적인 시각의 바탕을 제공한 인물로는 특히 다윈, 니체, 프로이트 등이 있다. 이들은 이성론자의 사유방식과는 다른 시각에서 현상을 해석했다. 주지하듯 다윈은 인간이란 자연도태를 거쳐 우연한 계기에 의해 진화된 동물에 불과하다는 진화론을 제시했다. 그는 인간의 이성이란 단지 진화의 과정에서 획득된 부산물에 지나지 않는다는 입장을 보인 것으로 알려져 있다. 모든 사유의 출발을 이성으로 본 이성론과는 달리 다윈은 인간의 이성은 진화에 의해 형성된 부차적인 것으로 본 것이다.[41]

이에 비해 니체는 인간이란 궁극적으로 비이성적인 권력에의 의지를 통해 설명해야 할 대상이라고 이야기 했다. 그는 피이테나 셸링의 절

---

39) 칼 R 포퍼(1989), 《열린사회와 그 敵들 Ⅱ》, 서울: 민음사, p.72.

40) 스털링 P. 렘브레히트(1987), 앞의 책, pp.308-319.

41) 김희성 외(1999), 《전통·근대·탈근대의 철학적 조명》, 서울: 철학과 현실사, pp.234-235.

대 자아 또는 헤겔의 절대 정신의 주체를 거부하는 데 그치지 않고 데카르트적인 인식 주체도 부인한다. 그는 서양 근대철학의 실체화된 '자아'를 비판한다. 사유하는 행위가 있다는 전제로부터 그러한 행위를 수행하는 주체[실체]가 있다는 결론을 추론해 내는 것을 거부할 뿐만 아니라 전제 자체, 곧 사유하는 행위 자체란 사유 주체와 마찬가지로 하나의 허구에 지나지 않는다고 비판한다. 니체의 주체와 개인은 초월적 주체 또는 자신을 초월하여 자기에게로 복귀하는 주체가 아니다. 니체에게 있어서 모든 초월적 주체는 거부되며 사람으로서는 완전히 파악할 수도 이해할 수도 없는 자연으로의 복귀가 있을 뿐이다.[42]

한편 프로이트는 비이성적인 무의식이나 잠재의식이 어떻게 인간의 구체적인 행동을 지배 내지 유발시키는지를 상세하게 그려보였다. 이러한 생각은 데카르트 이래 철학적 논의의 대전제이자 주요 대상이 되었던 이성적 직관과 추리와 판단을 포함하는 사유라는 것 자체의 의의가 처음부터 잘못 설정되었다는 비판을 함축하고 있다. 이런 점에서 프로이트는 인간을 기존의 시각과 다르게 보려는 탈 근대적인 안목을 제시했다고 할 수 있다.[43]

'나는 생각한다, 고로 존재한다.'를 기본 명제로 삼고 있는 데카르트식 사유체계에서, 주체는 완벽한 '이성'에 기반을 둔다. 그가 말하는 언어는 '이성'의 표출이 된다. 하지만 이런 '이성'에 대한 의문은 19세기말 프로이트의 정신분석학에서 제시된 성본능이라는 욕망과 어우러져 확산된다. 프로이트가 발견한 무의식은 코페르니쿠스(Nicolaus Copernicus,

---

42) 소광희 외(1988), 앞의 책, pp.439-442.
43) 길희성 외(1999) 앞의 책, p.235.

1473-1543)의 지동설만큼이나 혁명적인 발견이었다. 프로이트는 인간이 유아기를 지나 사회적 존재로 영입되면서 사회가 금기하는 욕망들이 깨끗이 사라져버리지 않고, 억압되어 무의식으로 남아서 후에 의식에 영향을 준다고 생각했다. 그는 신경증환자에게 반복적으로 나타나는 증상은 어릴 적에 받은 상처가 무의식에 흔적으로 남아 있던 것이 의식으로 표출된 것이라고 생각했다. 프로이트는 꿈의 분석뿐만 아니라 말실수처럼 정상인의 경우에도 억압된 욕망이 표출된다고 본다.[44]

인간의 '이성'에 근거해서 현상을 설명하고자 했던 근대 이성론자들과 달리 프로이트는 무의식에 의거해서 심리현상을 설명하고자 했다. 프로이트는 무의식에 억압되어 있던 욕망이 다양한 방법으로 표출되는 양상을 분석함으로써, '이성'에 의해 현상을 해석했던 당시의 학문적 경향에 무의식이라는 새로운 차원을 소개했다.

프로이트의 이론은 이후 라캉에게 영향을 끼친다. 라캉(Jacques-Marie-Émile Lacan, 1901-1981)은 자신의 이론에 프로이트가 발견한 무의식과 소쉬르의 언어관을 적용한다. 라캉은 무의식이 언어처럼 구조화되어 있다고 보았다. 무의식을 언어 체계로 해석함으로써 라캉은 프로이트의 무의식을 의식의 차원으로 부상시킨다. 라캉은 단지 생물학적 존재에 지나지 않는 갓난아이가 어떻게 한 인간으로서 당당하게 성장하는가에 주목하면서 그러한 메커니즘을 가능하게 하는 것이 무의식이라고 보았다.

---

44) 프로이트는 꿈의 작용을 은유와 환유의 원리로 해석했다. 그의 해석에 따르면 사회에서 금기된 욕망은 의식의 고리가 약한 틈새를 밀고 들어와 꿈으로 나타나는데 이 때 꿈의 내용은 대략 두 단계를 거쳐 변형된다. 우선 내용이 닮은 어떤 형상으로 바뀌고[압축, 혹은 은유] 이것은 다시 인접된 것과 자리를 바꾼다[전치(displacement) 혹은 환유] (자크 라캉(1995), 《욕망이론》, 민승기외 역, 서울: 문예출판사, pp.13-15).

그리고 그러한 무의식은 언어처럼 구조화되었다고 생각했다. 라캉에 의하면 어린아이는 타자를 의식하지 못하는, 문자를 모르는 거울단계[상상계, the Imaginary]를 거쳐 문자의 '기의(記意, signifié)'를 알게 되는 상징계(the Symbolic)로 들어서면서 사회적 주체가 된다.

그에 의하면 주체란 '언어적으로 구조화된 무의식을 통해 타자인 상징계가 구성해 낸 결과물'이다. 라캉에 의하면 침팬지는 거울 속의 이미지에 익숙해지고 그것이 허상에 불과하다는 것을 알게 되면 자신의 이미지에 더 이상 관심을 가지지 않게 된다. 반면 아이는 일단 이미지를 습득하고 나면 그 이미지가 사라진 후에도 일련의 행동들 속에서 인식행위가 가져오는 즉각적인 반향들을 보여준다. 아이는 거울 속에 비친 모습을 자신과 완전히 동일시한다. 이 단계에서 아이는 자신의 몸을 가눌 수는 없지만 거울 속에 비친 자신의 이미지를 총체적이고도 완전한 것으로 가정한다. 거울단계는 '상상계'에서 '상징계'로 진입하면서 주체는 객관화된 사회적 주체가 된다. 그런데 언어의 세계이며 질서의 세계인 '상징계'로 진입하면서 이 거울단계는 사라지거나 억압되는 것이 아니라 변증법적으로 연결된다. 유아는 타자와 자신을 동일시하기 때문에 자신의 욕망을 타자의 욕망에 종속시킨다. 라캉에게 '실재계(the Real)'는 '상상계'와 '상징계'가 뫼비우스의 띠처럼 변증법적으로 연결되어 이루어진다.

라캉에게 있어서 의식은 '상상계'라는 오인(méconnaissance)의 구조 즉 자신과 타자를 동일시하는 것으로부터 시작하기 때문에 자아를 완벽하게 조정하는 절대적 주체란 없다. 그러므로 라캉이 거울단계를 설정한 것에서 데카르트의 이성절대주의는 물론이고 실존주의나 현상학이 암시하는 실존적 자아까지도 거부하는 라캉의 입장을 읽을 수 있다. 이성주의자들은 모두 이 오인의 구조를 바탕에 깔고 있지 않은 흠집 없는 이성, 혹은 현실원칙에만 굳건하게 서 있는 의식의 체계를 고집하기 때문이다.[45] 이 관점에 의하면 주체는 '상상계'와 '상징계'의 무한한 변화 과정에 의해 형성된다.

같은 맥락에서 후기비트겐슈타인 이론은 언어의 문제를 논의한다. 후기비트겐슈타인은 실천의 측면에서 언어 주체를 강조했다. 여기서 실천은 언어적 실천과 비언어적 실천을 모두 아우른다. 그가 제시한 언어게임이라는 문제설정은 바로 그러한 실천의 개념을 바탕으로 하고 있다. 그의 후기 이론은 언어를 인간의 행위, 나아가서는 궁극적으로 모든 삶의 양식과 결부시키는 입장이다. 후기비트겐슈타인은 언어행위는 규칙에 의해 이루어진다는 것을 '언어놀이'라는 개념으로 표현했다.[46] 그는 공동체에 의해 정해진 규칙에 따라 언어의 놀이가 행해질 때, 놀이의 규칙이 어떤 식으로 변할 수 있으며 또한 여러 놀이들이 각양각색의 측면에서 서로 어떤 유사성을 가질 수 있는가에 대해 논의했다. 그는 모든 놀이에 공통된 특성이 없다는 입장을 제시했다.[47] 즉 모든 놀이에는 플라톤의 이데아와 같은 초월적인 특성이 없다고 보았다. 그는 여러 놀이들 간에는 서로 가족적인 유사성(family resemblance)과 같은 관계 밖에 없다고 제시한다.[48]

이상에서 본 바와 같이 후기구조주의는 인간 이성의 절대성에 의문을 던진다. 후기구조주의는 계몽주의가 제시한 정신의 유일성과 절대성

---

45) 자크 라캉(1995), 앞의 책, pp.39-46.

46) 루트비히 비트겐슈타인(2011), 《철학적 탐구》, 이영철 역, 서울: 책세상, p.61.

47) 루트비히 비트겐슈타인(2011), 앞의 책, p.70.

48) 루트비히 비트겐슈타인(2011), pp.70-71.

을 비판한다. 이 비판은 세계대전의 결과가 인간에게 끼친 영향을 보고
그 대안을 모색하기 위한 과정에서 생겨났다. 주지하듯 계몽주의자들은
인간의 이성이 절대적이라고 생각했다. 그들은 인간의 이성에 대해 과
신했다. 급기야 그들은 이성에 의해 발달된 과학기술을 이용해 자신들
의 이익을 추구하고자 했다. 이것은 결국 인류를 위협하는 결과를 낳게
되었다. 이러한 현상을 일으킨 현대의 기술 권력에 대해 후기구조주의는
새로운 대안을 제시하게 된다. 후기구조주의는 인간과 자연을 구분하는
대신에 인간과 자연을 포괄적인 관계 속에서 고찰했다. 그리고 인간이
무한히 발전할 것이라고 믿기 보다는 기술 발전이 부분적으로 인류의
퇴보를 가져올 수 있다고 자각했다. 후기구조주의는 모든 인간을 지배할
수 있는 하나의 이념 대신에 다양한 의견과 권리를 인정하고자 했다.[49]

다윈의 진화론, 니체의 사상 그리고 프로이트의 무의식에 관한 이론
은 근대 이성주의에 대해 비판적으로 대응한 이론이었다. 이들은 근대인
들이 실체로서 간주한 이성을 진화의 산물로 정의했으며, 인간 행위의
근원으로 여겼던 이성은 허구에 지나지 않는다고 비판했다. 그리고 무의
식에 의해 인간의 심리현상과 행위를 설명하고자 했다. 라캉은 프로이트
의 무의식을 계승하고 여기에 소쉬르의 언어관을 적용하여 '상상계'와
'상징계'라는 개념을 통해 인간의 주체는 완벽하게 스스로를 조정하는
존재가 아님을 보였다. 그리고 후기비트겐슈타인은 언어와 대상이 일치
됨으로써 언어의 유의미성이 결정되는 것이 아니라 공동체의 규칙에 의
거해서 유의미성이 결정됨을 보이고자 했다.

---

49) 이진우(1993), 〈포스트모더니즘의 "포스트"는 무엇을 말하는가?〉, 이진우 편역,
《포스트모더니즘의 철학적 이해》, 서울: 서광사, pp.19-20.

후기구조주의자들은 모든 현상의 출발은 이성에 있다고 본 근대이성주의자에 대해 각자의 관점에서 다각도로 비판했다. 그들은 자신의 이론적 전제에 따라서 주체 및 행위에 관해 설명했다. 인간에 대해 각각 달리 설명했지만, 후기구조주의자들은 근대 이성론에 대해 비판적 태도를 보인다는 점에서 유사한 양상을 보인다.

(3) 사회적 자아와 후기구조주의

주지하듯 근대 이성주의자들은 이성을 실체로 간주했다. 헤겔은 이 관점을 더욱 확장해서 역사의 전개과정을 이성의 산물로 해석했다. 반면 앞에서 살펴본 바와 같이 후기구조주의자들은 이성에 대해 비판적인 시각을 보인다. 특히 다윈은 이성을 인간의 내부에 존재하는 근원적인 실체로 생각하지 않고 인간이 진화하는 과정에서 획득한 것이라고 보았다. 그리고 니체는 피이테나 셸링이 제안했던 '절대자아'를 허구라고 비판했다. 또한 프로이트는 비이성적인 무의식이나 잠재의식을 부각시켜 인간의 행동유형을 설명했다. 후기구조주의자들은 이와 같이 근대 이성주의를 다양한 관점에서 비판했다. 그러나 그들이 공통으로 견지했던 것은 실체에 대한 비판적 관점이었다.

근대 이성주의에 대한 후기구조주의자들의 태도는 인도 우파니샤드(Upaniṣad)사상을 비판한 불교인들의 태도와 유사한 양상을 보인다. 주지하듯 우파니샤드사상은 현상의 이면에 아트만/브라흐만과 같은 근원자가 존재하며 이로부터 현상세계가 생겨난다고 보았다. 하지만 불교도들은 우파니샤드사상의 실체에 대한 관점을 비판하고 현상자체는 연기의 원리에 의해 생겨나고 소멸한다고 해석했다. 이후 용수는 '공(空)'의 관점에서 중관학을 제시했다. 용수는 '공관(空觀)'에 의해 불교의 무아론을 재해석하고, 이를 통해 현상적 존재가 실체에 의해 구성되었다고 보았던 당시의 이론들을 비판했다. 그의 '공' 개념은 실체론을 비판하기 위한 핵심 개념이었으며 무아론을 계승했던 개념이었다. 그는 현상은 다만 인연에 의해 형성된 것일 뿐임을 '공' 개념에 의거해서 설명하고자 했다. 현상을 설명하는 연기적 원리는 용수의 '공관'과 다르지 않다. 연기적 원리가 의미하는 바는 현상의 이면에 실체가 존재하고 이 실체로부터 세계가 형성되는 것을 말하고자 하는 것이 아니라, 세계는 현상적인 사건들의 이합집산(離合集散)에 의해 만들어진다는 것이다. 연기적 원리에는 실체를 비판하는 관점이 내재해 있는데 이 실체에 대한 비판적 견해가 곧 '공관'이다.

이러한 관점은 현상을 관계의 양상으로 해석한 후기구조주의자들의 생각과 맥을 같이 한다. 후기구조주의자들은 현상이 고정된 구조에 의해 이루어졌다고 생각하지 않았다. 대신 그들은 개방적이며 탄력적인 질서에 의해 현상이 생겨난다고 해석했다. 그들은 이것을 설명하기 위해 '차이(difference)'의 관점을 부각시켰다. 특히 데리다(Jacques Derrida, 1930-2004)는 '차연(différance, 差延)' 개념을 통해 해체론적 관점을 제시한다. '차연'은 프랑스어 'différence(차이)'의 어미 '-ence'를 '-ance'로 바꾸어서 만든 데리다의 독특한 신조어이다. 데리다에게 있어서 '차연'은 '다르다(differ)'와 '연기하다·지연시키다(defer)'라는 의미를 동시에 작동시키며 어떤 순간에도 어느 한 쪽만의 의미로 환원되지 않는다. 데리다는 이 개념을 통해 텍스트의 의미는 궁극적으로 결정되어 있거나 확정된 것이 아니라고 본다. 그는 텍스트의 의미는 언어의미 작용의 연쇄 속에서 하나의 대체 가능한 언어해석으로부터 다른 해석으로 지연된다고 설명한다. 이 점에서 볼 때, 데리다의 관점은 현상의 이면에 확정된 구조가 실체로서 존재한다는 관점에 대해 비판적이다. 박진영(Jin Y. Park , 2006)은 이러한 데리다의 해체론적 관점을 불교의 연기론(緣起論)과 비교 분석했다. 이를 통해 데리다의 '차연' 개념이 불교의 연기론과 유사하다는 의견을 보인다. 주지하듯 현상을 다른 것과의 관계를 통해 해석하는 불교의 연기론은 무아론에 토대를 두고 있다. 그녀는 이것이 바로 데리다의 해체론과 연결되는 지점이라고 생각한다.[50]

후기구조주의자들은 현상을 다양한 각도에서 해석할 때 '차이'가 드러나며, 이 '차이'를 통해 변화의 가능성을 보여주는 탄력적인 구조가 설명된다고 본 것이다. 즉 그들은 현상의 배후에 놓여 있는 구조는 역사적 상황에 따라 변화한다고 보았다. 구조는 현상과의 관계 속에서 끊임없이 변화하고 있다고 생각했다. 후기구조주의자의 이와 같은 태도는 자연을 인간과 대립하는 물질세계로 보는 대신에 인간과 자연을 유기적 관계로 해석하는 관점에서도 나타난다. 후기구조주의는 인간을 자연에 대립하는 확고부동한 실체로 파악하기 보다는 '세계에 대해 열려 있는 존재'로 보았다.

생활세계를 구성하는 다양한 영역들은 각기 다른 관점과 목표 설정에 의해 합리화될 수 있다. 따라서 한 영역에서 보면 '합리적'인 것이 다른 영역에서 보면 '비합리적'일 수 있다. 문화와 생활영역의 차이에 따라 매우 다른 모델이 존립할 수 있다. 어떠한 영역이 어떤 방향으로 해석되는가에 따라서 그것을 해석하는 틀이 결정된다. 후기구조주의는 고정된 시각을 벗어나 열린 시각으로 현상을 해석하고자 한 것이다.

---

50) Jin Y. Park(2006), "Naming the Unnameable: Dependent Co-arising and Différance." In *Buddhisms and Deconstructions*, edited by Jin Y. Park. Lanham, MD: Rowman & Littlefield, pp.7-20.

이와 같은 맥락에 볼 때 후기구조주의가 지향하는 통일성과 전체성은 관계의 다양성을 지향한다는 점에서 불교와 맥이 닿아 있다. 불교는 세계 질서를 다양한 지평의 관계로 해석한다. 불교는 세계의 관계를 지배하는 질서가 하나의 실체, 하나의 이름으로 지시되고 규정될 수 없다고 본다. 앞에서 본 바와 같이, 불교는 현상의 이면에 근원자가 존재하고 이로부터 현상세계가 생겨난다는 입장에 대해 비판적이다. 불교는 연기적 관계에 의해 현상이 이루어져 있다고 해석한다. 서양의 합리주의가 변하지 않는 하나의 실체를 전제함으로써 다양한 사물과 세계를 획일적인 관점으로 해석한 것에 비해, 불교는 다양한 관계의 역동적 변화를 통해 세계를 해석한다. 같은 맥락에서 후기구조주의는 서양 합리주의의 전제인 주체-객체의 이분법적 사고를 거부한다.[51]

이 관점은 유식학파의 연기론[의타기성]이 의미하는 바이기도 하다. 유식학에 의하면 개개인의 '알라야식'은 홀로 존재하는 것이 아니라 다양한 인과의 고리에 의해 연결되어 있다. 이로 인해 인식의 전개양상이 복잡하게 나타난다. '알라야식'은 '종자'의 현현에 의해 인식 주관과 인식 대상으로 나누어진다. 그리고 인식 대상은 언어로 표현되어 타인과 공유된다. 인식 주관은 '사회적 자아'가 되어 관계를 형성한다. 즉 '알라야식'은 타인의 '알라야식'과 관계를 맺으면서 타인의 '알라야식'에 의해 영향을 받기도 하고 타인의 '알라야식'에 영향을 주기도 한다.

이를 통해 '알라야식' 즉 '사회적 자아'는 다양한 사회적 관계를 만든다. 따라서 복합적인 관계가 형성된다. 이 관계가 좀 더 지속되면 '사회

---

51) 이진우(1993), 〈포스트모더니즘과 동양정신의 재발견〉, 이진우 엮음, 《포스트모더니즘의 철학적 이해》, 서울: 서광사, pp.331-332.

적 자아'는 공통의 의사를 반영하여 이를 토대로 사회구조를 형성하기도 한다. 사회구조는 '사회적 자아'에 의해 형성된 것이기 때문에 변화의 가능성은 항상 존재한다. 인식의 세계는 끝없는 그물망처럼 연결되어 있다. 이 세계는 고정된 틀이 아니라 인연에 의해 움직인다. 또 다른 인연이 형성되면 그 구조는 인연에 맞게 변화된다.

현상을 설명하는 사회구조가 고정되지 않고 변화한다는 견해는 우기 구조주의자들이 제시했던 탄력적이고 개방적인 관계 형성론의 관점이다. 관계 형성론은 현상을 구성하는 규칙은 고정된 질서로서 존재하는 것이 아니라 조건에 따라 탄력적으로 변형된다고 본다. 관계 형성론은 '사회적 자아'에 의해 구성된 사회 구조가 고정된 것이 아니라 변형될 수 있다는 유식학의 관점이기도 하다.

이 관점은 필자가 정의한 '인식적 모델'에도 반영되어 있다. '인식적 모델'에 의하면 언어의 대상은 인식하는 자와 상관없이 외부에 독립적으로 존재하는 것이 아니다. 그 대상은 '알라야식'의 변형체 즉 '식'에 존재하고 있던 '종자'로 인해 '식'이 분화됨으로써 형성된 결과물이다. 언어의 대상은 플라톤의 이데아처럼 인식의 외부에 실재로서 존재하는 것이 아니며 중국의 성리학자인 주희(朱熹, 1130-1200)의 성(性)처럼 내재화된 것도 아니다.[52]

---

52) 성리학을 집대성한 주희는 개개의 사물이 생겨날 때 그 가운데에는 어떤 이치가 들어 있다고 보았다. 이것이 현재 있는 그대로의 사물을 만들며 그 본성을 이룬다. 중국의 성리학은 형이상학적 원리인 이(理)에 의해 인간에 내재해 있는 보편성을 설명한다. 인간도 다른 사물과 마찬가지로 구체적인 세계에 산출된 구체적인 개체이다. 그러므로 각 개인 속에는 인간의 이치가 존재하며 그 이치는 본성을 이룬다. 주희는 우리의 본성 속에 존재하는 이치를 인의예지(仁義禮智)로 설명한다. 인의예지는 우리가 구체적으로 볼 수 있는 형상을 가지고 있는 것이 아니다. 단지 도리만 있을 뿐이 다. 이것은 불쌍히 여기고, 나쁜 짓을 부끄러워하며, 남을 공경하고, 옳고 그름을 가릴 수 있는 구체적인 마음작용의 원리이다.

유식에서 언어의 대상은 플라톤의 '이데아'나 성리학의 마음에 내재된 '성'이 아니라 의타기성의 원리에 의거해 '식'이 변형되어 형성된 것이다. 따라서 언어의 의미는 '식'의 변형체인 인식 대상과 '식'의 산물인 언어와의 관계에 의해 결정된다. 이것은 '식'과 '식'의 관계이며 '식'에 의해 형성된 개념과 개념 간의 관계이다. 즉 한 개념의 의미는 고정된 대상과의 대응관계에 의해 결정되는 것이 아니라 다른 개념과의 관계를 통해 의미를 갖게 된다. 이 관점에는 '공'의 원리가 내재해 있다. 언어의 의미는 다른 것과의 관계에 의해서 결정되기 때문이다. 다시 말하면 공동체의 규칙에 의거해서 그 개념의 의미는 결정되기 때문이다. 또한 공동체의 규칙은 공동체마다 다르고 같은 공동체라 하더라도 시간이 지남에 따라 규칙은 변화되기 때문이다. 이러한 점들은 언어의 의미를 결정하는 양상이 고정된 원리에 의거한 것이 아니라 연기적 원리에 의거한다는 것을 보여준다.

인식의 과정 또한 연기적 원리에 의해 설명된다. 유식학에 의하면 '종자'의 현현에 의해 '식'의 분화가 이루어지고 이 과정에서 형성된 인식 대상이 언어로 표현된다. '식'의 변형체인 인식 대상이 생겨나는 과정은 의타기성의 원리에 의해 형성된다. 즉 인식 대상은 '식'에 의거해서 생겨난 존재이다. 이 인식 대상을 인식의 주체가 파악하는 작용이 인식 작용이다. 인식의 과정은 개인의 내부에서만 일어나는 것이 아니라 타인들과의 관계 속에서도 발생된다. 사회적 관계는 타인과의 관계에 의해 형성된 '사회적 자아'가 공통의 인식 대상을 파악하고 이것을 언어로 표

주희는 이 추상적인 원리를 형이상학적인 원리 곧 이(理)에 의해 설명한다. 이(理)가 마음에 내재된 것이 성(性)이며 이 원리가 구체적으로 나타난 것이 마음의 작용이다(풍우란 (1989), 《중국철학사》, 정인재 역, 서울: 형설출판사, pp.346-347).

현함으로써 형성된다. 이 때 '사회적 자아'는 인드라망처럼 타인들과 수많은 연결고리를 형성하며 복합적인 관계 양상을 나타낸다.

이상에서 논의한 바에 의하면 의타기성에 의해서 무아론적 사유를 설명했던 유식학과 관계존재론에 의해 해체론적 관점을 제시했던 후기 구조주의는 모두 실체를 부정한다는 점에서 공통의 양상을 보인다. 두 이론 모두 현상의 이면에 고정된 구조 혹은 실체가 존재한다고 보는 견해에 대해 비판적이다. 유식학에서 '사회적 자아'는 다른 것과의 관계 속에서 의식을 확장시켜 나간다. 확장된 의식은 공통의 인식 대상을 형성하고 이것을 언어로 표현한다. 인식 주체와 인식 주체 간의 관계 및 인식 주체와 언어의 관계는 고정된 구조로서 존재하지 않는다. 조건에 따라 변화된다. 이것은 유식학의 의타기성의 원리에 의해 펼쳐지는 현상이다. 후기구조주의의 관계존재론이 의미하는 바이기도 하다.

소결

유식학의 핵심용어인 마음['알라야식']의 의미와 그 작용 그리고 특징을 '인식적 모델'로 해석해 보았을 때, 다음과 같이 3가지 양상을 생각해 볼 수 있다.

첫째, 인식의 주체는 '개별적 자아'와 '사회적 자아'로 나누어진다. '사회적 자아'는 언어로 의사를 소통하는 주체라는 점에서 언어의 주체이다. '인식적 모델'로 본 언어의 주체는 '식'의 분화에 의해 형성된 인식의 주체가 인식의 대상을 타인과 공유하여 그것을 언어로 표현하면서 생겨난 것이다. 여기서 '인식 대상'을 공유하는지의 여부가 '사회적 자아'와 '개별적 자아'를 구분하는 근거가 된다.

둘째, 마음의 영역을 속세의 영역과 진여의 영역으로 구분하는 것은 불교만이 가진 독자적인 해석이다. 사람들은 속세에서 일상언어로 자신의 생각을 표현한다. 반면 불교에서 진여의 영역은 일상 언어를 초월해 있다고 설해지고 있다. '인식적 모델'에 의하면, 일상의 언어 작용이 생겨나는 것은 '식'이 인식 주체와 인식 대상으로 나누어지고, 인식 주체가 인식 대상을 언어로 표현할 수 있음을 의미한다. 그런데 진여의 경지는 주관과 객관을 초월한 경지로 정의된다. 필자는 이러한 현상이 나타나는 것은 '식'의 분화가 발생하지 않기 때문이라고 분석했다.

셋째, '알라야식'이 변형된 언어 주체인 '사회적 자아'는 무아론적 특성을 지닌다. 흥미롭게도 서양의 후기구조주의에도 이러한 양상이 나타나고 있었다. 살펴본 바와 같이 다윈의 진화론, 니체의 사상 그리고 프로이트의 무의식에 관한 이론과 같은 후기구조주의 이론들은 근대 이성주의에 대해 비판적으로 대응했다.

2. 사회적 자아 간의 의사소통

1) 심상의 표현

인식의 작용은 인식 주관이 인식 대상을 파악하고 그것에 대해 분별하는 과정이다. 이 때 인식 주관은 상황에 따라 '개별적 자아'와 '사회적 자아'로서 그 역할을 한다. '개별적 자아'는 개인이 마음에 떠오른 자신만의 대상을 파악할 때 그 역할을 하는 인식의 주체를 말한다. '사회적 자아'는 인식의 주체가 인식 대상을 타인과 공유하는 과정에 의해 형성된다. 인식 주체가 인식 대상을 언어로 표현하여 타인과 소통하면서 인식의 주체는 '사회적 자아'로서 그 역할을 수행한다. '사회적 자아'는 나 자신과 타자 사이에서 만들어진다.

유식학파는 자아의 형성 과정을 심리적인 측면에서 세밀하게 설명하고 있다. 필자는 유식학 개념인 '명언훈습종자'의 역할에 초점을 두고 '사회적 자아'가 생겨나는 현상을 살펴보고자 한다. 이어서 일상인과 보살이 각각 타인과 소통하는 과정을 고찰한다. 이를 통해 일상인과 보살은 모두 일상 언어로 자신이 경험한 내용을 타인에게 표현하면서 소통하지만, 심리과정은 각각 다름을 살펴볼 것이다.

(1) 심상의 형성
① 명언훈습종자의 역할
'개별적 자아'와 '사회적 자아'는 '알라야식'에 존재하는 '종자'에 의해 결정된다고 할 수 있다. 개개인의 특성이 담겨있는 '종자'는 인식 주체가 '개별적 자아'로서 역할을 수행하게 한다. 반면 타인과 공유하고 있는 '종자'는 현현하여 인식 주체가 '사회적 자아'로서의 역할을 수행하게 한다. 즉 '알라야식'에 존재하는 무수히 많은 '종자' 가운데 현현하는 '종자'의 특성에 따라 '알라야식'은 '개별적 자아'로서의 역할을 수행하기도 하고 '사회적 자아'로서의 역할을 수행하기도 한다. 사람들 각각의 심층에 존재하는 '알라야식'은 '종자'의 특성과 인연에 의해 그 역할을 달리한다고 할 수 있다. 유식학파는 이 현상을 다음과 같이 구체적으로 분석하고 있다. 이를 살펴보자.

유식학파는 문헌에서 언어를 '언(言)'과 '명(名)'으로 구분한다. '언'은 음성으로 발화된 것을 말하고 '명'은 음성에 의해 표현되지 않았지만 마음속으로 '분별'하는 것을 말한다. 인식 주체는 마음에 떠오른 '심상(心像, saṃjñā)'을 다른 '심상'과 차별화시켜 그 자체의 의미를 부각시킨다. 그리고 그 대상[심상]을 언어로 표현한다. 개개인의 마음에 떠오른 대상인 '심상'이 음성으로 발화될 때 이것은 '언'으로 표현되고 '심상' 그 자체에 머물러 있을 때 그것은 '명'이라고 불린다. 《섭대승론석(攝大乘論釋)》은 '언'과 '명'에 대해 다음과 같이 정의한다.

> 먼저 음성으로서 일체법을 가리키는 것이 언이 되고, 후에 말을 하지 않고 직접 마음으로 앞의 음성을 원인으로 삼는[지향하는] 것이 명이 된다. 이 명은 분별을 [본래의]성질로 삼는다.[53]

---

53) 《攝大乘論釋》(T31, 180b1-3), "先以音聲目一切法爲言, 後不發言直以心緣先音聲爲名, 此名以分別爲性."

인용문에 의하면 '언'은 일체의 대상을 음성으로 표현하는 것을 말한다. '명'은 말로 표현하지 않고 단지 마음으로 '심상'을 지향하는 것을 말한다. 마음은 의미하고자 하는 바를 다른 것과 구별하여 '심상'으로 떠올려 그 '심상'을 대상으로 삼는다. 이것은 분별작용에 의해 만들어진다. 《섭대승론석》에서는 인식 대상과 '명'의 관계를 다음과 같이 기술하고 있다.

> 헤아리고 알고 깨닫고 보고 사유하는 것은 단지 언어에 의해 분별하는 것일 뿐이지, 다른 것이 있어서 [그것을] 대상으로 할 수는 없다. 또한 반드시 명(名)에 의해 모든 법[대상]을 분별하기 때문에 의언분별이라고 말한다.[54]

인용문이 의미하는 바와 같이 유식학에서 인식 대상은 인식기관의 외부에 독립적으로 존재하고 이것이 마음에 반영된 것이 아니다. 외부에 실재하는 사물이 우리의 감각기관에 비춰짐으로써 인식 작용이 발생되는 것이 아니다. 마음에 존재하는 '명언훈습종자'가 현현하면서 생겨난 분별작용을 통해 인식 작용이 발생된다. 이 때 '심상'은 '식'이 변형된 것일 뿐이다. 이것은 사이버공간에서 발생하는 현상에 비추어서 설명할 수 있다. 사이버공간을 마음으로 비유할 수 있고 사이버공간의 사진들을 '심상'으로 비유할 수 있다. 사이버공간의 사진들은 가상의 존재이다. 사진은 우리가 의도적으로 선택할 때 우리 앞에 나타난다. 전에 보았던 사진은 다른 사진이 나타나면 사라진다. 유식학파는 우리의 마음에 나타난

---

54) 《攝大乘論釋》(T31, 199b3-5), "意識覺觀思惟, 但緣言分別, 無別有義可緣. 又必依名分別諸法故, 言意言分別."

영상 또한 사이버공간에 나타난 사진처럼 가상의 것으로 간주한다. 사진이 다른 사진으로 바뀌듯이 '심상'은 우리가 다른 생각을 할 때 다른 '심상'에 의해 대치(代置)된다.

그런데 '심상'이 마음에 떠오르는 현상은 저절로 발생되는 것이 아니다. 어떤 계기에 의해 '심상'이 나타나고 그것이 언어로 표현된다. 유식학파는 이 작용을 '명언훈습종자'에 의한 것으로 설명한다. '명언훈습종자'는 개념적 사유작용을 일으키는 '종자'이다. 이 '종자'에 의해 마음에 나타난 '심상'이 언어로 표현된다. '알라야식'속에 존재하던 '명언훈습종자'에 의해 형상과 명칭 그리고 분별작용이 형성된다. 앞에서 언급했듯이 유식에서는 모든 '종자'를 언어활동에 의해 이식된 것으로 본다. 이것은 《解深密經》이래 유식사상에 일관하는 공통된 견해이다.[55] 마음에 형상이 나타나고 그것에 개념이 부가될 때 마음은 표현하고자 하는 대상을 다른 대상과 구별하는 작용을 한다. '명언훈습종자'에 의해 '심상'이 언어로 표현되어 타인에게 전달되면서 언어의 작용이 형성되는 과정은 구체적으로 두 가지로 나누어진다. 마음에 나타난 '상'을 다른 '상'과 구분하는 내면적 작용과 '심상'을 소리로 표현하여 타인에게 전달하는 외

---

55) 다만 경론(經論)에 따라 그 표현이 다르다. 《解深密經》에는 '형상·명칭·분별에 의해 나타나는 희론습기'로 표현되며《解深密經》, T16, 692b), 《瑜伽論》에는 '일체의 종자식은 아득한 옛적부터 희론에 낙착(落着)하는(prapañca-rati) 훈습 때문에 생긴 일체종자 이숙식이다'(《瑜伽論》, T30, 279b)로 표현되어 있다. 그리고 《顯揚聖教論》에는 '희론훈습(戲論薰習)'(《顯揚聖教論》, T31, 480c)으로, 《大乘阿毘達磨集論》에서는 '일체변행희론추중(一切遍行戲論麤重)'(《大乘阿毘達磨集論》, T31, 685c)으로 표현되어 있다. 이러한 표현들을 통일한 것이 《섭대승론》의 '명언훈습습기' 또는 '명언훈습종자'이다(《攝大乘論釋》, T31, 398a19-398b18). 나중에 《成唯識論》에서 '명언습기' 또는 '명언종자'(《成唯識論》, T31, 43b03-b06)라고 하여 이 개념이 '종자'를 나타내는 총칭이 되었다(요코야마 코이츠(1989), 앞의 책, p.139).

면화 작용이 그것이다.

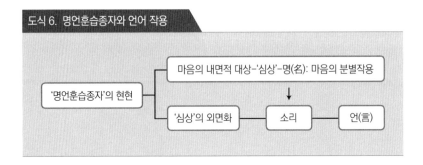

도식 6. 명언훈습종자와 언어 작용

'명언훈습종자'의 현현 — 마음의 내면적 대상-'심상'-명(名): 마음의 분별작용
— '심상'의 외면화 — 소리 — 언(言)

앞의 도식에 나타난 바와 같이 마음의 내면적 대상인 명(名)은 마음에 떠오른 인식 대상을 가리킨다. 명(名)은 아직 외부로 표현되지 않은 내적인 '심상'을 의미한다. 생각은 하고 있으나 음성으로 표현되지 않은 많은 이미지들이 그것이다. 예컨대 과거에 파리 몽마르뜨 언덕에서 보았던 광대의 모습을 떠올리거나 그곳에서 초상화를 그리고 있는 화가들의 모습을 기억하는 경우가 있다. 현재 내 앞에 그들은 존재하지 않지만 내가 경험했던 그들은 현재의 인식 속에 명확히 떠오른다. 이 내용을 음성으로 표현하지 않은 채 나는 그 모습을 눈앞에 그리면서 그 경험을 떠올린다. 유식학에 의하면 이러한 심상이 바로 명(名)이 된다. '심상'은 다양한 형태로 나타난다. 단편적으로 떠오르기도 하지만 하나의 이야기로 나타나기도 한다. 이러한 '심상'은 '식'이 분화되어 형성된 것이다. '심상'은 마음이라는 스크린에 나타난 영상이다. 우리가 영화를 볼 때 영사기에 의해 필름이 스크린에 비추어지듯이 마음에 나타난 영상은 '종자'에 의해 '식'이 분화되어 형성된 것이다. '종자'에 내재해 있던 내용이 마음에 비치는 현상이다.

‘심상’이 언어로 표현되어 외면화되었을 때 우리는 그 ‘심상’을 타인과 공유하게 된다. 외면화되는 과정은 언어 주체와 언어 주체 사이에서 형성된다. 즉 언어 주체로서의 ‘알라야식’과 언어 주체로서의 ‘알라야식’ 사이에서 이루어진다. ‘알라야식’이 분화되어 만들어진 ‘심상’이 다른 ‘알라야식’에 의해 공유될 때 ‘사회적 자아’가 형성되면서 상호간 의사소통이 이루어진다. 이 때 ‘명언훈습종자’는 인식 주체로 하여금 마음에 내면화된 ‘심상’[명(名)]을 언어로 표현[언(言)]하여 타인과 의사소통을 형성하게 하는 동인(動因)이 된다. ‘명언훈습종자’의 현현에 의해 ‘공동의 분별’ 작용이 발생되면서 ‘사회적 자아’가 형성된다.

② 개별적 자아의 사회적 자아로의 변화 계기

그렇다면 ‘사회적 자아’가 생겨나는 계기는 어떻게 설명할 수 있을까. 우리는 마음에 나타난 영상이 잠시 머물러 있다가 어느 순간 사라지는 것을 목격한다. 사라진 영상은 영원히 소멸된 것처럼 보인다. 그래서 그것은 우리의 기억에서 완전히 사라졌다고 여겨진다. 그러나 오랜 시간이 지난 후 그 영상이 다시 나타나는 경우가 있다. 완전히 사라졌다고 생각되었던 그 내용이 필요한 순간에 떠오른다. 예컨대 오래 전에 갔던 장소를 다시 찾아갈 때가 있다. 너무 오래전의 일이라 평소에는 그 장소가 거의 의식되지 않는다. 그래서 그것은 의식에서 완전히 소멸된 것으로 생각된다. 하지만 필요에 의해 그 곳에 다시 가야 할 때 우리 인식의 영역 속에 그 기억이 생생하게 떠오르는 경우가 있다.

유식학파는 이와 같은 현상을 ‘식’에 의거해서 설명한다. 유식학파에 의하면 아무리 미세한 ‘식’의 작용이라 하더라도 그것은 흔적을 남긴다. 그 경험은 ‘알라야식’에 ‘종자’의 형태로 저장된 후 인연이 무르익으면 인식의 영역에 명료하게 나타난다.[56] 그런데 인식의 대상은 자신의 내부에 나타났다가 사라지기도 하지만 타인에게 전달되기도 한다. 우리는 일상생활 속에서 마음속에 떠오른 생각을 다른 사람에게 이야기한다. 이를 통해 자신의 생각을 타인과 공유한다. 예를 들면, 음악가는 자신에게 나타난 영상을 소리를 통해 타인에게 표현한다. 화가는 그림을 통해 그의 마음속에 떠오른 '심상'을 표현한다. 이 행위를 통해 우리는 음악가와 화가의 '심상'을 전달받게 된다. 개개인의 마음속에 떠오른 이미지가 개인에 머물러 있지 않고 타인에게 전달됨으로써 그 이미지는 사회화된다.

마음에 떠오른 '심상'이 타인에게 전달되었을 때 타인이 그 '심상'을 이해할 수 있는 것은 공동체 속에서 합의된 규칙에 부합하는 언어로 '심상'을 표현했을 때이다. 공동체 구성원들이 이미 알고 있는 내용과 논리적으로 연결될 수 있을 때 '심상'은 이해된다. 이것은 '심상'을 분별하여 그것을 타인에게 표현하는 과정에 의해 이루어진다. 다음의 도식은 화자에게 떠오른 '심상'이 청자에게 전달되는 과정을 분석한 것이다.

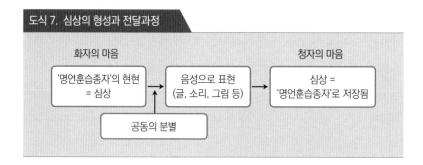

도식 7. 심상의 형성과 전달과정

화자의 마음 / 청자의 마음

'명언훈습종자'의 현현 = 심상 → 음성으로 표현 (글, 소리, 그림 등) → 심상 = '명언훈습종자'로 저장됨

공동의 분별

---

56) 《攝大乘論釋》(T31, 188b03-05), "釋曰. 以七識熏習本識爲種子. 此種子復變異本識爲七識. 後七識卽從前相貌種子生"; 《攝大乘論釋》(T31, 119b21-23), "若唯識似塵顯現依止. 說名依他性. 云何成依他. 何因緣說名依他. 從自熏習種子生故. 繫屬因緣不得自在."

도식에 제시된 바와 같이 '명언훈습종자'가 현현하여 나타난 '심상'은 이후 분석되고 차별화된다. 여기서 '심상'은 '알라야식'이 분화되어 형성된 인식 대상이라 할 수 있다. 인식 주관은 분별작용을 통해 '심상'을 명료하게 개념화시킨다. 그리고 그것을 음성, 글 또는 그림 등 다양한 방법으로 타자에게 전달한다. 사람들은 동료들과 이야기를 나눔으로써 '심상'을 공유하거나 음악이나 그림을 통해 타인과 '심상'을 공유한다.

한편, '심상'을 전달받은 사람은 내면화작용[심상을 다른 대상과 차별화시키는 작용]을 통해 그 내용을 이해한다. 내면적 '심상'이 타인에게 전달되는 과정은 개인과 개인을 연결해주는 다양한 매개체에 의해 이루어진다. 이때 '심상'은 공동체 구성원에 의해 약속된 언어로 표현된다. 이 언어로 전달된 내용은 청자의 마음에 '심상'으로 떠올라 자신이 알고 있는 내용에 부합시켜 그것을 이해하는 과정을 밟는다.[57] 이 과정에 의해 화자와 청자는 '심상'을 공유하게 된다.

공유된 '심상'은 화자와 청자의 마음에 형성된 '사회적 자아'의 공통 대상이다. 예컨대 음악가나 화가에 의해 표현된 예술작품은 사회공동체

---

57) 《瑜伽師地論》(T30, 486b16-c03), "云何世間極成眞實. 謂一切世間於彼彼事隨順假立. 世俗串習悟入覺慧所見同性. 謂世唯是地非是火等. 如地如是…以要言之. 此卽如此非不如此. 是卽如是非不如是. 決定勝解所行境事. 一切世間從其本際展轉傳來. 想自分別共所成立. 不由思惟籌量觀察然後方取. 是名世間極成眞實. 云何道理極成眞實. 謂諸智者有道理義. 諸聰叡者諸點慧者. 能尋思者能伺察者. 住尋伺地者具自辯才者. 居異生位者隨觀察行者. 依止現比及至敎量極善思擇決定智所行所智事. 由證成道理所建立所施設義. 是名道理極成眞實." 《瑜伽師地論》에 따르면 일상생활의 언어 작용은 공동체 구성원들이 만든 언어협약에 의해서 발생된다. 일상인들은 자신이 자라면서 익힌 언어관습에 맞추어 언어를 사용하게 된다[世間極成眞實]. 한편 직접지각, 추리, 가르침에 맞는 올바른 인식수단에 의해 바르게 분석하는 언어 작용이 발생되기도 한다[道理極成眞實]. 유식학은 공동체의 규칙에 부합하는 언어를 사용할 때 의사를 전할 수 있다는 관점을 보이고 있다(高橋晃一(2005), 《《菩薩地》〈眞實義品〉から〈攝決擇分中菩薩地〉への思想展開》, TOKYO: THE SANKIBO PRESS, p.19).

구성원들이 공동으로 인식할 수 있는 대상이다. 사회구성원들은 예술작품을 듣거나 본 후 그것에 대해 평가한다. 그리고 그것을 공론화한다. 그 결과는 다시 예술가 및 그것을 감상한 사람들의 '알라야식'에 '종자'의 형태로 저장되기도 한다. 사회구성원['사회적 자아']들이 공동으로 가지고 있는 인식 대상 즉 '공상'은 '공동의 분별' 작용을 다시 일으키는 요인이 되기도 한다.

유식학파에 의하면 '공상'은 공통의 상(相)을 말한다.[58] 공통의 상을 담지하고 있는 '종자'는 여러 사람들이 같은 장소와 같은 시간을 공유(共有)하면서 만든 결과물이다. 융의 '집단 무의식'처럼 오랜 시간 동안 공유해온 전통이 이에 해당된다. 한국사회의 고유 전통인 추석 명절은 이것을 잘 설명해준다. 가족이 모여 음식을 만들고 조상께 차례를 지내는 일은 한국인에게 익숙한 관습이다. 이것은 한국인의 '집단무의식' 속에 내재해 있는 전통이며 한국인이 만들어낸 공통의 '종자'이다. 성탄절에 기독교인들이 예수의 탄생을 축하하고 즐기는 것 또한 기독교인들이 만들어낸 공통의 '종자'이다. 전 인류가 걸어온 역사, 전 인류의 관념, 전 인류의 지혜가 담겨 있는 융의 '집단무의식'과 유식학파의 '알라야식'은 인류의 보편적 성향을 담지하고 있다.

융이 '집단무의식'에 자리 잡고 있는 보편적이며 일정한 형식을 지닌

---

58) 《攝大乘論釋》(T31, 178c26-179a9), "論曰. 共相者, 是器世界種子. 不共相者, 是各別內入種子. 復次共相者, 是無受生種子. 不共相者, 是有受生種子. 釋曰. 本識與一切衆生同功能, 是衆生所共用器世界生因. 復次共相是無受生種子者, 此本識是無覺受法, 謂外四人五塵等生因. 若無如此相貌本識, 是器世界衆生同用因則不成. 不共相是各別內入種子者, 各別是約自他立, 境界不同種類不同取相不同, 故言各別. 又約自爲內約他爲外 是內根塵等生因爲不共相. 是有受生種子者, 此本識是有覺受法生因. 若無第二相貌, 衆生世界不得成."

'선재하는 형식'을 '원형'이라고 정의하고, '원형'을 통해 인류가 공통으로 가지고 있는 성향을 유형화시켰듯이, 유식학파는 요가행자가 관찰하여 발견한 '알라야식'을 제시했다. 유식학파에 의하면 우리의 마음에 나타나는 일체의 현상세계는 무의식 차원에서 작동하는 우주적 에너지가 발현된 것이다. 심층의 무의식적 에너지가 인간 각자의 개체적 차별성을 넘어 하나로 이어져 있기 때문에, 현상의 모든 것은 분리되지 않고 서로 연결되어 하나의 세계를 이룬다. 각각의 개체가 경험하는 각각의 세계가 모든 인류의 공통대상인 기세간(器世間)을 이루게 되는 것은, 개체의 심층에서 작용하는 각각의 '알라야식'이 궁극적으로 전체현상을 이루는 하나의 우주적 마음의 현현이기 때문이다.[59] 이것은 중생(衆生)이 공통으로 가지고 있는 '공종자'가 현현됨으로써 나타나는 것으로 해석된다. '공종자'에 의해 '식'이 분화됨으로써 인식 주관은 우주적인 마음이 되고 인식 대상은 기세간이 된다고 해석해 볼 수 있다. 유식학파는 경험적인 측면에서 인간의 마음을 분석하고 유형화함으로써 인류의 보편적인 성향을 설명한다.

이상에서 논의된 바와 같이 '명언훈습종자'인 '공종자'가 발현됨에 따라 '심상'이 생겨난다. 인간은 '심상'을 언어로 표현하여 타인과 '심상'을 공유하게 된다. 이 때 '심상'은 그것을 공유하는 사람들에게 '공상'이 된다. 이것을 언어로 표현함으로써 사회적 관계가 형성된다. 이 과정을 통해 인간은 '사회적 자아'의 역할을 수행하게 된다.

이것이 가능한 이유는 '알라야식'에 존재하는 '명언훈습종자'에 있다. '명언훈습종자'는 공동체 구성원들이 생각하고 행했던 결과물로 해

---

59) 한자경(2002), 《유식무경》, 서울: 예문서원, p.23.

석할 수 있다. 이것이 현현하면서 '심상'이 나타나고 '사회적 자아'는 '공동의 분별'작용을 일으키게 되는 것이다. '공동의 분별'작용은 타인과 더불어 인식 대상에 대해 판단하는 작용이다. 이 결과는 다시 '종자'의 형태로 저장되어 다음 행위를 일으키게 된다.

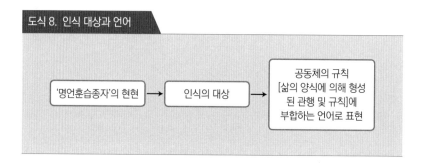

도식 8. 인식 대상과 언어

비트겐슈타인은 그의 후기이론에서 '삶의 양식'은 언어를 사용하는 우리의 실천적 관행에 대한 기초를 제공하고, 우리가 그 속에서 언어를 습득하고 활동하게 하는 준거의 틀로서 작용한다고 생각했다.[60] 앞에서 언급했듯이 '삶의 양식'이란 오랫동안 생활하면서 공유한 가치관이나 문화를 의미한다. 비트겐슈타인은 언어는 공동체에서 제시된 규칙과 부합함으로써 타인과 의사소통을 할 수 있는 기능을 이행할 수 있다고 생각했다. 즉 그는 우리가 따르는 언어의 규칙은 인식기관의 외부에 존재하는 실재에 의해 객관적으로 정당화되는 것이 아니라 공동체의 관행에의 부합여부에 의해 결정된다고 보았다.

유식학파 또한 인식의 대상을 공동체의 규칙에 부합하는 언어로 표

___

60) 루트비히 비트겐슈타인(2011), 앞의 책, pp.31-32.

현할 때, 화자와 청자는 그 언어의 의미를 공유하게 된다고 본다. 앞에서 제시한 바와 같이 '명언훈습종자'는 공동체가 공유하는 규칙을 포함하고 있다. '명언훈습종자'의 현현으로 만들어진 인식의 대상이 공동체에서 인정되는 언어로 표현될 때 의사소통이 이루어지게 되는 것이다. 이로 인해 인식 주체는 '사회적 자아'의 역할을 수행하게 된다.

(2) 일상인과 보살의 소통 양상과 심리

다음은 일상인과 보살의 심리작용과 이를 기반으로 한 의사소통의 모습을 살펴보자. 지금까지 고찰한 바와 같이, 일상인들은 분별작용을 통해 마음에 나타난 현상을 해석한다. 그들의 마음작용은 '알라야식'에 존재하는 '종자'에 의해 비롯된다. 한편 대승불교에서 보살은 최고 경지에 이른 자이다. 보살은 수행을 통해 깨달음의 경지를 경험하지만 이 상태에 머무르지 않고 다시 중생의 세계로 돌아와 그들을 깨달음의 세계로 인도한다. 불교의 독특한 분류인 일상인과 보살의 심리작용에서 언어는 각각 어떤 양상을 보이고 있는 지에 주목해서 살펴보자.

① 일상인의 이기적인 소통

일상생활에서 의사소통은 대부분 언어를 통해 이루어진다. 공동체에 소속된 구성원들은 그들이 습득해온 관습 및 규칙에 부합하는 언어를 사용하여 자기의 생각을 표현한다. 유식학파에 의하면 '알라야식'에는 개인의 사유내용이 저장될 뿐만 아니라 공동체의 관습, 가치관 등이 저장된다. 이것은 '알라야식'에 번뇌종자의 형태로 저장되어 이후 일상생활의 인식세계를 형성한다. 유식학파는 '알라야식'의 특성을 다음과 같이 분석하고 있다.

제 8아리야식은 세 가지[특성]을 가지고 있다. 첫째는 해탈의 성품으로서의 아리야인데, 성불의 의미가 있다. 둘째는 과보로서의 아리야인데, 십팔계를 조건으로 한다. 그러므로 《중변분별론》의 게송에서 "감각기관과 대상과 나와 식은 본식(本識)이 생기하여 저것처럼 사현한 것이다"라고 했다. 저 논서 등이 말한 것에 의하면 제8식은 십팔계를 조건으로 한다. 세 번째는 염오로서의 아리야식이다. 진여로서의 대상을 조건으로 하여 네 가지의 비방을 일으키니, 법집(法執)이지만 인집(人執)은 아니다.[61]

인용문에 제시된 바와 같이 '알라야식'에 의해 형성된 인식의 세계는 18계로 분석된다. 18계는 5가지 감각기관과 감각대상 그리고 그 사이에서 발생되는 '식'과, 의근이 5식 및 기타 정신작용을 대상으로 하여 형성되는 제6식으로 구성된다. 즉 18계는 우리가 일상생활에서 쉽게 감지할 수 있는 감관의 작용에 의해 생겨난다. 인식 대상과 인식 주관 그리고 그 사이에서 생겨난 분별작용이 18계로 표현된다.

인식 작용에 의해 생겨난 세계는 우리가 일상의 생활 속에서 경험하는 세계 즉 변계소집성의 세계이다. 이 세계는 우리가 매일 접하는 사이버공간으로 비유될 수 있다. 주지하듯 사이버공간은 가상공간이다. 이 공간에서 우리는 사진이나 음악을 통해 다양한 사람들을 만난다. 직접 만난 적은 없지만 그 공간을 통해 그들의 활동사항을 접하게 되고 그들의 근황을 알게 된다. 이로 인해 그들은 우리와 매우 친숙한 사람처럼 느

61) 《解深密經疏》(X21, 240b23-c3), "第八阿梨耶識, 自有三種. 一解性梨耶, 有成佛義. 二果報梨耶, 緣十八界. 故中邊分別偈云. 根塵我及識, 本識生似彼, 依彼論等說, 第八識緣十八界. 三染汙阿梨耶, 緣眞如境, 起四種謗, 卽是法執, 而非人執."

껴진다. 하지만 사이버 공간에 존재하는 사진은 실재하는 것이 아니다. 다만 우리가 의도적으로 선택함에 따라 우리의 마음에 나타나는 현상일 뿐이다.

유식학파는 우리의 현실세계 또한 사이버공간처럼 가상의 세계라고 본다. 유식학파에 의하면 일상인들은 그들이 경험하고 느끼는 현상이 실재한다고 여긴다. 그래서 그들은 그 대상에 대해 좋아하거나 싫어하는 감정을 일으킨다. 때론 대상을 자신의 것으로 만들고자 하는 마음을 일으키기도 한다. 하지만 사이버공간을 벗어났을 때 그 가상의 공간이 허상임을 깨닫게 되듯이 18계에서 전개되는 현상은 깨달은 자의 눈으로 보면 진실한 세계가 아닌 가상의 세계이다. 유식학파는 이 가상의 세계를 번뇌의 세계 즉 변계소집성으로 정의한다.

변계소집성의 세계는 일상인들이 자신의 욕망에 의해 대상을 파악하고 욕망을 만족시키기 위해 행하는 세계이다. 이러한 경향은 의사를 소통하는 과정에 그대로 드러난다. 일상인들은 자신의 욕망을 만족시키기 위해 타인과 소통한다. 그들은 타인과의 대화를 통해 자신이 원하는 정보를 얻고자 한다. 그리고 그 정보를 활용해서 자신의 이익을 취한다. 이러한 현상은 물건을 만들어서 파는 공급자와 그 물건을 사고자 하는 수요자 간에 이루어지는 관계 속에서 보다 명확히 나타난다. 공급자와 수요자는 각각의 이익을 위해 서로 거래한다. 공급자는 물건을 수요자에게 제공함으로써 그가 원하는 금전적 이익을 취한다. 반면 수요자는 물건을 소유함으로써 자신의 욕망을 만족시킨다. 이와 같은 사회적 관계는 모두 욕망에 의해 형성된 것이다.

이러한 예는 일상인들이 의사를 소통하게 되는 심리적 요인과 그 과정을 단적으로 보여준다. 일상인들이 사회적 관계를 형성하게 되는 심리

과정은 각자 자신의 이익을 위한 마음에서 출발한다. 이 관계는 욕망에 의한 '식'의 분화과정으로 설명될 수 있다. 유루종자인 '명언훈습종자'의 현현에 의해 인식 주관은 인식 대상을 분별하여 이것을 언어로 표현한다.

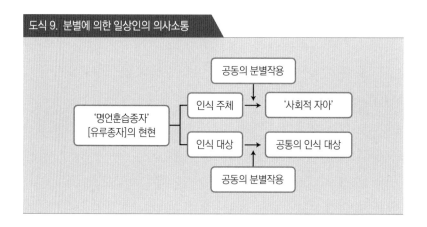

도식 9. 분별에 의한 일상인의 의사소통

앞의 도식에 나타난 바와 같이 '유루종자'인 '명언훈습종자'의 현현에 의해 '알라야식'은 둘로 나누어져 인식 주체와 인식 대상이 된다. 인식 주체는 공통의 성향을 가진 '종자'의 발현에 의해 '공동의 분별'작용을 일으켜 '사회적 자아'가 된다. 이후 '사회적 자아'는 공통의 인식 대상을 파악하는 '공동의 분별'작용을 일으킨다. 그 작용의 결과는 다시 '유루종자'의 형태로 '알라야식'에 저장된다.

유식학파에 의하면 이와 같은 인식의 과정은 의타기성에 의해 설명된다. 의타기성은 불교의 연기론을 심리적 측면에서 재해석한 것이다. 주지하듯 불교의 연기론은 모든 존재가 독립적으로 홀로 존재하는 것이 아니라 다른 것에 의존해 있음을 설명하고 있다. 그러므로 불교는 우주의 모든 사건을 결정하는 신, 영혼 등을 인정하지 않는다. 인간이 선택할 수 있는 여지를 전혀 남겨두지 않는 결정론과 모든 것은 우연히 일어난다는 입장에 대해서도 비판적인 관점을 보인다.

중세의 신(神)중심적 사유 및 근세의 이성론적 사유는 실체에 의해 현상이 형성되었다는 형이상학을 전제로 한다. 이 사상은 인도의 우파니샤드사상에 나타난 브라흐만/아트만과 같이 현상의 이면에 존재하는 근원자에 의해 존재가 형성되었음을 설명한다. 하지만 연기론적 사유는 신 또는 브라흐만/아트만과 같은 근원적 실체로부터 현상적 존재가 형성된다는 관점에 대해 비판적이다. 현상적 존재는 다만 다양한 관계를 통해 형성되고 해체되면서 존재할 뿐이라는 관점을 제시한다.

같은 맥락에서 서양의 관계론적 사유는 존재를 관계적 구성물 (relational construction)로 본다. 현상을 구성하는 요소는 실체가 아니라 일시적인 성질만을 가지고 있을 뿐이다. 여러 구성 요소들의 결합으로 인해 현상적 존재가 나타난다. 이 관점에 의하면 현상적 존재는 어느 순간 그 구성 성분들로 해체된다. 이러한 구성과 해체의 과정이 현상 세계의 본질이다. 일체는 부단한 관계 짓기에 의해 끊임없이 생성되고 변화된다. 이 관계론적 담론은 존재에 대해 불변하는 독자적 본질을 부여해온 서구의 존재론적 형이상학을 근원적으로 비판하는 입장을 제시했다.[62]

이 관점은 유식학파의 의타기성이 의미하는 바이기도 하다. 의타기성은 현상의 이면에 존재하는 실체에 의해 현상세계가 형성되는 것이 아니라 번뇌종자의 현현에 의해 모든 존재가 형성된다는 것을 설명하는

---

62) 박경일(2007), 〈무아윤회와 해체철학: 학제적 학문공동체 실험서설〉, 《동서비교문학저널》 17호, pp.170-171.

원리이다. 의타기성은 '알라야식'에 존재하는 다양한 '종자'가 여러 조건에 의해 현상적 세계를 만들어 낸다고 설명한다. 이 원리에 의하면 인식주관과 인식 대상 또한 홀로 형성된 것이 아니라 '알라야식'에 의거해서형성된 것이다. '알라야식'이 둘로 나누어져 인식 주체와 인식 대상이 형성되는 과정 모두 의타기성의 원리로 설명된다.[63]

나아가 유식학파에서 의타기성은 세속의 세계가 형성되는 원리일 뿐만 아니라 세속의 세계에서 진여의 세계로 변화되는 원리이기도 한다.유식학파는 현상을 생사와 열반으로 구분하고 의타기성의 원리에 의거해서 두 세계의 차이를 설명한다. 윤회의 세계와 열반의 세계는 의타기성의 두 측면이다. 분별과 집착에 의해 생겨난 세계는 의타기성의 오염된 측면이며 번뇌가 사라진 청정한 상태는 의타기성의 청정한 측면이다.그리고 수행을 통해 열반의 상태에 이르는 과정 또한 의타기성으로 표현된다.

유식학파에 의하면 일상생활 속에서 타인과 더불어 살고 있는 중생들은 현상의 세계가 의타기성의 원리에 의해 형성되고 소멸된다는 사실을 통찰하지 못한다. 이로 인해 인식 대상에 대해 집착하고 그것을 소유하려는 욕망을 일으킨다. 그리고 인식된 대상이 영원히 존재하는 것으로착각하기도 한다. 이로 인해 일상의 세계는 인식 주관이 인식 대상을 분별하고 고착화하는 현상이 항상 발생하는 세계가 되는 것이다. 유식학파에 의하면 이와 같은 세계에서 일상인들은 자신의 욕망에 의해 타인과의사소통을 한다.

---

63) 《攝大乘論本》(T31, 148c15-18), "此中生死謂依他起性雜染分, 涅槃謂依他起性清淨分,二所依止, 謂通二分依他起性. 轉依謂卽依他起性, 對治起時轉捨雜染分轉得清淨分."

② 보살의 이타적인 소통

대승불교 특히 유식학에서 보살은 수행에 의해 도달한 가장 이상적인 모델이다. 보살은 수행을 통해 마음이 질적으로 변하는 전의(轉依, āśraya-parāvṛtti, āśraya-parivṛtti)를 경험한다. 그렇다면 보살은 어떤 심리상태에서 타인과 의사를 소통할까.

유식학은 '알라야식'에 청정의 세계로 갈 수 있는 힘이 존재한다고 본다. '알라야식'은 번뇌의 '종자'를 담지하고 있으면서 동시에 해탈의 가능성을 지니고 있다. 즉 '알라야식'에는 해탈할 수 있는 성질인 '무루종자(無漏種子)'와 염오의 성질인 '유루종자(有漏種子)' 모두가 담지 되어 있다. 이 가운데 '유루종자'는 일상적인 인식 작용의 결과가 '알라야식'에 저장된 것을 표현한 개념이다. 유식학에 의하면 '알라야식'에 존재하던 '유루종자'가 소멸하고 '무루종자'가 증가하는 최초의 계기는 깨달은 자의 이야기를 잘 듣고 그것을 받아들이는 것에서 생겨난다. '알라야식'에 '무루종자'가 증가하는 현상은 새로운 지식이 자신의 것으로 되기까지의 과정으로 비유될 수 있다. 예컨대 우리가 책을 읽거나 강의를 듣거나 친구들과 대화를 함으로써 생소한 지식을 접하게 될 때, 새로운 지식에 대한 배경을 알고 있는 경우 우리는 비교적 쉽게 새로운 정보를 이해할 수 있다. 이것은 내 안에 쌓여 있던 지식과 새로운 지식이 논리적으로 연결될 때 가능하다. 마찬가지로 깨달은 자의 이야기를 들었을 때 내부에 쌓여있는 '종자' 즉 '무루종자'와 깨달은 자의 이야기 즉 '정문훈습종자(正聞薰習種子)'가 잘 연결될 때 해탈의 길로 갈 수 있는 가능성이 열린다고 할 수 있다.

'전의(轉依)'는 '무루종자'가 증가하면서 심층에 존재하는 '알라야식'이 질적으로 변하는 현상을 표현한 개념이다. 분별하고 집착하는 인식의 상태에서 세속적 분별이 완전히 사라진 청정한 상태가 되는 것을 말한다. 이것은 인식의 전환 즉 변계소집성에서 원성실성으로의 변화를 의미한다. 유식학파는 인식 대상과 그것을 파악하는 인식 주체가 영원한 실체가 아님을 통찰할 때 개념에 의해 형성된 집착의 세계는 소멸하고 분별이 없는 승의(勝義)의 세계가 나타난다고 본다. 《攝大乘論本》에서는 청정한 의타기성이 나타나는 과정을 다음과 같이 묘사하고 있다.

> 모든 법신은 어떤 특징을 가지고 있는가? 대략 5가지가 있음을 알아야한다. 그 가운데 하나는 전의라는 특징이다. 이것은 일체의 장애가 되는 오염된 의타기성을 소멸시켜 일체의 장애로부터 벗어나 법에 대해 자유자재하게 되는 것을 말하며, 청정한 의타기성이 현전하게 되는 것을 말한다.[64]

수행에 의해 '알라야식'에 존재하던 오염된 종자가 청정한 종자로 변하게 되고 이후 '종자'는 완전히 소멸된다. 유식학파는 이 순간을 '전의' 개념으로 표현한다. 이 때 원성실성은 홀로 생겨난 것이 아니라 변계소집성에 기반을 두고 의타기성의 원리를 통찰할 때 나타난다. 달리 표현하면, 수행자는 아(我)와 법(法)이 아공(我空)과 법공(法空)임을 깨닫게 될 때 번뇌장과 소지장이 소멸되는 '전의' 경험을 하게 된다. 이것은 마음을 한 곳으로 집중하고, 바른 지혜를 일으켜서 대상을 통찰하는 지관(止觀)의 행(行)에 의해 이루어진다.

《攝大乘論》은 수행에 의해 '유루종자'로 구성된 '알라야식'에 청정한

---

64) 《攝大乘論本》(T31, 149b1-4), "諸佛法身以何爲相. 應知法身略有五相. 一轉依爲相, 謂轉滅一切障雜染分依他起性故, 轉得解脫一切障於法自在, 轉現前清淨分依他起性故."

'종자'[무루종자]가 증가하고 번뇌의 '종자'[유루종재]가 감소하는 현상을 우유와 물이 혼합된 상태로 비유한다. 우유를 '유루종자'로 비유하고 물을 '무루종자'로 비유해서, 수행이 진전됨에 따라 '유루종자'가 소멸되고 청정한 '무루종자'가 증가함을 보여주고자 한다. 이것은 '유루종자'와 '무루종자'가 서로 점감점증(漸減漸增)의 상태에 있음을 나타낸다. '정문훈습종자'가 점점 증가함에 따라 번뇌를 담고 있는 '알라야식'은 점점 감소함을 보여준다. '유루종자'의 소멸과정은 세속과 승의, '변계소집성'과 '원성실성'과의 연관 속에서 설명된다. 유식학파는 '알라야식'의 질적인 변화를 통해 세속[변계소집성]에서 승의[원성실성]로의 변화를 설명한다. 두 세계 즉 세속과 승의는 질적으로 차원이 다르지만 세속에서 승의로의 변화는 '알라야식'이라는 기체를 통해 경험된다. 이 과정을 설명하기 위해 《攝大乘論》은 '알라야식'을 우유와 물이 섞인 상태로 비유한다. 이 방법은 동일한 공간에서 '무루종자'와 '유루종자'가 함께 존재할 수 있음을 보여주기 위해 사용된 것으로 보인다.[65]

이 맥락에 따르면, 개념적 분별작용이 그치고 주체와 대상[能所]의 구별이 없어진 상태로의 전환이 가능한 것은 일상의 세계[변계소집성의 세계]와 깨달음의 세계[원성실성의 세계]가 동일한 장으로, 즉 다른 것에 의존하여 본연의 모습을 하고 있는 세계[의타기성의 세계]로 생각되기 때문이다. 동일한 장에 '변계소집성'의 세계와 '원성실성'의 세계가 존재하기 때문에 범부에게도 깨달음의 가능성이 열려있다. 이 세 가지 세계는 각기 개별적으로 존재하는 것이 아니라 동일한 세계가 세 가지 측면으로 보이는 것

---

65) 《攝大乘論》(T31, 117b1-4), "若本識與非本識共起共滅. 猶如水乳和合 云何本識滅非本識不滅. 譬如於水鵝所飮乳猶如世間離欲時. 不靜地薰習滅. 靜地薰習增. 世間轉依義得成. 出世轉依亦爾."

이다. 그 동일한 세계란 인연에 따라 움직이고 있는 순수한 의타기를 기반으로 한 세계일뿐이다. 그러한 의타기의 세계가 일단 범부의 눈에 들어오는 순간, 의타기는 '변계소집성'의 허망분별된 세계에로 이끄는 현상세계의 동인이 됨과 동시에 현상세계 그 자체[변계소집성의 세계]로 전개된다. 반면 깨달은 자의 눈에는 허망분별이 제거되어 순수한 의타기로서의 '원성실성'의 세계로 전환된다.[66]

'원성실성'의 세계로 진입하는 것은 수행을 통해 이루어진다. 유식학에서는 수행이 진행되는 과정을 '5위'로 표현하고 있다. '자량위(資糧位)', '가행위(伽行位)', '통달위(通達位)', '수습위(修習位)', '구경위(究竟位)'가 그것이다. 수행자는 수행을 하는 동안 이 5가지 단계를 거치게 된다. 《成唯識論》에서 제시되고 있는 5위를 살펴보면 다음과 같다.[67]

우선 제1단계인 '자량위(資糧位)'는 길고 긴 수행을 하는 동안 재산이 될 양식을 저장하는 계위이다. 《成唯識論》에 의하면 불도를 닦는 과정에서 재산이 되는 것은 복(福)과 지혜(智慧)이다. 그것은 6바라밀과 같은 기초적인 수행을 닦는 과정에서 생겨난다.

제2단계인 '가행위(伽行位)'에서는 근원적인 사유가 시작된다. 앞의 기초적인 수행에 의해 상당한 단계에 도달되면, 이제까지 해왔던 수행을 더욱더 진전시켜 진여를 증득하고자 노력하게 된다. 이 과정에 의해서 출세간의 진리를 이해할 수 있는 가능성이 마음속에 생긴다. 이 단계는 다시 4단계로 세분화된다. '난위(煖位)', '정위(頂位)', '인위(忍位)', '세제일법

---

66) 《成唯識論》(T31, 47c24-48b11)
67) 《成唯識論》(T31, 48b11-49a22), "何謂悟入唯識五位. 一資糧位. 謂修大乘順解脫分. 二加行位. 謂修大乘順決擇分. 三通達位. 謂諸菩薩所住見道. 四修習位. 謂諸菩薩所住修道. 五究竟位. 謂住無上 正等菩提."

위(世第一法位)'가 그것이다. 이것은 네 가지 심사관(四尋思觀)과 네 가지 여실지관(四如實之觀)에 의해 이루어진다. 네 가지 심사관은 명칭·대상·자성·차별은 가설적 존재이며 실재하는 것이 아님을 관찰하는 것이다. 그리고 이 네 가지도 '식'을 떠나 존재하지 않고, '식'도 아니며 실재도 아님을 사실 그대로 두루 아는 것을 여실지(如實智)라고 일컫는다. 유가사(瑜伽師)[수행자]는 유식관(唯識觀)을 실천함으로써 '이 세계는 단지 '식'의 표상(表象)이며 외계에는 어떤 실재도 존재하지 않는다.'는 것을 체득해 간다. 이 '표상'만을 체득하기 위해 먼저 외계의 대상이 실재하지 않는 것, 나아가서는 대상이 실재하지 않으므로 그것을 파악하는 인식 주체도 또한 실재하지 않음을 요득(了得)한다. 명상 속에서 수행자는 대상과 그것을 표현하는 언어와의 관계를 단서로 하여 '이 세계는 표상뿐인 것'임을 증득하려고 한다. 이 언어와 대상에 대한 고찰이 제2단계인 '가행위'에서 이루어지는 것이다.

'가행위'를 구체적으로 살펴보면 다음과 같다. 우선 '난위'에서는 처음으로 인식 대상이 마음이 변화되어 형성된 것임을 관찰한다. 즉 인식 대상은 가설된 것이며 실재하지 않음을 관한다. 다음의 '정위'에서는 거듭해서 인식 대상은 모두 마음의 전변에 의해 형성된 것이기 때문에 가설적인 존재이며 실재하지 않음을 관한다. 즉 '인식 대상은 환(幻)과 같아서 실체로서 존재하는 것이 아니다.'라는 것을 본다. '인위'에서는 인식 대상이 실재하지 않으며 인식 주체도 실재하지 않음을 통찰하게 된다. 이후 '세제일법위'에서는 인식 대상과 인식 주체가 모두 공(空)함을 거듭 받아들이게 된다. 하지만 '가행위'는 진실로 참다운 유식의 도리를 깨우친 상태가 아니라고 정의된다. '가행위'에는 아직 인식적인 속박[상분(相分)이 견분(見分)을 속박하는 것, 상박(相縛)]과 잠재적으로 '알라야식'에 존재하는 '유루종자'에 의한 속박[추중박(麤重縛)]이 존재한다.

제3단계인 '통달위(通達位)'는 '무루지(無漏智)'를 얻어 진여의 진리를 체득하게 되는 단계이다. 인식 주체와 인식 대상에 대한 구별을 떠나 모든 희론(戲論)을 끊는 단계이다. 즉 '근본무분별지'를 체득하여 유식의 진실한 성격을 깨닫게 되고, 이후 '후득지'를 체득하여 유식의 모습을 깨닫게 되어 실재와 모습[현상]의 진실에 통달하게 된다.

제4단계인 '수습위(修習位)'는 세계의 진실을 깨달았다 하더라도 아직 무명과 번뇌의 습기(習氣)를 완전히 소멸시킬 수 있는 것은 결코 아니라고 보는 단계이다. 따라서 다시 '무분별지'를 닦아 마음을 정화시킬 필요가 있다고 보고 계속해서 수행을 진전시킨다.

제5단계인 '구경위(究竟位)'란 의지할 바의 전환(轉換, 전의)이며 붓다의 경지로 깨달아 들어가는 경지이다. 자기의 존재근거를 완전하게 전환하여 살아 있는 모든 것과 평등한 입장이 되는 단계이다. 자리·이타를 원만히 이루는 경지이다.

이러한 과정을 통해 수행자는 언어와 대상을 고찰함으로써 대상에 부여된 명칭은 실재하는 것이 아니라 임시로 만들어진 것이고 명칭에 대응하는 대상 또한 환상에 지나지 않음을 본다. 이를 증득하게 되면 대상에 대한 집착이 사라지고 대상을 파악하는 주체도 실재하지 않음을 알게 된다. 이로 인해 거울에 사물이 나타나듯이 모든 존재의 실상이 마음에 나타나 모든 존재는 단지 표상일 뿐임을 체득한다. 이후 자기의 존재근거가 완전히 전환되는 '전의' 경험을 하게 되면서 자타불이(自他不二)의 경지에 이른다.[68]

---

68) 《成唯識論》(T31, 48b11-49a22), "何謂悟入唯識五位. 一資糧位. 謂修大乘順解脫分. 二加行位.

이상의 과정을 통해 도달한 보살은 부처의 경지에 머물지 않고 윤회의 세계로 돌아와 중생을 제도한다. 보살은 개인의 해탈에 머물지 않고 타인과 더불어 깨달음을 추구하고자 한다. 이를 위해 보살은 그의 경험을 언어로 표현하여 타인을 해탈로 인도한다. 이 과정에서 보살과 중생 사이의 의사소통의 문제가 주목된다. 보살은 중생과의 관계를 통해 '사회적 자아'로서의 역할을 행한다. 그런데 보살은 중생이 타인과 사회적 관계를 유지하는 방식과는 다른 인식의 상태를 보인다. 보살의 인식과정의 변화 양상을 살펴보기 위해 우선 진여와 일상 언어 간의 관계를 논의하기로 하자.

〈보살지〉(BoBh 27,1ff)는 언어와 唯事와의 관련성에 대해 모든 현상과 사물은 단지 명칭(prajñaptimātra)에 불과하다고 설한다. 이 설명에 따르면 사물은 일상적 명칭이나 철학적 명칭을 통해 그들에게 귀속된 것을 자신의 성질(자성)로 하지만 이것은 실재성과 상응하지 않는다. 예를 들어 신체는 보여지는 것으로서의 자신의 성질을 다만 일반적 언어적 표현을 통해서만 가질 뿐 자체적으로 실제로 갖는 것은 아니다. 물론 이런 설명은 〈보살지〉에만 독특한 것이 아니고 《나선비구경》의 유명한 수레의 비유를 통해 이미 잘 알려진 것이다. 그러나 〈보살지〉의 고유한 점은 명칭은 그에 대응하는 것이 없기 때문에 무가치하다고 설해지지만, 이것은 vastu가 전적으로 비존재함을 의미하지는 않는다고 설하는 점이다. 왜냐하면 그 근저에 하나의 공통적

<hr />

謂修大乘順決擇分. 三通達位. 謂諸菩薩所住見道. 四修習位. 謂諸菩薩所住修道. 五究竟位. 謂住無上 正等菩提"; 竹村牧男(1991), 《유식의 구조》, 정승석 역, 서울: 민족사, pp.155-156; 《成唯識論》(T31, 48b20-49a22).

불가언설적 실재성이 존재하기 때문이다. 가설적 존재로서의 물체나 관념 등은 비존재하지만 이런 언어적 표현이 관련되는 사실적 근거로서의 vastu는 존재한다. 다만 사물의 진실존재로서의 이 근거는 명칭에 귀속되는 존재가 아니며 따라서 불가언설적인 것이다.[69]

인용문에 나타난 바와 같이 안성두(2003:156-157)는 〈보살지〉에서 논의된 언어와 대상의 관계를 분석한다. 그는, 〈보살지〉에서 진여는 언어를 초월한 경지 즉 일상 언어에 의해 표현될 수 없는 경지로 묘사되고 있다고 기술한다. 그의 분석에 따르면 진여의 경지는 언어로 표현할 수 없지만 그렇다고 존재하지 않는 것은 아니다. 따라서 그 경지는 불가언설적 실재성으로 표현된다.

필자는 진여의 경지가 일상 언어를 초월한 영역이라고 정의되는 이유는 일상 언어 작용을 일으키는 데 필요한 '식'의 분화가 발생하지 않기 때문이라고 본다. 진여의 경지는 주관과 객관[대상]이 구별되지 않은 경지로 알려져 있다. 지금까지 논의한 '인식적 모델'에 따르면 일상 언어의 작용은 인식 주관이 인식 대상을 파악하고 이것을 언어로 표현할 때 생겨난다. 이 때 인식 주관과 인식 대상은 '알라야식'이 분화되어 형성된 것이다. 이 맥락에서 진여의 경지는 일상 언어를 초월한 경지로 일컬어진다고 볼 수 있다.

그런데 보살은 언설을 초월한 무분별지의 경지를 경험한 후 다시 자

---

69) 안성두(2003), 〈유가행파(瑜伽行派)에 있어 견도(見道)(darśana-mārga)설(說)(1)〉, 《인도철학》 12호, pp.156-157.

신이 경험 내용을 자각하는 '후득지'를 체득하게 된다.[70] 유식학파의 논서[《攝大乘論釋》]에 따르면 보살은 '후득지'를 증득하면서 '무분별지'에서 경험한 내용을 기억하고 그것을 중생들에게 알려주고자 하는 마음을 일으키게 된다. 이 현상은 보살이 인식 작용을 다시 일으키고 있다는 사실을 보여준다. 경험 내용을 대상으로 그것을 기억하는 작용은 인식 주관이 인식 대상[무분별지에서 경험한 내용]을 파악하는 작용으로 볼 수 있다. 필자는 이것을 주객의 '재분화'라고 칭한다.

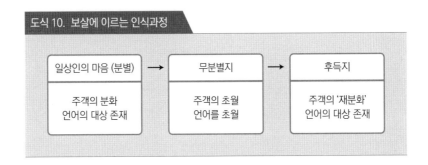

도식 10. 보살에 이르는 인식과정

일상인의 마음 (분별)	→	무분별지	→	후득지
주객의 분화 언어의 대상 존재		주객의 초월 언어를 초월		주객의 '재분화' 언어의 대상 존재

'재분화'에 의해 형성된 인식 대상은 일상인들이 경험한 것과 질적으로 다르다. 일상인들이 파악한 내용은 주지하듯 욕망에 의해 형성된 것이다. 반면 보살이 파악한 내용은 욕망이 사라진 청정한 상태에 관한 것이다. '무분별지'의 상태에서 본 진여의 경지이다.[71] 보살은 '무분별지'의

---

70) 《攝大乘論釋》(T31, 244a10-11), "論曰. 無分別後智有五種. 謂通達憶持成立相雜如意. 顯示差別故."

71) 《攝大乘論釋》(T31, 244a11-22), "釋曰. 此五約事有差別. 後得智以能顯示爲性. 此中顯示以覺了爲義. 由此智於通達後時. 顯示如此事. 云我於觀中知見如此如此事. 故稱通達顯示. 由此智出觀後時. 如所通達憶持不退失. 故稱憶持顯示. 由此智如自所通達. 能立正教令他修行. 故稱成立顯示. 由此智菩薩如先緣一切法爲境. 謂如先雜境界智觀察此境. 由此觀察卽得轉依故. 稱相雜顯示."

삼매상태를 나와서 '나는 이와 같이 통달했다.'는 자각을 하게 된다. 그리고 자각한 내용을 상세히 고찰한다. 그는 이 내용을 잊지 않고 기억해서 가르침으로 정립하게 된다.[72] 즉 보살은 자신이 자각한 내용을 일상인들에게 언어로 표현한다. 이를 통해 보살은 중생을 해탈로 인도한다. 이 경지에 이르기까지의 심리과정을 구조적으로 분석해 보면 다음과 같다.

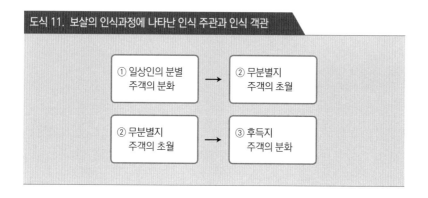

도식 11. 보살의 인식과정에 나타난 인식 주관과 인식 객관

① 일상인의 분별
주객의 분화
→
② 무분별지
주객의 초월

② 무분별지
주객의 초월
→
③ 후득지
주객의 분화

도식에 나타난 바와 같이 일상인들의 인식 작용은 대상에 대한 분별에 의해 이루어진다. '식'의 분화에 의해 형성된 인식 주관은 인식 대상을 다른 대상과 구분하고 그 대상에 대해 집착한다. 한편 수행을 통해 도달된 ②'무분별지'의 경지는 ①분별작용이 사라진 상태이다. '식'의 분화가 이루어지지 않는다. 주관과 객관[대상]이 형성되지 않기 때문에 일상 언어의 작용을 초월한다. 이로 인해 진여의 경지는 존재하되 그 경지는 일상 언어로 표현될 수가 없게 되는 것이다.

由此智菩薩已得轉依. 如菩薩所思欲. 如意皆成. 謂於地等諸大. 轉爲金等故. 稱如意顯示."
72) 長尾雅人(1982),《攝大乘論-和譯と註解》下, 東京: 講談社, p.281.

보살은 '무분별지'를 넘어선 ③'후득지'를 증득하면서 자신이 본 영역을 자각하게 된다. 보살이 자각한 내용을 언어로 표현할 수 있는 것은 마음이 다시 분화되었기 때문으로 해석해 볼 수 있다. 보살은 자신이 경험한 내용을 인식 대상으로 삼을 수 있게 된 것이다. 이로 인해 언어의 작용이 다시 시작되었다고 할 수 있다.

보살은 자신이 '무분별지'의 경지에서 통찰한 내용을 중생들에게 알려주면서 그들과 사회적 관계를 맺게 된다. 그는 이 과정을 통해 중생을 해탈로 인도한다. 보살이 이와 같은 행위를 할 수 있는 이유는 타인과 관계를 맺되 집착하지 않기 때문이다. 그는 모든 대상에 대해 집착하지 않기 때문에 타인과 자유로운 관계를 형성할 수 있게 되는 것이다.

산티데바(Shantideva, 寂天, 8C)의 《입보리행론》은 보살이 타인과 사회적 관계를 맺을 때 그들이 행위의 근거로 삼는 두 가지 심리적 원리를 정립시킨다. 하나는 자타의 동일성에 의거한 행동이며, 다른 하나는 자신의 즐거움을 타인의 고통과 교환하려는 적극적인 태도이다.[73] 모든 사람은 자신과 마찬가지로 행복을 바라고 고통을 피하려고 한다. 따라서 보살은 자신을 보호하듯이 타인을 보호해야 한다고 생각한다. 보살은 자기중심적으로 세계를 보는 대신에 타인 중심적인 관점에서 자타의 동일성을 인식한다. 이러한 교환이 가능한 것은 보살은 모든 법에 정해진 자성이 없다는 사실을 통찰했기 때문이다. 산티데바는 자타의 동일성을 인식하고 이를 통해 타인을 이롭게 하려는 보살의 행동에 이것을 적용시켜 설명한다.[74]

---

73) 산티데바(2006), 《입보리행론역주》, 최로덴 역주, 여수: 하얀연꽃, pp.313-314.
74) 산티데바(2006), 앞의 책, pp.314-315.

이러한 보살의 심리적 상태는 언어에 반영되어 중생과 의사를 소통하게 한다. 보살은 열반과 윤회의 세계에 대해 집착하지 않기 때문에 중생을 해탈로 인도하는 행위를 자발적으로 한다. 자신과 타인을 구별하지 않고 타인을 배려하는 마음을 일으킬 수 있는 것은 집착과 분별을 일으키지 않기 때문이다. 자신과 타인은 자성이 없기 때문에 동일하다는 생각을 통해 보살은 분별심이 없는 자비의 마음을 일으킨다고 할 수 있다. 하지만 중생의 관점은 매우 다양하기 때문에 보살은 다양한 상황을 고려해서 문제를 해결할 필요가 있다. 유식학파는 보살이 해야 할 일의 우선순위를 분석함으로써 대승불교의 근본사상을 제시한다.

보살행위의 위계성을 제시하는 기준은 크게 세 가지가 있을 수 있다. 첫째는 자리(自利)보다는 이타적인 것을 우선순위에 두고 행동한다. 둘째는 즐거움보다는 중생에 이익이 되는 것을 우선적으로 한다. 셋째는 현생에 관련된 것보다는 내생에 관련된 것을 그리고 내생에 관련된 것보다는 열반이나 해탈과 관련된 것을 우선순위에 두고 행한다.[75] 보살이 상황을 해결하는 기준 가운데 가장 우선을 두는 것은 이타성이다. 이것은 자신의 이익을 위한 것이 아니라 타인을 우선시 하는 마음이다. 보살은 중생에 이익이 되는 것 그리고 열반이나 해탈과 관련된 것을 우선순위에 둔다. 이 기준에 의해 보살은 중생과 의사를 소통한다.

보살과 중생 사이의 의사소통은 보살의 자비심으로 시작된다고 할 수 있다. 보살은 자신이 깨달은 바를 정립하여 그것을 중생에게 알려주고자 하는 마음을 일으킨 자이다. 그는 진리의 세계를 중생들에게 전달

---

75) 안성두(2005), 〈보살윤리의 성격과 그 기준 -《보살지》를 중심으로-〉, 《인도철학》 21호, pp.171-172.

한다. 이 과정은 스승이 제자를 인도하는 과정과 유사하다고 할 수 있다. 제자가 스승으로부터 가르침을 듣고 그것을 실천하면서 성장해가듯 중생은 보살의 가르침을 듣고 해탈의 경지로 한 걸음씩 나아간다.

주지하듯 보살과 중생의 심리적 상태는 동위의 선상에 놓여 있다고 할 수 없다. 보살은 자타(自他)가 공(空)함을 체득했기 때문에 집착이 일어나지 않는다. 반면 중생은 욕망에 따라 움직인다. 보살은 자비의 마음으로 중생의 심리상태를 통찰하고 중생이 해탈에 이르도록 진리를 전달한다.

이상에서 본 바와 같이 보살은 자신보다는 타인을 중심으로 생각한다. 중생이 자신의 이익을 중심으로 사회적 관계를 맺는 것과 달리 보살은 자신의 이익보다는 중생을 돕기 위해 관계를 맺는다. 또한 보살은 타인과 관계를 맺으면서도 분별하고 집착하지 않는다. 이미 열반과 윤회에 대한 집착이 없기 때문에 타인을 인식할 때도 분별심이 생겨나지 않는다는 것이다. 반면 중생은 매순간 분별과 집착에 의해 마음이 작용된다고 보고 있다.

보살과 중생의 차이는 '사회적 자아'의 작용이 형성되는 과정에서도 나타난다. 중생은 주관에 의해 파악된 '심상'을 사회적 규칙에 부합하는 언어로 표현함으로써 타인과 의사를 소통한다. 이 때 '사회적 자아'는 자신의 이익을 위한 행위를 한다. 반면 보살은 중생과 달리 '무분별지'와 '후득지'를 체득함으로써 인식의 변화 과정을 경험한다. 보살은 주관과 객관을 초월한 '무분별지'에서 자신이 경험한 내용을 객관화시킬 수 있는 '후득지'의 상태에 도달한다. 이를 통해 보살은 중생과 달리 생사와 열반을 자유롭게 넘나들 수 있는 심리적 상태에서 중생과 의사를 소통하는 '사회적 자아'의 작용을 일으킨다. 이러한 경험은 타인을 우선으로 하는 행동으로 이어지게 한다.

2) 언어의 작용

인간은 공동체 속에서 자신의 생각을 표현하면서 구성원들과 함께 살아 간다. 그 속에서 관습을 익히고 가치관을 공유하게 된다. 앞에서 살펴보 았듯이, 유식학파는 언어 작용의 결과가 '명언훈습종자'의 형태로 '알라 야식'에 저장된다고 본다. 필자는 보다 확장해서 '명언훈습종자'의 현현 에 의해 형성된 인식 주관은 '사회적 자아'가 되기도 한다고 해석했다. 나아가 '명언훈습종자'는 공동체 구성원들이 타인과 의사를 소통하는 계기로서 작용하며 또한 소통한 결과를 저장하기도 한다고 보았다.

　흥미롭게도 서양의 후기비트겐슈타인 이론에 '명언훈습종자'와 같은 역할을 하는 개념을 발견할 수 있다. '생활양식' 개념이 그것이다. 후기 비트겐슈타인이론은 공동체 구성원들이 공유하는 문화의 전반적인 부 분을 '생활양식' 개념으로 표현하고 있다. 이 이론은 '생활양식' 개념을 공동체 구성원들이 공유하는 부분인 '본능적인 면'과 '사회 문화적인 측 면'으로 구분해서 설명했다.[76) 또한 유식학파와 후기비트겐슈타인의 이 론은 언어의 대상을 실체로 보는 견해에 대해 비판적인 입장을 취한다 는 점에서 유사하다. 두 이론은 언어와 대상의 문제를 구조적 일치의 문 제로 해석하지 않고 언어가 공동체 사회 속에서 합의된 규칙에 부합할 때 그 언어는 의미를 갖는다는 견해도 보인다. 한편, 이와 유사한 원리를 제시하고 있는 인도 후기유가행파의 논리학자들이 있다. 그들은 '타의 배제' 원리를 통해 언어와 대상 사이를 설명한다. 이 원리는 언어와 대상 사이의 대응에 의해 언어가 의미를 갖는 것이 아니라 언어와 다른 언어

---

76) 이명현(1989), 〈언어의 규칙과 삶의 형식〉, 《철학》 32호, p.187.

와의 관계 속에서 그 의미는 의미를 갖는다는 점을 보이고 있다.

본 논의에서는 유식학파와 후기비트겐슈타인 그리고 인도 후기 유가행파의 논리학자들이 논의하고자 했던 언어 주체 간의 상호작용의 원리를, '명언훈습종자'와 '생활양식' 그리고 '타의 배제' 원리를 통해 밝혀보고자 한다.

(1) 언어 작용의 원리
① 생활양식(life form)과 명언훈습종자

주지하듯 비트겐슈타인은 언어와 실재의 관계를 분석함으로써 언어의 본질적인 문제를 밝히고자 했다. 그가 초기에 제시한 이론에 의하면 언어는 실재를 반영한다. 실재는 우리의 인식기관 외부에 존재하는 것으로서 인식 기관에 의해 영향을 받지 않는다. 언어는 다만 그것을 모사하는 그림일 뿐이다.[77] 이와 같은 생각은 논리실증주의자들이 언어에 대해 가지고 있었던 생각이었다. 그들은 언어의 의미는 언어가 실재하는 대상을 그대로 반영할 때 성립된다고 보았다.

논리실증주의자의 이론에 의하면 언어는 검증이 가능할 때 의미를 갖는다.[78] 즉 외부에 실재하는 대상을 그대로 반영할 수 있을 때 그 언어는 의미를 부여 받는다. 그래서 논리실증주의자들은 검증가능성의 원리를 통해 언어의 유의미성을 결정했다. 그들은 종교 언어나 형이상학적 언어는 검증될 수 없기 때문에 의미 있는 언어가 아니라고 주장했다.[79]

---

77) 루트비히 비트겐슈타인(2010), 《논리-철학 논고》, 이영철 옮김, 서울: 책세상, pp.25-30.
78) J. O. 엄슨(1988), 《分析哲學-양차세계대전 사이의 발전 과정》, 이한구 옮김, 서울: 종로서적, p.94.
79) J. O. 엄슨(1988), 앞의 책, pp.105-107.

그들은 검증이 가능한 과학언어만이 유의미하다고 보았다. 전기비트겐
슈타인의 이론이기도 한 논리실증주의자들의 견해는 앞에서 소개한 바
와 같이 조지 린드벡에 의해 '인식-명제적 모델'로 정의되었다. 이 모델
은 언어로 표현된 명제는 실재를 반영한다고 정의한다. 언어는 단지 인
식기관의 외부에 실재하는 사태를 모사함으로써 의미를 갖게 된다고 본
다.

　　반면 후기비트겐슈타인은 논리실증주의자들이 언어와 실재와의 관
계만을 주목하고 언어를 사용하는 주체의 문제를 도외시했다고 비판한
다.[80] 후기비트겐슈타인은 언어를 사용하는 주체를 떠나서는 언어에 대
해 제대로 설명될 수 없다고 보고 언어와 대상의 문제뿐만 아니라 언어
를 사용하는 주체의 문제에 주목했다.[81] 이 과정에서 언어가 사용되는
맥락이 강조된다. 언어의 의미는 언어가 표시하는 대상과의 관계뿐만 아
니라 언어가 사용되는 상황에 따라 달라진다는 관점이 나타나게 되었다.

　　후기비트겐슈타인의 이론에 의하면 언어는 각 공동체마다 사용되는
의미가 약간씩 다르다. 그렇지만 완전히 다른 것은 아니다. 가족 구성원
들이 각각 개성을 가지고 있으면서 동시에 서로 유사한 점을 가지고 있
듯이 언어 또한 그러하다. 예를 들어 보면 다음과 같다. '공(ball)'이라는
개념이 의미하는 바를 생각해 보자. '공'에는 축구공, 배구공, 야구공 등
과 같이 다양한 '공'이 존재한다. 각 게임에 사용되는 '공'은 크기 및 색
그리고 '공'의 표면 또한 다르다. 하지만 '공'은 운동하는 데 사용되는 것
이라는 측면에서 유사성을 지닌다. 이 예에서 알 수 있듯이 후기비트겐

---

80)　서정선·정대현 편역(1980), 《비트겐슈타인》, 서울: 이화여자대학교 출판부, p.120.

81)　서정선·정대현 편역(1980), 앞의 책, p.121.

슈타인 이론은 언어에 대응하는 본질적인 이데아가 존재하지 않는다는 입장을 취하고 있다.

이러한 견지에서, 후기비트겐슈타인은 언어의 의미는 언어가 사용되는 공동체 속에서 논의되어야 한다고 보았다.[82] 그는 언어 사용자인 공동체 구성원들이 공유하고 있는 가치관 및 관습을 고려해서 언어의 의미를 논의하고자 했다. 이 맥락에서 '생활양식(life form)'이라는 개념이 후기비트겐슈타인의 이론 속에 등장하게 된다. 후기비트겐슈타인에 의하면 언어는 더 이상 단순한 소리나 기호의 집합이 아니다. 그것은 구체적인 삶속에서 제 역할을 하는 하나의 언어 행위로 이해된다.[83]

> 우리들은 오직 전투에서의 명령들과 보고들로만 이루어진 어떤 한 언어를 쉽게 상상할 수 있다.-또는 오직 물음들과 긍정 및 부정의 표현으로만 이루어진 어떤 한 언어를, 그리고 다른 무수한 언어들을,-그리고 어떤 하나의 언어를 상상한다는 것은 어떤 하나의 삶의 양식을 상상하는 것이다.[84]

인용문에 나타난 바와 같이 후기비트겐슈타인 이론에 의하면 언어는 언어가 사용되는 맥락 속에서 의미를 갖게 된다. 언어의 의미는 구체적인 삶 속에서 공동체의 규칙과 언어를 사용하는 주체에 의해 형성된다. 따라서 하나의 개념을 이해하기 위해서는 그 개념이 생겨난 배경과 그 개념을 사용한 언어의 주체를 모두 고려해야 한다. 이것은 언어의 의미

---

82) 루트비히 비트겐슈타인(2011), 《철학적 탐구》, 이영철 역, 서울: 책세상, pp.39-40.

83) 이승종(2005), 〈생활양식과 언어게임〉, 《철학적 분석》 12호, p.126.

84) 루트비히 비트겐슈타인(2011), 앞의 책, p.31.

가 언어를 구성하는 체계와 그것이 사용되는 상황 즉 맥락 속에서 규정된다는 것을 말한다. 언어의 주체가 공동체 규칙에 부합하는 언어를 사용할 때 언어의 의미가 결정된다.

> '언어 놀이'란 낱말은 여기서, 언어를 말하는 것이 어떤 활동의 일부 또는 삶의 양식의 일부임을 부각시키고자 의도된 것이다.[85]

인용문은 후기비트겐슈타인이 '언어 놀이'란 개념을 통해 언어는 삶의 일부임을 부각하고자 했음을 보여준다. 후기비트겐슈타인은 언어 놀이의 다양성을 제시함으로써 그들 사이의 유사성 속에서 '언어 놀이'의 의미를 밝히고자 했다. 후기비트겐슈타인 이론은 언어가 삶 속에서 다양하게 사용되며 그 의미는 각각의 삶 속에서 의미를 지닌다고 본 것이다. 그는 언어의 의미를 규명하는 과정에서, 언어를 사용하는 주체의 활동과 주체가 속해 있는 공동체가 보유하고 있는 '생활양식' 속에서 의미가 결정된다고 보았다. 이것은 삶의 양식의 일치를 통해 인간은 상호주관적인 존재임을 보이고자 한 것이다. 즉 언어의 작동은 삶의 양식의 일치에 의해 가능하며 이것은 나와 너의 공통된 기반이 존재한다는 것을 의미한다.[86]

유식학파에서는 이와 같은 공통기반이 '알라야식'에 존재하는 '명언훈습종자'로 표현된다. 이 '종자'는 공동체 속에서 사유하고 행함으로써 형성된 결과물이다. 공동체의 구성원은 '명언훈습종자'의 현현을 통해

---

85) 루트비히 비트겐슈타인(2011), 앞의 책, p.37.
86) 이명현(1989), 앞의 논문, p.188.

타인과 관계를 유지하면서 그들의 생각을 교환한다. 이러한 행위는 '사회적 자아'의 '공동의 분별'작용이다. 유식학파는 개개인의 '알라야식'이 분화하면서 인식 주체와 인식 대상이 형성되고 인식 주체는 타인과 인식 대상을 공유한다고 본다. 이 때 공유된 대상은 '사회적 자아'의 '공동의 분별'작용을 통해 언어에 의해 표현된다. 언어의 작용은 공동체가 협약한 규칙에 의거해서 언어가 사용되었을 때 생겨난다. 이와 같은 공동체 구성원들의 사유와 행위의 결과는 모두 '명언훈습종자'의 형태로 다시 '알라야식'에 저장된다.

유식학파의 언어관 또한, 후기비트겐슈타인 이론이 제시한 것처럼 언어를 사용하는 주체의 행동과 그 행위가 이루어지게 된 배경을 고려해서 논의한다. 언어의 의미는 공동체 구성원이 사용하고 있는 언어의 규칙 및 언어의 작용이 이루어지는 환경 속에서 결정된다. 후기비트겐슈타인이 '생활양식'이라는 개념을 통해 언어의 작용이 형성되는 배경을 표현했듯이 유식학파는 '명언훈습종자' 개념을 통해 언어 작용의 형성 요건을 표현했다고 해석해 볼 수 있다.

② 소통의 원리: 공동체 규칙과 이를 반영한 언어

인간은 일상생활 대부분을 타인과의 관계 속에서 지낸다. 현대인들은 이제 직접 만나지 않고 생각을 교환할 수 있게 되었다. 전화 또는 이메일 (email)을 통해 서로의 근황을 전할 수 있게 된 것이다. 심지어 화상통화에 의해 얼굴을 보면서 이야기를 나누는 것이 가능하다. 사이버공간은 우리의 생활공간을 넓혀 주었으며 정보를 교환하는데 소요되는 시간을 단축시켰다. 사이버공간은 세계 곳곳에서 시시각각 발생되는 사건을 즉시 전해준다. 우리는 사이버공간에 나타나 있는 글귀를 클릭하면 그것에 관한 상세한 정보를 알 수 있다. 그 정보를 본 사람들은 자신의 의견을 사이버공간에 남길 수 있다. 정보 인프라의 발달은 직접 만나지 않더라도 서로의 생각을 나눌 수 있는 기회를 제공한다. 이로 인해 현대 사회에서 '사회적 자아'가 공유할 수 있는 영역은 예전에 비해 훨씬 더 확장되었다.

유식학의 관점에 볼 때 사이버공간에서 이루어지는 활동 또한 '사회적 자아'의 '공동의 분별' 작용으로 해석할 수 있다. '사회적 자아'는 인식 대상을 형성하여 그것에 대해 인식하고 판단한다. 가상공간에서 행해진 '사회적 자아'의 결과물은 '명언훈습종자'의 형태로 '알라야식'에 저장된다.

그런데 인간은 사이버공간뿐만 아니라 많은 곳에서 여러 관계를 형성한다. 개인과 개인과의 관계, 사회구성원으로서의 관계, 국가구성원으로서의 관계 등 나를 중심으로 사회적 관계는 그물망처럼 연결되어 있다. 이 관계는 나의 '알라야식'에 존재하는 '명언훈습종자'의 현현에 의해 만들어 진다. 나와 친구를 중심으로 이루어진 관계는 둘만이 공유하는 '명언훈습종자'가 현현함으로써 생겨난다. 마찬 가지로 내가 소속되어 있는 사회의 규칙과 문화는 나를 비롯한 사회구성원들만이 가지고 있는 '명언훈습종자'의 현현에 의해 만들어진 공통의 대상이다. 이 공유된 규칙과 문화를 통해 사회구성원들은 자연스럽게 서로 의사를 소통한다.

서로 다른 공동체에 소속된 구성원들이 서로 관계를 유지할 수 있는 이유는 '알라야식'에 존재하는 '명언훈습종자'의 역할에 기인한다. 우리의 일상생활을 살펴보면 나를 중심으로 맺어져 있는 사회공동체는 가족이라는 공동체, 한국인이라는 공동체, 그리고 인류공동체로 확장된다. 이 관계는 그 사회만이 가지고 있는 규칙과 문화를 공유하면서 또 다른 공동체의 문화를 동시에 가질 수 있음을 보여준다. 즉 다른 공동체에 소속되어 있는 구성원들 간에 의사가 소통될 수 있는 이유를 설명해준다.

예컨대 가족 사이에는 가족만이 공유하는 대상이 존재한다. 동시에 가족은 한국인이라는 공동체 속에서 한국인들이 공통으로 가지는 관습과 '생활양식'을 공유한다. 가족구성원들은 가족만이 가지고 있는 '명언훈습종자'의 현현에 의해 가족 특유의 문화를 공유한다. 동시에 그들은 한국의 공동체 속에서 살아가기 때문에 한국인이 공유하는 '명언훈습종자'를 가진다. 한국인이라는 '명언훈습종자'는 보다 넓게 타인과의 관계를 형성하게 하는 계기를 제공한다. 즉 내가 우리 가족뿐만 아니라 다른 가족의 구성원과 의사를 소통할 수 있는 것은 한국이라는 보다 큰 공동체 속에 소속되어 있기 때문이다. 한국공동체의 문화 및 가치관을 반영하고 있는 '명언훈습종자'가 각각의 마음에 내재해 있기 때문에 구성원 간의 의사소통이 단절되지 않게 된다. '명언훈습종자'의 현현은 공동체 구성원들이 '사회적 자아'가 되어 서로 의사소통을 할 수 있게 한다.

한편 후기비트겐슈타인은 공동체 속에서 습득된 공동체의 가치관 및 문화양식을 '생활양식'이라는 개념으로 표현한다. 비트겐슈타인은 의사소통이 형성될 수 있는 조건이 '생활양식'에 의거한 '정의'와 '판단'의 일치에 있다고 보았다.[87] 그는 오랫동안 같은 문화를 공유한 사람들 사이에서 자연스럽게 형성된 '생활양식'에 의해 의사소통이 이루어지며, 이것은 '정의'와 '판단'의 일치가 이루어지기 때문에 가능하다고 보았다.

비트겐슈타인은 우리가 '붉다'라는 말을 사용하여 서로 소통이 가능하기 위해서는, '붉다'라고 정의하고 있는 그 '의미'가 서로 일치해야 한

---

87) 루트비히 비트겐슈타인(2011), 앞의 책, pp.164-165.

다고 생각했다. 또한 비트겐슈타인은 동일한 대상에 대하여 동일한 '판단'을 해야 한다고 제시했다.[88] 가령 어떤 꽃을 보고 한 사람은 '붉다'라고 부르고 다른 사람은 '파랗다'라고 부르면, 이런 경우 의사소통은 가능하지 않다고 보았다. 그에 따르면 우리는 동일한 대상에 대하여 동일한 반응을 해야만 소통할 수 있다. 이것이 비트겐슈타인이 말하는 '판단'의 일치이다. 비트겐슈타인은 '정의'와 '판단'의 일치를 포함하여, 행동으로 이어지는 자연적, 언어적 반응에 있어서의 광범위한 일치가, 언어를 사용하여 의사소통할 수 있는 기본적인 전제 요건이 된다고 보았다.[89] 이 것이 이른바 그가 말하는 '생활양식'에서의 일치이다. 이러한 일치가 이루어지지 않는다면 언어를 사용하여 의사소통할 수 없다.[90]

'정의'와 '판단'의 일치는 공통된 삶의 양식으로부터 나온다. 공동체의 구성원들은 오랜 시간 같은 공간에서 생활했기 때문에 비슷한 생각과 비슷한 습관을 가지고 살아간다. 그들은 언어가 어떤 맥락에서 어떤 것을 의미하는 지에 대해 잘 알고 있다. 따라서 그들은 언어를 사용하는 방법에 대해 따로 합의하지 않아도 상대방이 전달하고자 하는 의미를 쉽게 파악할 수 있다. 그들이 아무런 갈등을 일으키지 않고 상호간의 합의를 이끌어낼 수 있는 것은 그들이 공통으로 가지고 있는 '생활양식'이 있기 때문이다.

유식학의 관점에서 볼 때, '생활양식'은 상호간에 존재하는 '명언훈습종자'의 현현으로 해석될 수 있다. 공동체의 구성원들은 같은 영역에

---

88) 루트비히 비트겐슈타인(2011), pp.164-165.

89) 루트비히 비트겐슈타인(2011), p.163.

90) 신상규(2004), 《비트겐슈타인 《철학적 탐구》》, 서울: 서울대철학사상연구소, pp.131-132.

서 비슷한 생각을 공유하면서 생활하는 동안 각각의 '알라야식'에 '명언훈습종자'의 형태로 그들의 생각과 행동유형 등 가치관 및 문화를 저장하게 된다. 이것은 필요에 따라 현현되어 공동체의 의식의 영역으로 떠올라 그들의 가치관이 된다. 이 과정은 한 세대에서만 끝나는 것이 아니라 긴 역사를 거쳐 전승됨으로써 민족고유의 문화를 만들기도 한다.

즉 문화는 구성원 사이의 의사소통뿐만 아니라 세대와 세대 간의 의사소통의 형성에 큰 역할을 한다. 이 의사소통은 대부분 교육에 의해 이루어진다. 역사적으로 전승된 민족 고유의 문화 및 가치관은 구세대와 신세대간의 대화를 가능하게 한다. 가정에서 이루어지는 교육은 부모가 자식에게 전통을 계승하는 과정이며 학교에서 이루어지는 교육 또한 스승이 제자에게 문화를 전수하는 과정이다. 이 과정을 통해 민족 고유의 문화와 가치가 후손에게 전달됨으로써 민족공동체라는 거대한 구조 속에서 공통의 생활문화가 유지된다.

구성원과 구성원 간의 의사소통이 가능하고 구세대와 신세대간의 의사소통이 가능한 것은 그들이 오랜 시간 동안 공유해왔던 '생활양식'이 그들의 공통기반이 되어 그들의 생각과 행동유형을 규정하는 하나의 규율로서 존재하기 때문이다. 이것은 구성원들 각자에 '명언훈습종자'로 저장되어 있으면서 필요에 따라 발현되어 구성원과 구성원사이의 유대관계를 형성하게 되며 구세대와 신세대가 이어지는 역할을 한다.

이명현(1984:240-248)에 의하면 후기비트겐슈타인은 공동체의 공동의식이 반영된 '생활양식'을 보다 구체적으로 생물학적인 의미 및 문화적인 의미로 해석했다.[91] 후기비트겐슈타인은 삶의 양식을 구성하고 있

---

91) 이명현(1984), 〈삶의 형식의 두 가지 측면〉, 분석철학연구회 편, 《비트겐슈타인의 이해》,

는 것 중의 하나는 가장 사소하고 아무런 주의를 끌지 않는 기본적인 행동이나 반응 양식에 있어서의 일치라고 보았다. 그는 이러한 것에 인간이 생물학적으로 누리고 있는 공통된 특성인 본능이 포함된다고 생각한 것이다. 가령 고통을 느끼고 있는 사람이 있다면 우리는 거기에 동정심을 느끼고 치료를 해주려고 하며, 슬픔을 느끼는 사람에게는 위로를 한다. 이러한 것들은 학습을 통해 배운 행위라기보다는 우리가 먹고 잠자고 마시는 것과 같은 인간의 일상사에 속하는 부분이다.

후기비트겐슈타인은 인간이 언어를 사용한다는 부분도 바로 이러한 일상사에 속하는 원초적 사실이라고 본 것이다. 그는 새가 날개로 날고, 강아지가 짖을 수 있는 능력이 있는 것과 마찬가지로 인간이 언어를 사용한다는 것은 인간에게 주어진 자연스런 능력이며, 우리가 언어 게임에 참여하는 것 또한 자연스런 행동의 일부분이라고 생각했다.[92]

이와 더불어 그는 삶의 양식은 사회적인 존재로서의 인간들이 서로 공유하고 있는 언어적·비언어적 행동, 관행, 관습, 전통, 자연적 성향 등 문화적 현상을 총괄하는 표현이라고 생각했다.[93] 우리가 일상생활에서 관습적으로 행하는 예절 또는 사회 속에서 행하지 말아야 할 것 등 모든 양식들은 사회구성원이 공유하는 것으로서 상호간의 의사소통을 이루는 요건을 형성한다. 따라서 의사를 소통하기 위해 언어를 습득한다는 것은 언어와 불가분하게 연결되어 있으며 언어적 표현들에 의미를 부여하는 다양한 문화적 양상을 동시에 습득하는 것이다. 즉 언어를 배운다

서울: 서광사, pp.240-248.

92) 정대현(1983), 〈삶의 양식〉, 차인석 편집, 《사회과학의 철학》, 서울: 민음사, pp.122-124.

93) 정대현(1983), 앞의 논문, p.118.

는 것은 다양한 언어 놀이를 습득하는 과정을 거치면서 우리의 삶 그 자체가 공동체에 놓여 있는 '생활양식'을 갖추면서 점점 사회화되어 공동체의 일원이 되는 것이다.

결국 인간의 의사소통은 그들이 공감할 수 있는 토대가 존재하기 때문에 가능하다. 이것을 후기비트겐슈타인 이론은 '생활양식'으로 정의했고 유식학파는 '명언훈습종자'의 현현으로 해석했다고 볼 수 있다.

(2) 타의 배제(anyāpoha) 원리의 적용
① 타의 배제에 의한 소통 과정의 해석

지금까지 논의한 바에 의하면, 상호 간에 의사소통이 이루어지기 위해서는 전달하고자 하는 의미를 인지할 수 있는 공통의 기반이 필요하다. 유식학파와 후기비트겐슈타인 이론은 각각 '명언훈습종자', '생활양식'과 같은 개념으로 공동체 구성원들이 공유하는 내용을 표현하고 있음을 살펴보았다. 나아가 언어에 의해 자신의 의사를 타인에게 전달할 때 서로 그 의미를 이해할 수 있는 것은, 사회공동체의 규칙에 부합하는 언어를 사용할 때 가능하다는 견해를 둘 다 보인다는 것을 고찰했다.

다음은 언어의 의미가 결정되는 원리를 논리적으로 규명한 인도 후기 논리학자들의 생각을 살펴보자. 유식(唯識)의 입장에서 인명학(因明學)이라는 새로운 불교논리학을 확립한 디그나가(Dignāga, 480년경-540년경)와 그의 뒤를 이은 다르마키르티(Dharmakīrti, 600-680) 같은 인도 후기 불교 논리학자들은 언어의 의미가 결정되는 방식을 '타의 배제(anyāpoha)' 원리에 의해 설명했다. 그들은 언어는 그 언어가 지시하는 대상과 직접 대응됨으로서 의미를 가진다고 보지 않았다. 대신 언어는 그 언어가 지시하는 대상 이외의 것에 의해 배제됨으로써 의미 있게 된다고 생각했다. 즉 화자가 청자에게 전하고자 하는 의미는 언어에 의해 언표된 것에 의해 드러나는 것이 아니라 언어가 지시하는 것 이외의 것에 의해 부정됨으로써 그 의미가 드러난다는 입장을 보이고 있다.

이중부정에 의해 표현되었기 때문에 다소 어렵게 느껴지지만 기호로 표시해 보면 그 원리는 비교적 간단하다. 가령 언어가 A라는 대상을 지시했다고 하자. 이 행위에 의해 그 언어가 의미하고자 하는 바는 A가 아닌 것(~A)에 의해 배제된 것 즉 ~(~A)이다. 이중 부정은 결국 A를 의미하는 것이지만 처음에 지시된 A와 이중부정에 의해 의미부여가 된 A는 질적으로 다르다고 보아야 한다. 이중부정에 의해 드러난 A에는 언어가 의미하고자 하는 대상이 실재하는 대상이 아님을 나타내고자 한 의도가 내재되어 있다.

인도 후기논리학자들은 언어에 의해 지시된 것 보다 언어와 언어 사이의 관계에 의해 언어의 의미가 결정된다고 보았다. 이 언어관에 의하면 언어의 의미는 언어가 의미하고자 하는 바 이외의 것과 관련해서 결정된다. 즉 이중부정이 함축하고 있는 것은 A라고 하는 지시대상은 홀로 그 의미를 드러내는 것이 아니라 A를 제외한 다른 것과의 관계 속에서 그 의미를 드러내게 된다는 사실이다.

디그나가의 '타의 배제' 원리가 의미하는 바를 좀 더 분석해 보자. 디그나가는 부정의 범위가 'A가 아닌 것'을 전부 포함하는 것은 아니라고 본다. 예컨대 '장미'라는 말이, '타에 의한 부정' 즉 '장미가 아닌 것의 부정'으로서 '장미'의 일반상을 표시한다고 할 때, 그 부정의 범위는 '장미가 아닌 것'을 전부 포함하는 것이 아니라는 입장을 보인다. 디그나가가 말하는 타자의 부정은 단순한 이중부정이 아니라 좀 더 복잡한 성격을 가진다. '장미'라는 말이 먼저 직접적으로 부정하는 것은 그것과 동일한 위상을 지닌 것이다. 예를 들면, 식물에는 '장미', '매화', '백합' 등이 있는데 이 때 '장미'라는 말에 의해 직접 부정되는 것은 '장미'를 제외한 '매화', '백합' 등이 된다. 그리고 장미의 상위 범주인 '식물'과 동일한 위상을 지닌 다른 범주 즉 '동물'이 간접적으로 부정된다.[94)]

다시 말하면, 그가 제시하고 있는 범주의 위계는 포함관계를 통해 이루어진다. 예컨대 '나무'라는 말이 '타의 배제' 즉 '나무가 아닌 것의 부정'에 의해 나무의 일반상인 '나무의 성질[木性]'을 표시한다고 할 때 그 배제의 범위는 '나무가 아닌 것' 전부를 포함하지 않는다. 그의 논리에 의하면 '나무'라는 언어에 의해 직접 배제되는 것은 동일 범주에 놓여 있는 '병'이라는 언어이다.[95)] 그 이외의 상위범주는 모두 간접적으로 배제된다. 한편 하위범주에 속하는 매화나 벚꽃은 이미 나무에 속해있기 때문에 배제되지 않는다. 디그나가는 언어와 지시된 대상과의 직접적인 관련성에 의해 그 의미를 드러내지 않고, 다른 개념과의 관계를 통해 언어와 의미의 문제를 설명하고자 했다. 이를 위해 그는 범주의 위계를 설정해서 직접부정과 간접부정이라는 방식으로 언어와 지시된 대상과의 관

---

94) 카츠라 쇼루(1989), 〈디그나가의 인식론과 논리학〉, 카지야마 유이치, 《인도불교의 인식과 논리》, 전치수 역, 서울: 민족사, pp.139-140.

95) 카츠라 쇼루는 이 관계를 다음과 같이 도식화했다(카츠라 쇼루(1989), 앞의 논문, pp.138-139).

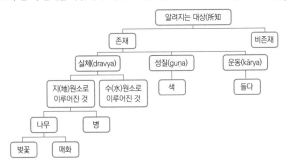

계를 논증했다. 디그나가는 언어의 대상을 이데아와 같은 초월적 존재 또는 내재하는 실재(實在)로 보지 않았음이 드러난다.

또 다른 인도 후기논리학자인 다르마키르티(Dharmakīrti, 600-680)는 한 단어뿐만 아니라 여러 단어로 구성된 문장도 '타의 배제' 원리에 의해 그 의미가 드러난다고 해석했다. 그는 '붉은 꽃'이라는 언어가 사용될 경우 우리들의 관념 내에는 붉지 않은 것으로부터의 배제와 꽃이 아닌 것으로부터의 배제를 동시에 의미하는 동일한 형상을 가진 붉은 꽃이 현현한다고 말한다.[96] 즉 다르마키르티는 하나의 언어에 의해 대상을 표시하는 경우도 있지만 두 개 이상의 단어에 의해 한 지시대상을 언급하는 경우에도 '타의 배제' 원리가 적용된다고 보았다.

다르마키르티는 우리가 사용하는 문장의 구성요소들이 어떻게 그 문장이 의미하는 바를 드러내는지를 설명하고자 했다. 그는 언어와 지시대상과의 관계를 일대일 대응관계로 파악하지 않는다. 언어의 의미는 '타의 배제' 원리를 통해 확보된다. 다르마키르티는 디그나가가 보여주었던 것처럼 언어가 표현하고자 하는 대상이 아니라 언어의 의미를 규정할 수 있는 방법에 무게를 둔다.

이상에서 살펴 본 바에 의하면, 인도 후기논리학자들이 언어를 해석했던 방식 즉 '타의 배제' 원리는 의사를 소통하는 과정에서 언어가 어떻게 의미를 갖게 되는가를 보다 근본적으로 해명하고자 한 것으로 보인다.

---

96) 전치수(1987), 〈언어의 표시대상(śabdārtha)-Apoha, Sāmānya〉, 《한국불교학》 12권, pp.180-181.

② 타의 배제 원리와 정합성

'타의 배제' 원리는 언어의 대상 그 자체 보다는 언어와 언어 간의 관계에 주목하고 있다. 즉 언어의 의미가 결정되는 원리는 실재하는 대상과 언어의 대응 여부에 의해서라기보다 언어의 체계 속에서 고려되어야 한다는 관점을 제시하고 있다. 이 점은 '타의 배제' 원리가 유식학파 및 후기비트겐슈타인의 언어관과 함께 논의될 수 있음을 보여준다.

주지하듯 공동체의 규칙은 공동체 구성원들이 태어나 생활하는 동안 자연스럽게 습득된다. 공동체 구성원들은 공동체의 규칙에 부합하는 언어를 사용하면서 상호간 의사를 소통하여 관계를 유지한다. 하지만 일상 생활 속에서 공동체 구성원들은 그들이 사용하는 언어에 대해 깊이 생각하지 않는 경우가 대부분이다. 그들은 공감대에 의거해 의사소통이 형성된다는 사실을 자각하지 않은 채 언어를 사용하여 타인과 의사를 소통한다.

공감대에 대한 자각현상은 자신이 생활하던 공동체를 벗어나 다른 공동체 속으로 들어갔을 때 확실하게 나타난다. 예컨대 처음 외국에 갔을 때 외국인들에게 느끼는 가장 확연한 점은 언어가 다르다는 점이다. 무의식적으로 사용해 왔던 모국어는 전혀 들리지 않고 다른 언어가 들릴 때 그는 자기가 태어나서 생활해왔던 곳을 생각하게 된다. 모국에서 그는 친숙하게 이야기를 나누면서 사람들과 공감대를 형성했다. 하지만 그러한 공감대는 타국인들과의 관계 속에서 쉽게 생겨나지 않는다.

이러한 공감대는 유식학의 관점에서 볼 때 '명언훈습종자'의 현현으로 설명해 볼 수 있다. '종자'가 현현됨에 따라 '사회적 자아'는 '공동의 분별'작용을 일으켜 타인과 공동의 대상을 형성한다. 이 과정에서 '사회적 자아'는 서로 공통의 문화 및 가치관을 공유하게 된다. 이것은 다시

'사회적 자아'에 '명언훈습종자'의 형태로 저장되어 이후 타인과 대화를 나눌 때 자연스럽게 의사를 소통할 수 있게 한다. '명언훈습종자'에 유사한 생각과 유사한 행위기준이 보유되어 있기 때문에 '사회적 자아'는 공동체 구성원과 의사를 교환할 수 있다.

같은 맥락에서 후기비트겐슈타인의 '생활양식' 개념 또한 공감대의 형성과 의사소통이 이루어지는 과정을 설명해준다. 후기비트겐슈타인은 언어와 대상사이의 구조적 일치를 통해 언어에 의미를 부여하고자 했던 논리실증주의의 언어관과 달리, 공동체의 규칙과 언어와의 관계에 의해 언어의 의미를 논의하고자 했다. 후기비트겐슈타인은 공동체 구성원들이 합의한 규칙에 부합하는 언어를 사용할 때 그 언어는 의미를 가진다고 정의한다. 언어가 표현하고자 하는 대상이 실재하는지의 여부와는 상관없이 언어는 공동체의 규칙에 부합할 때 의미가 있다고 보았다. 이 관점에 따르면 언어가 의미하는 바는 공동체에 따라 다르다.

언어의 의미가 공동체마다 달라지는 이유는 그 공동체가 공유하고 있는 관습 및 문화 그리고 가치관이 다르기 때문이다. 후기비트겐슈타인은 이러한 요소들이 반영된 규칙에 언어가 부합되었기 때문에 그 의미하는 바가 공동체마다 차이를 보인다고 생각했다. 화자와 청자 사이에 공감대가 형성되었을 때 의사소통이 보다 원활하게 이루어지는 까닭도 여기에 있다. 선택된 언어가 공동체의 규칙에 부합하지 않으면 의사소통이 원활하게 이루어진다고 볼 수 없다.

이와 같이 유식학파와 후기비트겐슈타인 이론이 제시하고 있는 언어관은 언어와 대상 간의 대응관계 보다는 공동체가 가지고 있는 언어 체계와 언어 간의 관계에 의해 의사소통의 원리를 설명하고자 한다. 이 이면에는 언어가 표현하고자 하는 대상이 이데아와 같은 고정된 본질을 가지고 있어서 그것을 표현함으로써 상호간의 관계가 성립된다고 보는 관점에 대한 비판이 내재해 있다.

이 점은 앞에서 논의된 바와 같이 '타의 배제' 원리에도 해당된다. 이 원리는 언어가 표현하고자 하는 의미가 대상이외의 것에 의해 부정됨으로써 드러난다고 설명한다. 즉 '타의 배제'는 대상 자체가 이데아처럼 실재하고 언어는 그것을 그대로 지시한다는 관점을 보이지 않는다. 불교의 기본 관점인 무아론적 맥락에서 언어의 의미를 밝히고 있다고 생각된다.

즉, '사과'라고 하는 개념이 타인에게 언어로 표현될 때, '사과'의 의미는 영원히 존재하는 실체로서의 대상에 의해 결정되는 것이 아니라는 것이다. '사과'라고 하는 개념과 그것이 지시하고 있는 대상이 대응하는 관계에 초점을 두기보다, '사과'와 같은 위상을 차지하는 '배', '귤', '감', '포도' 등과 같은 개념 등과 관련해서 그 의미가 결정되며 나아가 상위의 범주인 '과일'이라는 개념과의 관계 속에서 그 개념은 타인에게 이해된다고 분석한다. 의미에 대한 이해는 의사소통을 이루는 데 중요한 부분이다. '타의 배제' 원리에 따르면, 개념을 이해하는 과정에는 사용된 개념 및 그것과 관련된 기타의 개념까지 포함된다. 그 개념뿐만 아니라 그 개념과 동위(同位)에 놓여 있는 개념과 그 개념을 포함하고 있는 보다 상위(上位)의 개념까지 고려한다. '타의 배제' 원리는 공동체 속에서 사용되고 있는 개념들과의 관계 속에서 특정한 개념의 의미가 전달되는 과정을 근본적으로 설명하고 있는 것으로 보인다.

이상에서 살펴본 바와 같이 '명언훈습종자', '생활양식', '타의 배제 원리'는 소통의 과정을 분석하는 데 중요한 역할을 하고 있다.

유식학파는 무한의 과거로부터 마음에 존재해 온 잠재인상(vāsanā, 훈습)으로 인해 인간은 그 표상을 분류하여 '소', '말' 등의 개념을 구성한다고 본다. 유식학파는 '명언훈습종자'가 발현되어 그것이 성장하고 이후 명확한 형체로서 인식 객관이 되면서 그 인식 대상이 주관에 의해 포착된다고 설명한다. 따라서 표상은 외부에 존재하는 실재를 모사한 것이 아니라 알라야식에 존재하는 '명언훈습종자'가 발현된 것이다. 유식학파는 진실로 존재하는 것은 표상(vijñapti)뿐이라고 본다.

그러나 인도사상사에서 유식학파는 불교이외의 학파와 논쟁을 거듭하게 된다. 특히 무아론적 입장에서, 실재론을 견지하던 인도 미망사(Mīmāṃsā)학파와의 논쟁은 유명하다. 미망사학파의 쿠마릴라(Kumārila, ?650-?700)는 실재론에 입각해서 '소', '말' 등의 표시대상이 비실재인 한, 과거에 있어서도 '소', '말' 등의 관념은 생길 수 없으며 따라서 그 잠재여력도 있을 수 없다고 주장한다. 실재론적 입장과 유식학파의 입장은 외부에 실재하는 대상을 인정하는지의 여부에 의해 대립된다. 유식학파의 입장을 계승했던 디그나가는 미망사학파의 비판에 대해 '아포하(apoha)' 이론으로 응수했다. '아포하' 이론은 지금까지 논의한 '타의 배제' 원리를 주장하는 이론이다. '아포하' 이론에 따르면 '소', '말' 등이 실재하지 않으면서도 충분히 언어의 의미는 형성된다. '소'는 '소'이외의 것에 의해 부정됨으로써 의미를 가지게 되므로 '소'가 외부에 실재하는지의 여부와는 상관없다.[97)]

'타의 배제' 원리는 당시의 미망사학파와의 논쟁을 통해 대상의 실재성을 부정하는 입장을 보이고자 제시되었다. 언어의 문제를 무아론적 관점에서 설명하고자 했던 하나의 방법이었다고 판단된다. 디그나가는 언어와 언어의 관계를 통해, 언어의 대상이 실재하지 않아도 언어의 의미

---

97) 카지야마 유이치(1989),《인도불교의 인식과 논리》, 전치수 역, 서울: 민족사, pp.289-296.

가 규정될 수 있는 방법을 제시하고 있다. 결과적으로 인도 후기논리학자들의 '타의 배제' 원리는 언어와 대상과의 문제를 공동체에 의해 합의된 언어의 체계와 언어 간의 관계로 시선을 돌리는 역할을 한 것으로 보인다.

카츠라쇼루가 언급했듯이[98] 디그나가는 언어를 사용하여 대상을 표현할 때 사용된 언어의 적합성 여부가 세간의 관례에 있다고 보았다. 즉 디그나가는, 사람들이 타인과 의사를 소통할 수 있는 것은 공동체에서 통용되고 있는 규칙에 부합하는 언어를 사용하기 때문이라고 보았다. 그는 이와 같은 생각에서 언어가 의미를 가질 수 있는 방법을 논리적으로 설명하고자 했으며 그 결과 '타의 배제' 원리를 통해 언어와 대상과의 관계를 설명했다.

이와 같은 관점은 유식학파와 후기비트겐슈타인의 이론이 공동체의 규칙에 의거해서 언어의 유의미성을 결정하고자 한 시도와 맥이 닿아 있다고 판단된다.

---

98) 카츠라 쇼부(1989), 앞의 논문, p.140.

소결

불교의 견지에서 볼 때, 중생[일반인]과 보살이 각각 타인과 소통하는 양상은 심리적으로 차이를 보인다.

일반인들이 타인과 소통할 때 그들의 마음의 작용은 유식학 개념인 '명언훈습종자'에 기원한다. '알라야식'에 존재하던 '명언훈습종자'가 현현함에 따라 '알라야식'은 인식 주관과 인식 대상으로 나누어지면서 인식 작용이 시작된다. 인식 주관은 인식 대상을 분별하고 취착하여 그것을 언어로 표현하여 타인과 관계를 형성한다. 이 과정에서 인식 주관은 '사회적 자아'로서의 역할을 한다.

한편, 보살은 수행을 통해 '무분별지'의 상태를 넘어서 '후득지'를 증득한 자이다. 보살은 이 경험에 의해 일상 언어로 자신이 경험한 내용을 일상인에게 표현하게 된다. 필자는 이러한 현상이 일어날 수 있는 이유가 '식'의 '재분화' 현상에 있다고 해석했다. 주관과 객관이 분별되지 않는 '무분별지'의 경지를 넘어 '후득지'에 이르게 되었을 때, 보살의 마음은 주관과 객관으로 다시 나누어지게 된다. 따라서 보살은 일상의 언어로 자신이 깨달은 바를 타인에게 전할 수 있다. 하지만 보살의 사회적 관계는 타인의 이익을 위해 의사를 소통한다는 점에서 일상인과 다르다.

'사회적 자아'가 언어에 의해 의사를 소통할 수 있는 이유는 구성원들이 공감대를 유지하기 때문이다. 구성원들은 그들이 소속된 공동체의 관습과 가치관 그리고 규칙에 부합하는 언어를 사용할 때 의사를 소통할 수 있게 된다. 유식학은 이 현상을 '명언훈습종자'에 의한 '식'의 분화를 통해 설명하며 후기비트겐슈타인은 '생활양식' 개념을 통해 분석한다. 그리고 인도 후기 논리학자들은 '타의 배제' 원리를 통해 언어와 언어 간의 관계를 설명한다. 이를 분석한 것에서 알 수 있듯이 유식학과 후기비트겐슈타인 이론 그리고 인도 후기논리학자들은 의사소통의 원리를 설명하기 위해 공동체의 규칙과 언어 간의 정합성 여부에 주목했다.

문화적 모델로 본
수행 경험의 언어화

1. 수행 경험의 내용과 언어

마음에 떠오른 대상은 개개인의 영역 속에 존재하기도 하지만 타인과 공유되기도 한다. 예컨대 뜨거운 커피를 마시나 혀를 데었을 때 느껴지는 통증은 나 자신만이 느끼는 대상이다. 반면 우리는 사회에서 이슈가 되고 있는 문제들을 타인들과 공유한다.

데카르트는 개인의 내면은 타인과 철저히 차단된 영역으로서 겉으로 드러난 행위에 입각하여 유비추리를 통해 간접적으로 그 내면에 접근할 수밖에 없다고 생각했다. 그에 의하면 개개인의 내면은 공적인 접근으로부터 철저히 차단되어 있으며 겉으로 표출된 행위와 우연적인 연관만 있을 뿐이다. 반면 후기비트겐슈타인 이론에 따르면 지극히 사적인 체험일지라도 이것이 언어로 표현되면 그 인식 대상은 공적인 대상으로 간주된다. 공동체의 문법규칙을 적용시켜 언어로 표현한 것이기 때문에 그것은 더 이상 개인적인 대상이 아니다.

필자는 개인적인 체험이 공적인 대상이 될 수 있는가는 유식학에서도 중요한 문제라고 생각한다. 주지하듯 유식학은 수행과정에 떠오른 요가행자들의 체험내용을 이론화시킨 것이다. 주관적인 체험내용은 데카르트의 논리에 따른다면 간접적으로 유추될 뿐이다. 하지만 후기비트겐슈타인의 이론에 따르면 요가행자의 체험이 언어로 표현되는 순간 그것은 공적인 대상이 된다.

본 논의에서는 요가수행에 의해 관찰된 체험내용이 객관적으로 공유되어 이론적으로 체계화된 현상을 '문화적 모델'을 통해 해석해 보고자 한다. 수행에 의해 관찰된 영상이 언어로 표현되어 인간의 심리현상을 체계적으로 표현한 이론이 될 수 있었던 근거를 탐색해 보자.

1) 경험 내용의 객관화

(1) 후기비트겐슈타인이 제시한 사적 경험의 객관화

요가행자의 경험 내용 즉 삼매에서 나타난 영상은 타인에게 주관적인 체험으로 여겨진다. 우리가 일상의 삶 속에서 느끼는 내적인 감각대상과 마찬가지로 수행의 영역은 수행자 자신만의 체험대상이다. 유식문헌은 요가수행을 통해 관찰된 내용이 요가행자 개인의 체험내용임을 보여준다. 다음의《성유식론(成唯識論)》의 글에서 볼 수 있듯이 요가행자는 마음에 떠오른 영상을 관찰함으로써 인식 대상의 본질을 깨달아 가고 있다.

> 보살은 정위에서 영상은 오직 마음뿐임을 관한다. 대상의 표상을 이미 소멸하고 명확하게 오직 자기의 표상뿐임을 관한다. 이와 같이 내부 마음에 안주하여 인식 대상은 실재가 아님을 안다. 다음에 인식 주체도 또한 실재하지 않음을 한다. 그런 다음에 무소득[더 이상 얻을 바가 없는 경지]에 이른다.[1]

인용문에 나타난 바와 같이 요가행자는 자신의 마음에 떠오른 영상

---

1) 《成唯識論》(T31, 49b29-49c3), "菩薩於定位, 觀影唯是心, 義相既滅除, 審觀唯自想. 如是住內心, 知所取非有, 次能取亦無, 後觸無所得."

을 관찰함으로써 영상의 본질이 실재가 아님을 깨닫는다. 여기에는 오로지 마음의 영상을 보는 주체와 그 인식 대상인 영상만이 존재한다. 수행자는 자신이 본 영상에 집중하고 그 본질을 깨닫기 위해 노력한다. 유식학파는 이와 같은 관찰을 통해 요가행자의 개인적 체험 내용을 객관화시켜 이론적으로 체계화시켰다.

요가행자의 개인식 세임이 색산와뇌여 타인과 송유될 수 있는가의 문제는 비트겐슈타인이 제기했던 것과 유사하다. 엄밀한 의미에서 볼 때, 요가수행 중에 나타난 영상과 비트겐슈타인이 논의했던 감각대상은 수행승과 일반인들의 체험내용이라는 점에서 차이가 있다. 하지만 두 대상 모두 개인적 체험이라는 점에서 본다면, 체험의 내용을 언어로 표현한다는 점에서 공통의 논의가 가능하다. 비트겐슈타인은 우리의 감각어가 내적인 감각을 지칭하는 표현이라면 그 언어는 사적인 언어일 수밖에 없다고 본다. 그에 따르면 '사적 언어'는 오직 그 언어나 낱말을 사용하고 있는 그 사람만이 이해할 수 있으며, 타인은 전혀 이해할 수 없는 언어이다.

269. ⋯우리는 주관적 이해에 관해 이야기할 수 있을 것이다. 그리고 '사적 언어'란 다른 사람은 아무도 이해 못하지만 나는 '이해하는 듯 보이는' 소리들이라고 일컬어질 수 있을 것이다.[2]

인용문에 나타난 바와 같이 비트겐슈타인은 사적인 체험을 언어로 표현할 때 그 '사적 언어'는 다른 사람들은 이해하지 못하는 자기만이 알

---

2) 루트비히 비트겐슈타인(2011), 앞의 책, p.173.

수 있는 소리라고 생각했다. 그의 생각에 따르면 다른 사람들은 자신이 한 말의 의미를 정확히 알지 못한다. 자신이 체험한 내용을 자신만이 아는 언어로 표현했기 때문에 타인은 그 뜻을 알 수 없다. 다른 사람들과 합의된 언어로 표현한 것이 아니기 때문에 자신만이 안다. 비트겐슈타인은 다음과 같이 구체적인 예를 제시하여 그의 논지를 전개한다.

272. 사적인 체험에서 본질적인 것은 실제로, 모든 사람이 자신의 고유한 견본을 소유한다는 점이 아니라, 다른 사람도 역시 이것을 가지고 있는지, 또는 다른 어떤 것을 가지고 있는지 아무도 모른다는 점이다. 그러니까 인류의 일부는 하나의 붉음-감각을, 그리고 다른 일부는 다른 하나의 붉음-감각을 가진다는 가정이-비록 검증될 수는 없지만-가능할 것이다.[3]

비트겐슈타인은 사적인 체험은 자신만이 자각할 수 있는 것으로서 타인이 그것을 정확히 알 수는 없다고 본다. 각자 느끼는 대상이 타인과 같은지 다른지에 대해 알 수 없다. 감각대상을 보고 그것을 붉다고 느꼈는지 약간 진한 붉은 색으로 느꼈는지는 자신만이 알 수 있다. 그리고 다른 사람 또한 자신과 비슷하게 느꼈는지 아니면 동일하게 느꼈는지는 정확히 알 수 없다. 비트겐슈타인은 자신이 느낀 감각대상이 붉은 색인지 아니면 파란 색인지를 어떻게 인식하는지에 대해 자문한다. 그리고 다음과 같은 답을 제시한다.

---

3) 루트비히 비트겐슈타인(2011), 앞의 책, p.174.

381. 이 색이 붉은 색이라는 것을 나는 어떻게 인식하는가? 하나의 대답은, '나는 우리말을 배웠다'일 것이다.[4]

비트겐슈타인은 자신이 느낀 감각 내용이 '붉다'고 인식하는 것은 자신이 공동체 속에서 습득한 규칙에 의거해서 그렇게 인식하는 것이라고 생각한다. 그가 '붉다'고 표현할 때 그 표현방법은 공동체 속에서 배운 것이다. 마찬가지로 '고통'이라는 개념 또한 교육을 통해 습득된 언어이다. 사적인 체험이 언어로 표현되었을 때 그 언어는 공동체 속에서 학습된 언어이다.

384. '고통'이란 개념을 당신은 언어와 함께 배웠다.[5]

비트겐슈타인은 '고통'과 같은 감각어가 사적으로 느껴지는 감각에 대해 명칭을 부여한 것이라면, '나는 고통스럽다.'라고 말했을 때 타인들은 그 의미를 이해할 수 없을 것이라고 본다. 우리는 타인으로부터 그런 얘기를 들었을 때, 내가 그런 말을 할 때 가졌던 동일한 내적 감각을 떠올림으로써 그 말을 이해한다고 생각한다. 그런데 이런 과정을 통해서 우리가 실제로 행하는 일이란 타인의 모습을 통해서 자신의 아픔을 상상하는 것뿐이다. 우리는 다른 사람이 나와 동일한 감각을 느낀다고 확신할 수 있는 그 어떤 구체적인 조건도 알지 못한다. 그런 결정을 내릴 수 있기 위해서는 내가 그의 아픔을 똑같이 느낄 수 있어야 한다. 하지만

4) 루트비히 비트겐슈타인(2011), 《철학적 탐구》, 이영철 역, 서울: 책세상, p.212.
5) 루트비히 비트겐슈타인(2011), 앞의 책, p.213.

그것은 불가능하다.[6] 비트겐슈타인은 이 문제에 대해 다음과 같이 기술한다.

293. 내가 나 자신에 대해, 나는 '고통'이란 낱말이 무엇을 의미하는지를 오직 나 자신의 경우로부터 안다고 말한다면, - 나는 다른 사람들에 대해서도 역시 그렇게 말해야 하지 않는가? 그리고 나는 도대체 어떻게 해서 그 하나의 경우를 그처럼 무책임한 방식으로 일반화할 수 있는가?

자, 모든 사람이 자기 자신에 관해 나에게 말한다. 자기는 오직 자기 자신으로부터만 고통이 무엇인가를 안다고! - 모든 사람이 각자 상자 하나씩을 가지고 있고, 그 속에는 우리가 '딱정벌레'라고 부르는 것이 들어있다고 가정해 보자. 아무도 다른 사람의 상자 속을 들여다볼 수 없다 ; 그리고 모든 사람이 자기는 오직 자기의 딱정벌레를 봄으로써만 딱정벌레가 무엇인지를 안다고 말한다. - 여기서 모든 사람은 자신의 상자 속에 다른 사물을 가지고 있을 수 있을 것이다. 그뿐 아니라, 우리들은 그러한 사물이 계속해서 변한다고 상상할 수 있을 것이다. -그러나 그럼에도 불구하고 만일 이 사람들의 '딱정벌레'라는 낱말이 어떤 사용을 가진다면? - 그렇다면 그것은 어떤 한 사물의 명칭으로서의 사용은 아닐 것이다. 상자 속의 사물은 그 언어놀이에 전혀 속하지 않는다 ; 어떤 무엇으로서조차도 속하지 않는다 : 왜냐하면 그 상자는 비어있을 수도 있기 때문이다.-아니, 상자 속의 이 사물에 의하여 '약분될' 수 있다 ; 그것이 무엇이건 간에 그것은 상쇄되

6) 서광선·정대현 편역(1983), 《비트겐슈타인》, 서울: 이화여자대학교 출판부, p.118.

어 없어져 버린다.

즉 감각 표현의 문법이 '대상과 명칭'의 틀에 따라 구성된다면, 그 대상은 무관한 것으로서 우리의 고찰로부터 떨어져 나간다.[7]

위에서 예시된 바와 같이 우리는 상대방이 가지고 있는 상자속의 내용물이 무엇인지에 대해 정확히 알 수 없다. 우리는 우리 자신의 딱정벌레만을 볼 수 있을 뿐이다. 비트겐슈타인은 상자속의 사물은 언어놀이에 속할 수 없다고 본다. 딱정벌레로 비유되고 있는 고통과 같은 사적인 체험은 각자만이 느끼는 내용이다. 엄밀한 의미에서 볼 때 그것은 타인과 공유될 수 없다. 우리는 타인이 고통을 호소할 때 그가 몸으로 표현하는 행위 및 표정을 통해 유추할 수 있을 뿐이다.

예컨대 내가 경험한 사적인 감각 내용을 내가 'A'라는 이름으로 부르고자 할 때, 나는 그 감각 내용과 'A'라는 이름을 서로 관련시키려고 할 것이다. 그러나 이러한 노력은 다음과 같은 문제를 발생시킨다. 즉 다음에 내가 체험한 감각 내용에 대해 'A'라는 이름을 사용하고자 할 경우, 내가 그 이름을 올바로 사용하고 있는지 아닌지에 대한 의문이 생겨난다. 'A'라는 이름이 지칭하는 그 감각은 사적(私的)이기 때문에 나 이외의 아무도 내가 그 이름을 올바로 사용하고 있는가의 여부를 확인할 수 없다. 그러나 엄밀히 살펴 볼 때 실은 나 자신마저도 그것을 확인할 수 없다. 내가 '이것은 A이다.'라고 말했을 때 그 말의 참 거짓을 확인할 수 있기 위해서 먼저 나는 '이것이 A이다.'라는 말이 참이거나 거짓이거나 간에 무슨 의미로서 사용되고 있는가를 알아야 한다. 그러나 내가 'A'라는

---

7) 루트비히 비트겐슈타인(2011), 앞의 책, pp.182-183.

단어를 사용하려고 하는 의미가 최초로 'A'라는 단어로써 내가 의도했던 의미와 동일하다는 것을 어떻게 알 수 있겠는가? 나의 기억에 호소할 수 있을 것인가? 불가능하다. 왜냐하면 그렇게 하기 위해선 올바른 기억을 불러내야하고 올바른 기억을 불러낼 수 있기 위해선 'A'가 무엇을 의미하는가를 내가 이미 알고 있어야 한다.[8] 의미를 알기 위해 기억을 불러내려고 했으나 기억을 불러일으키는 그 행위는 의미를 이미 알고 있어야 한다는 오류에 직면하게 된다.

한편 '고통'이라는 단어를 사적인 감각체험 내용과 대응시키는 관점은 논리실증주의자의 이론을 떠오르게 한다. 논리실증주의자의 논리에 따르면 사적인 감각 내용을 '고통'이라는 단어와 대응시킬 때 그 대응되는 대상은 실재하는 존재로 가정된다. 감각 내용이 어떤 한 개념과 대응될 때 그 감각 내용은 누구에게나 인지될 수 있는 보편성이 확보되어야 한다. 하지만 주지하듯 감각 경험은 모두에게 보편적으로 인지될 수 없다. 후기비트겐슈타인의 이론에 의하면 이러한 난점은 '고통'이라는 단어를 공동체 언어 놀이의 일종이라고 봄으로서 해결된다.

비트겐슈타인은 감각어가 언어로 표현될 때 작동하는 방식이 공적으로 관찰할 수 있는 사물을 명명하는 경우와 유사하다고 생각했다.[9] 비트겐슈타인에 따르면, 언어놀이란 본질적으로 공적인 성격을 갖는 것이며, 언어의 학습도 공적인 틀 내에서 수행된다. 우리 자신의 감각은 사적이고 내밀한 것이라 하더라도 그것을 타인에게 전달하기 위한 언어는 공적인 성격을 띨 수밖에 없다. 다시 말해서 비트겐슈타인에 의하면 사

---

8) 서광선·정대현 편역(1983), 앞의 책, pp.118-119.
9) 루트비히 비트겐슈타인(2011), 앞의 책, p.245.

적인 경험은 가능해도 사적인 언어는 불가능하다. 사적인 경험이 언어로 표현되는 순간 그것은 공적인 성격을 띤다. 비트겐슈타인은 이러한 결론을 뒷받침하기 위하여, 감각어의 학습과 관련된 예를 다음과 같이 보여준다.[10)

일상생활 속에서 부모들은 아이가 통증행위를 표현할 때 '아프다'라는 문장을 사용하는 방법을 은연중에 가르친다. 예컨대 통증이 심할 때 아이들은 울음으로써 이것을 표현하거나 배를 잡거나 하는 행위를 보인다. 이 때 부모들은 아이에게 '아프니?'라는 질문을 하고 통증을 잠재우기 위한 방법을 모색한다. 아이는 통증이 생겨날 때마다 반복적으로 이와 같은 행위를 함으로써 통증행위와 통증언어의 연관관계를 습득하게 된다. 비트겐슈타인은 이 과정에서 아이는 자연적인 통증의 행위를 대체할 새로운 표현의 양식을 배운다고 주장한다. 즉 '아프다'라는 개념은 자연적인 통증행위를 대신하는 새로 학습된 통증행위라는 것이다. '아프다'라는 개념의 기능은 내적으로 느끼는 통증을 기술하는 것이 아니라, 통증을 겉으로 표현해주는 역할을 수행한다.

통증언어와 관련된 언어 놀이의 뿌리가 되는 것은 원초적이고 자연스러운 표현으로서의 통증행위이다. 아이의 자연적인 통증행위가 없었다면 '아프다'와 같은 감각어, 혹은 통증어의 가르침이나 학습도 불가능했을 것이다. 아이가 느끼는 통증감각은 사적인 것으로 생각할 수 있지만, 통증의 외적인 표현으로서의 행위는 공적으로 접근 가능한 것이다. 비트겐슈타인에 의하면 우리가 통증에 관련된 언어를 이용하여 주관적인 느낌을 전달할 수 있는 근거는 바로 이 관찰 가능한 공적인 행위에 바

---

10) 서광선·정대현 편역(1983), 앞의 책, pp.118-119.

탕하고 있다. 아이가 통증 행위와의 결합을 통하여 통증에 관한 언어를 학습하듯이 감각어의 학습은 그와 관련된 언어 놀이가 공적인 틀 안에서 수행될 때에만 가능하다.[11]

하지만 우리는 '통증을 느낀다'든지 혹은 '통증이 있다'는 표현에 의거해서 통증(pain)을 우리의 내면에 있는 명확하게 집어서 보일 수 있는 대상으로 생각하는 경향이 있다. 비트겐슈타인이 거부하는 것은 그의 전기언어이론에 의거할 때 빠지게 되는 이러한 종류의 것이다. 그는 《철학적 탐구》의 머리말에서 단어들이 본질적으로 실재하는 대상을 지칭한다고 생각했던 견해에 대해 스스로 비판한다.[12] 이름을 사용하는 것은 우리가 하는 많은 놀이 가운데 하나다. 곧 명칭을 부여하는 것은 언어가 가진 한 요소에 불과하다는 것이 비트겐슈타인의 견해이다. 그는 언어가 대상을 지칭한다는 것에 대해 절대적인 혹은 근본적인 우선권을 부여할 필요가 없다고 본다. 언어가 대상을 지칭한다는 것은 언어가 하는 여러 가지 기능 가운데 하나일 뿐이다. 비트겐슈타인은 언어란 공적으로 사용 가능한 사회적인 것이라고 생각했다. 따라서 그는 언어란 추리에 의거해서 머릿속에서 그 본성을 밝혀낼 수 있는 어떤 종류의 본질은 아니라는 입장을 제시했다.[13]

즉 그는 심적인 것은 [내적인 것을 표현하는] 인간의 행동과 같은 형식으로 현시되는 것이라고 생각했다. 비트겐슈타인은 비록 심리적인 것들을 행동으로 환원할 수는 없지만, 심리적 용어의 적용을 위해서 행동적 규준

---

11) 서광선·정대현 편역(1983), 앞의 책, pp.119-120.

12) 루트비히 비트겐슈타인(2011), 앞의 책, pp.16-17.

13) 브라이언 매기 편(1985), 《현대철학의 쟁점들은 무엇인가》, 이명현 외 역, 서울: 심설당, pp.141-142.

이 필요하다고 보았다. 비트겐슈타인이 하고 있는 작업은 심리적 개념들의 심층적 문법을 드러냄으로써 그러한 왜곡을 바로잡고 올바른 인간적 관심을 회복하는 것이다. 비트겐슈타인이 생각하기에 데카르트식의 사유주체나, 그에 대비되는 육체개념은 일종의 문법적 허구이다.[14]

신상규(2004)에 따르면 비트겐슈타인의 이러한 주장은 심리적 개념이 삶의 양식에 근거를 둔 언어놀이의 한 부분이라는 것에 착안하고 있다. 언어는 우리의 삶 그리고 우리가 자연적으로 반응하는 여러 행동과 맞물려 있다. 살아 있는 생물과 이를테면 바위나 모래와 같은 무생물을 대하는 태도의 차이가 바로 그런 것이다. 이와 같은 자연적인 반응 양식과 태도, 그리고 다양한 언어적 비언어적 활동들이 하나의 '생활양식'이 되어 심리적인 언어 놀이가 작동하도록 한다.[15]

비트겐슈타인의 후기이론은 언어의 사용이 관통하고 있는 어떤 단일한 본질을 묻고 있기 보다는 각각의 표현들이 그 구체적 사용의 맥락에서 드러내 보이는 그 기능들에 주목하고 있다. 그는 사적 경험 내용의 객관화문제도 이와 같은 맥락에서 설명한다. 그는 통증과 같은 경험이 신체적인 행위를 통해 표현되고 이것이 언어화 되었을 때 언어로 표현된 그 내용은 공적인 대상이 된다고 보았다. 내적으로 체험된 내용이 언어로 표현되었을 때 그 내용은 사적인 영역에 속하지 않는다. 공동체내에서 통용되고 있는 언어에 의해 자신의 체험내용을 타인에게 전달하고 타인이 그것을 수용하게 될 때 그 내용은 타인과 공유되기 때문에 공적

---

14) 신상규(2004), 《비트겐슈타인 《철학적 탐구》》, 서울: 서울대철학사상연구소, pp.35-36. pp.43-45.
15) 신상규(2004), 앞의 책, pp.37-38.

인 대상이 된다.

(2) 수행을 통해 관찰한 내용의 객관성 문제

수행자들은 마음이 변화하는 모습을 관찰하여 해탈에 이르고자 한다. 수행의 과정은 오로지 자신의 조절에 의해서만 진전된다. 요가행자는 이를 통해 마음의 질적인 변화를 경험한다. 그런데 수행자의 내적인 체험은 타인에게 정확히 드러나지 않는다. 타인들은 수행자의 마음이 어떻게 변화되고 있는지에 대해 명확하게 파악할 수 없다. 따라서 타인의 입장에서 볼 때 수행자들의 체험 내용은 주관적으로 보인다.

하지만 유식 경전이나 문헌은 수행자가 관찰한 내용을 비교적 상세히 전하고 있다. 이 문헌들은 마음의 작용을 세밀하게 분석하여 그것을 체계적인 이론으로 정립하고 있다. 유식학 이론이 가장 체계적으로 정립되어 있는 것으로 알려진 《섭대승론》은 유식학의 핵심 개념인 '알라야식'의 특성을 분석하는 것에서 시작한다. 이어서 번뇌에 물든 상태에서 청정한 상태로 변화되는 과정을 삼성론(三性論)을 통해 분석한다. 그리고 마음의 질적인 변화를 의미하는 '전의' 경험, 수행에 의해 도달된 무분별지의 경지, 보살 그리고 '법신(法身)'개념이 체계적으로 정리되어 있다.

주관적으로 보이는 개인의 체험내용이 이와 같이 체계적인 이론으로 정형화될 수 있었던 것은 무엇 때문일까? 지금까지 논의해 왔던 '인식적 모델'에 의하면, '식'이 분화됨으로써 인식 주관과 인식 대상이 형성된다. 이 때 인식 주관이 인식 대상을 타인과 공유하게 되면서 그 인식 대상은 언어로 표현된다. 이 과정은 인식 대상이 공동체에서 통용되고 있는 규칙에 부합하는 언어에 의해 표현됨으로써 이루어진다. 필자는 이것을 '문화적 모델'의 한 부분으로 정의했다.

수행자들이 마음에 떠오른 영상을 관찰하고 이것을 언어로 표현하는 과정 또한 같은 맥락에서 해석될 수 있다. 수행자가 영상을 주의 깊게 관찰하는 과정은 인식 주관이 인식 대상을 파악하는 과정이다. 관찰하는 주체는 인식 주관이며 인식 주관에 의해 파악된 영상은 인식의 대상이다. 이 인식 대상이 개인의 차원에서 머물지 않고 타인과 공유될 수 있는 것은 인식 대상 즉 영상이 언어로 표현되어 타인이 자신의 마음속에서 그 공통의 인식 대상을 인식할 때이다. 수행자들이 자신이 경험한 내용을 언어로 표현하여 타인에게 전달할 때, 그 경험 내용은 이와 같은 방식으로 타인과 공유된다고 해석해 볼 수 있다.

자신이 경험한 내용을 타인과 이야기할 수 있다는 것은 타인이 나의 경험 내용을 이해했을 때 가능하다. 이러한 현상이 나타나는 이유는 나 자신과 타인이 대상을 이해할 수 있는 공통의 기반을 가지고 있기 때문이다. 이것은 앞에서 언급했듯이 '명언훈습종자' 개념을 통해 설명될 수 있다. 요가행자의 '알라야식'에 존재하는 '명언훈습종자'는 수행 공동체에서 형성된 결과물이다. 요가행자들은 공동체에서 습득한 양식을 '명언훈습종자'의 형태로 각자의 '알라야식'에 저장한다. '명언훈습종자'의 현현에 의해 공동체의 구성원들은 각자의 마음속에서 '식'의 분화과정을 거쳐 공통의 인식 대상을 형성하게 되고 이 대상에 대해 '공동의 분별'작용을 일으킨다. 이를 통해 그 대상은 공동체의 규칙에 부합하는 언어로 표현된다.

유식학적으로 볼 때, 이러한 설명은 '나의 '식'에 나타난 영상이 타인의 '식'에 나타난 영상과 유사하다.'는 해석에 기반을 둔다. 《성유식론》은 이 유사성을 다음과 같이 기술하고 있다.

'처소[處]'라고 하는 것은 이른바 이숙식이 공상종자의 무르익은 힘에 의해 대상이 되는 기세간, 즉 외부의 대종과 그 형성된 대상과 비슷하게 변현되어 나타난 것이다. 비록 모든 유정들이 제각각 변현해내지만 [변현되어진]상은 서로 비슷해서 [모든 유정들에게]처소의 차이가 없다. 마치 많은 등의 밝은 불빛이 각각 두루 비추면 하나로 보이는 것과 같다.[16]

인용문에 따르면 이숙식[='알라야식']에 있는 '공상종자'가 무르익게 되면 그 힘에 의해 기세간이 생겨나게 된다. 기세간은 우리 주변에 있는 자연환경을 말하는 것으로 우리 각각의 '알라야식'에 있는 '공상종자'가 현현한 것이다. 각자가 변현해내지만 그 영상은 서로 비슷하다고 설명하고 있다.

유식학에 의하면 이처럼 마음속에 존재하는 '종자'에 따라 영상의 특성이 결정된다. 영상은 '식'이 분화되어 형성된 것으로서 어떤 것은 타인의 것과 유사[공상]하고 어떤 것은 개별자 자신에게만 고유하다[불공상]. 유식학은 개별자의 영상이 타인의 것과 유사할 수 있는 이유는 자타의 '식'들이 조화와 협력을 이루기 때문이라고 본다. 즉 자타의 '식'들이 변현해낸 독립적 기세간들은 각각의 '식'들이 서로 협력하여 서로 물리적으로 방해하지 않게 되며, 이로 인해 그 기세간은 '동일한 곳'에 존재한다고 여겨진다는 것이다.[17]

다시말하면 중생들이 변현해낸 각각의 기세간의 상들은 수순해서

---

16) 《成唯識論》(T31, 10c12-16), "所言處者, 謂異熟識, 由共相種成熟力故, 變似色等器世間相, 卽外大種及所造色. 雖諸有情所變各別, 而相相似, 處所無異. 如衆燈明 各遍似一"; 백진순(2010), 〈아뢰야식의 지평에서 본 타인의 마음〉, 《불교학연구》 26호, p.191.

17) 백진순(2010), 앞의 논문, pp.200-201.

일어나고 서로 수순해서 생기기 때문에[18] 한 곳에 여럿이 존재하는 경우[一處有多]가 가능하다고 한다. 여기서 '수순'한다는 말의 의미는 자타의 '알라야식'이 서로 순응하면서 불가사의한 협력관계를 이루고 있음을 말한다. 이러한 자타의 '식'들 사이의 수순하는 관계에 의해 각각의 '알라야식'들이 변현해낸 물리적 기세간이 하나의 동일한 장소가 된다.[19]

이 논의는 수행을 통해 경험한 내용 즉 영상이 서로 어우러질 수 있는 가능성을 보여준다. 각자의 '알라야식'에 의해 형성된 영상이 공통의 장소에 비치면, 그것은 타인과 공유될 수 있는 대상이 된다. 즉 각각의 영상이 서로 방해하지 않고 순응과 협력에 의해 대상을 형성하게 되면 그 대상은 언어로 표현되어 타인과 공유될 수 있는 것이다.

후기비트겐슈타인 이론에 의하면 내적인 감각어가 언어로 표현되어 타인과 공유되는 과정은 공동체에서 학습된 규칙에 의거한다. 내적인 감각체험이 공동체의 규칙에 부합하는 언어로 타인에게 전달될 때 그 언어에 의해 표현된 감각 내용은 공적인 대상이 된다. 유식학에 의하면 공통의 대상은 앞에서 논의한 바와 같이 수행 공동체에 의해 형성된 '명언훈습종자'에 의해 형성된 것이다. 영상이 타인의 영상과 서로 협력해서

---

18) 《成唯識論述記》(T43, 321c27-322a2), "由隨順轉, 相順生故. 又由如是, 種類之業, 增上所感. 一切色者, 一切色根, 共受用故 乃至廣說. 彼雖說四塵等與此相似. 如山河等業. 衆人並相似. 及心於上, 共用無礙. 故不相障, 一心上木等所感業各別. 及心受用, 自有礙故. 遂令相隔."

19) 지주(知周, 668-723 :규기(窺基, 632-682)의 제자)에 따르면 그것은 다음과 같은 사례를 통해 비유적으로 설명된다. 예컨대 단일한 물체를 눈으로 보고 코로 향을 맡으며 혀로 맛을 보고 몸으로 감촉을 느끼는 경우, 안식 등의 오식은 제각기 색(色)·성(聲)·향(香)·미(味)·촉(觸)과 같은 물리적 경계를 인식하지만 그 색법들이 결국 '하나의 처소'에 있는 것과 유사하다. 이 비유(譬喩)는 각각의 '식'들이 현현해낸 물리적 경계가 서로 다르고 독립적이지만 그것들이 사실상 하나의 처소를 비추고 있음을 보여준다. 같은 맥락에서 중생들도 각각 독립된 기세간의 상을 변현해내지만 공동으로 하나의 처소를 만들어 낸다고 말할 수 있다(백진순(2010), 앞의 논문, p.201).

하나의 공통대상을 만들게 되는 것은 공통의 '명언훈습종자'의 현현에 의한 것이다. '명언훈습종자'에 의해 '식'이 분화되어 '사회적 자아'와 영상이 형성되고 '사회적 자아'가 영상을 공동체의 규칙에 부합하는 언어로 표현하면서 그 대상은 공적인 대상이 된다.

이 점은 언어와 주관적인 체험 즉 감각 내용 사이의 관계가 논리실증주의자들이 제시한 바와 같이 일대일 대응관계로 해석되지 않는다는 것을 의미한다. 앞에서 언급했듯이 논리실증주의자들은 언어의 대상이 플라톤의 이데아와 같이 독립적으로 완전한 존재라고 보았다. 언어는 단지 그것을 모사할 뿐이다. 후기비트겐슈타인의 이론은 이러한 관점에 대해 비판적이다. 후기비트겐슈타인의 이론은 언어와 대상과의 구조적 일치에 초점을 두기 보다는 언어의 주체에 의한 언어의 작용에 주목했다. 이 이론은 언어와 대상의 관계를 언어의 주체가 속한 공동체의 규칙 및 가치관에 초점을 두고 있다.

후기비트겐슈타인 이론에 의하면 내적으로 체험된 내용이 언어로 표현되었을 때 그 내용은 더 이상 사적인 영역에 속하지 않는다. 그 내용은 공동체내에서 통용되고 있는 언어에 의해 타인에게 전달되어 공적인 대상이 되었기 때문이다. 같은 맥락에서 볼 때, 수행에 의해 관찰된 심리현상이 수행자의 내적인 체험으로 머물러 있게 되면 이것은 전적으로 사적인 영역에 속한다. 하지만 수행자들의 공동체 속에서 자신이 경험한 내용을 그 공동체의 언어로 표현하여 타인과 체험내용을 공유했을 때 그것은 공적인 내용이 되었다고 해석해 볼 수 있다.

삼매의 상태에서 나타난 영상은 일상인들에게는 주관적인 대상으로 여겨질 수 있다. 엄밀한 의미에서 생각해 볼 때 타인은 수행자의 마음작용을 정확히 간파할 수 없다. 하지만 요가 수행자가 자신의 경험을 유식

공동체에서 사용되고 있는 규칙에 의거해서 언어로 표현했을 때 그 대상은 공동체 구성원들에게 공유된다. 공동체에 부합하는 언어에 의해 표현될 수 있는 것은 '명언훈습종자'가 각자의 '알라야식'에 내재하고 있기 때문에 가능하다. '식'의 분화가 이루어지고 인식의 대상이 언어로 표현되는 과정이 반복되면서, 수행자의 내적인 체험은 체계적으로 이론화되는 과정을 밟게 되었다고 볼 수 있다.

2) 인식 대상과 언어의 관계

(1) 일상인의 분별과 식의 분화

일상의 삶을 살아가면서 우리는 우리가 관계를 맺고 있는 대상이 항상 그 모습 그대로 존재할 것이라고 여긴다. 하지만 시간과 공간이 달라지면 그 대상은 다양한 모습으로 변화된다. 그 변화된 모습 속에서도 우리는 여전히 그 대상이 예전과 똑같을 것이라는 기대를 하게 된다. 그러나 그것은 기대일 뿐 대상은 영원히 존재하지 않음을 알게 된다. 유식학은 이 현상을 보다 근본적으로 해석한다. 유식학에 의하면 현상이 영원히 같은 모습을 지닌 채 존재할 것이라는 기대는 인식 주체가 대상을 분별하고 집착하는 데에서 생겨난다. 즉 인식 대상이 영원히 존재하기를 바라는 욕망에서 비롯된 것이다. 유식학은 이것을 윤회의 세계[속제]에서 발생되는 현상이라고 본다.

　인식 대상이 외부에 실재한다고 본 관점은 전기비트겐슈타인 이론의 전제이기도 하다. 이 이론은 인식 대상이 외부에 실재하고 이것을 인식 기관이 받아들임으로써 인식의 작용이 발생된다는 입장에 있다. 유식학과 비교해 볼 때, 이 이론은 외부에 대상이 실재한다고 여기는 측면에서 유사해 보인다. 그러나 각 이론이 인식 대상의 '위상'과 인식이 형성되는 과정에 대해 설명한 것을 살펴보면 명확한 차이가 발견된다.

주지하듯 논리실증주의를 비롯해서 전기비트겐슈타인의 이론은 언어가 세계를 표상한다고 보았다. 그래서 세계를 표상하려면 언어가 어떤 본성이나 구조를 가지고 있어야 한다고 생각했다. 그리고 명제와 그 명제로 표현된 사실이 유사한지의 여부에 따라 그 의미가 결정된다고 주장했다. 이것은 언어의 대상은 외부에 실재하며 언어는 그 대상을 모사한다는 관점이다.

신상규(2004:29-30)는 전기비트겐슈타인의 관점을 《논리철학논고》에 의거해서 다음과 같이 소개한다. 명제는 세계의 사실에 대한 그림이다. 이러한 그림관계는 바로 이름과 단순 대상의 지시 관계, 그리고 이름들의 배열로 이루어진 요소 명제와 단순 대상들의 배열을 통하여 결정된다. 즉 원자적 사실의 대응 관계에 기초해 있다. 언어가 세계를 표상할 수 있는 것은 이와 같이 이상화된 요소 명제들의 시스템과 원자 사실들의 시스템, 이 두 가지 사이에 성립하는 구조적 유사성 때문이다. 한편 복합명제의 경우, 그 진리치는 요소 명제들의 진리 함수에 의해 결정된다.[20]

언어와 대상간의 일치를 통해 언어의 유의미성을 주장하는 전기비트겐슈타인의 이론은 언어의 구조와 실재의 구조가 유사하다는 관점에 기반을 둔다. 구조를 구성하는 이름과 원자적 사실이 일치가 되면 이름으로 구성된 명제는 세계를 표현하는 진리가 된다. 전기비트겐슈타인은

---

20) 신상규(2004), 《비트겐슈타인 《철학적 탐구》》, 서울: 서울대철학사상연구소, pp.29-30.

언어와 대상간의 구조적 유사성에 초점을 두고 언어는 외부에 실재하는 대상과 대응함으로써 의미를 갖게 된다는 이론을 제시한 것이다. 그 이론에 따르면 인식된 결과가 외부대상과 일치할 때 그것은 진리가 되는 것이다.

반면 유식학은 인식 대상에 대해 이와는 다른 관점을 보인다. 유식학에 따르면 인식 내용은 '알라야식'에 존재하는 '종자'가 변화해서 생겨난 것이다. 외부에 대상이 실재한다는 생각은 '종자'로 인해 생겨난 인식 주관이 분별하고 집착한 결과라고 본다. 즉 인식 대상이 실재한다는 견해는 인식 주체가 영원히 존재한다고 여기는 것에서 생겨난다고 설명한다. 이 관점은 인식 대상이 외부에 이미 완전한 형태를 갖추고 있고 인식기관이 그것을 받아들인다고 본 실재론과 다르다. 유식학은 '식'의 능동적인 분화에 의해 생겨난 인식 주관이 욕망에 의해 인식 대상이 실재(實在)한다고 여기는 것이라고 해석한다.

전기비트겐슈타인의 이론이 전제하고 있는 실재론과 유식학에서 말하는 속제에서 일상인들이 인식 대상을 실재한다고 간주하는 현상은, 대상이 실재하고 있다고 보는 측면에서 유사하게 보일 수 있다. 하지만 인식의 발생과정을 비교해 볼 때 이 둘은 살펴본 바와 같이 현격한 차이를 드러낸다.

유식학은 일상인의 인식 작용이 '식'의 능동적인 분화에 의해 시작된다고 본다. 이 때 형성된 인식 대상에 대해 일상인들은 분별하고 집착하는 현상을 일으킨다. 변계소집성은 이러한 현상을 잘 보여주는 개념이다. 일상인들은 인식 대상이 영원히 존재할 것이라고 생각한다. 예컨대 우리는 앞에 서있는 나무를 볼 때 그 나무가 항상 그 자리에 있을 것이라고 생각한다. 계절이 바뀔 때마다 잎이 변하는 모습을 보면서도 우리는 그 나무가 항상 그 자리에 있을 것이라고 생각한다. 하지만 아무리 창창한 나무라 하더라도 한 여름 소나기가 퍼붓는 날, 나무가 뿌리 채 뽑히는 경우가 발생하기도 한다. 이러한 현상을 직접 목격했음에도 불구하고 우리는 바로 눈앞에 서있는 이 나무가 항상 존재할 것이라고 막연하게 생각하게 된다. 유식학은 이러한 우리의 태도를 '변계소집성'으로 표현한다. '변계소집성'은 자기에게 나타난 현상적 존재가 영원히 존재할 것이라고 착각하는 현상을 설명해준다.

'변계소집성'의 세계에서 일상인은 자신의 생각을 언어로 표현하며 이것을 타인에게 전달한다. 이 과정에 의해 타인과 관계를 맺는다. 이 관계 속에서 자신이 추진하고자 하는 일에 필요한 정보를 얻기도 하고 사회적인 문제에 대해 자신의 의견을 제시하기도 한다. 그런데 이러한 모든 행위는 타인을 위해 이루어지기 보다는 자신 및 자신이 속한 공동체의 욕망에서 비롯된다. 욕망과 결부되지 않은 행위는 거의 찾아 볼 수 없다. 유식학은 이러한 현상을 '알라야식'에 내재된 '종자'의 현현으로 설명한다. '종자'가 계기가 되어 '식'의 분화가 발생되고, 인식 주관은 인식 대상에 대해 분별하고 판단하면서 자신의 욕망을 충족하고자 한다. 일상인의 이기적인 욕망은 언어로 표현된 대상이 영원히 존재한다고 생각하게 한다. '속제'에서 인식 대상은 욕망에 의해 실재로서 존재하게 된다.

(2) 보살의 후득지와 식의 재분화

유식학에 의하면, 인식 주체가 인식 대상을 바라보는 관점이 근본적으로 바뀔 수 있다. 수행을 통해 대상에 대해 분별하고 집착하는 마음을 변화시켜, 대상을 있는 그대로 보는 마음이 되게 할 수 있다고 본다. 그리고 이것을 '전의(轉依)' 개념으로 표현한다. '전의'는 수행에 의해 마음이 질적으로 변화하는 경험을 의미한다. 유식문헌에서는 수행의 단계에서 경험하는 마음의 변화 양상을 다음과 같이 묘사하고 있다. 수행자는 수행이 진전됨에 따라 번뇌는 점점 감소되고 진리를 믿는 힘이 증가되는 단계[益力損能轉]를 거쳐 보살의 단계에 이르게 된다. 보살의 경지도 여러 단계로 나누어진다. 우선, 보살은 진실을 보게 되지만 이 상태를 벗어나면 다시 산란한 단계로 돌아가는 단계[通達轉]에 이른다. 이 단계에서 보살은 진리를 보게 되었지만 그 진리를 완전히 체득하지는 않았다. 따라서 삼매를 벗어나게 되면 그는 다시 이전단계로 되돌아가게 된다. 다음 단계에서 보살은 장애에서 완전히 벗어났다고 할 수 없는 단계[修習轉]를 경험한다. 마음에 잔재해 있는 흔적을 더 닦아내어야 하는 단계이다. 이것을 거치면 모든 장애로부터 완전히 벗어난 경지[果圓滿轉]에 이른다.[21]

수행자는 이와 같은 '전의' 경험에 의해 마음의 상태를 완전히 변화시킨다. 유식학에 의하면 '전의'에 의해 변화된 마음의 상태는 구체적으로 인식적인 변화로 나타난다. 이 가운데 가장 특징적인 변화라고 할 수 있는 것은 보살의 단계에서 증득되는 무분별지와 후득지이다. 《섭대승론석(攝大乘論釋)》은 무분별지를 다음과 같이 3가지로 구분해서 설명한다. 첫째는 '가행무분별지'(加行無分別智)로서 진여를 증득하고자 하지만 아직

---

21) 《攝大乘論》(T31, 129b4-21), "此轉依若略說有六種轉. 一益力損能轉, 由隨信樂位住聞熏習力故, 由煩惱有羞行慚愧行, 或永不行故. 二通達轉, 謂已登地諸菩薩, 由眞實虛妄顯現爲能故, 此轉從初地至六地. 三修習轉, 由未離障人是一切相不顯現眞實顯現依故, 此轉從七地至十地. 四果圓滿轉, 由已離障人一切相不顯現清淨眞如顯現至得一切相自在依故. 五下劣轉, 由聲聞通達人無我故, 由一向背生死爲永捨離生死故. 六廣大轉, 由菩薩通達法無我故, 於中觀寂靜功德故, 爲捨不捨故. 若菩薩在下劣轉位有何過失. 不觀衆生利益事故, 遠離菩薩法, 與下乘人同得解脫此爲過失. 諸菩薩若在廣大轉位有何功德. 於生死法中由自轉依爲依故, 得諸自在於一切道中能現一切身, 於世間富樂及於三乘, 由種教化方便勝能能安立彼於正教, 是廣大轉功德."

증득하지 못한 상태를 말한다. 둘째는 '근본무분별지'(根本無分別智)인데 이것은 진여관(眞如觀)에 있지만 증득한 것을 타인에게 말로 표현할 수 없는 상태를 의미한다. 셋째, '후득지'(後得智)로서 진여관에 있으면서 증득(證得)한 것을 말할 수 있는 상태 즉 다른 사람들에게 자신이 체험한 내용을 말해줄 수 있는 인식의 상태를 말한다.[22]

'가행무분별지'는 범부가 무분별지를 얻고 싶어 하는 마음을 일으킨 단계[尋思慧]이다. 보살 초지(初地)이전의 단계이다. 수행자가 보살의 무분별지혜를 전해 듣고 즐거워하는 마음을 일으켜 믿고 즐거워하는 마음에 의지하여 마음을 닦아가는 것을 말한다. '근본무분별지'는 보살 10지 중 초지에서 처음으로 성립된다. 이 '무분별지'는 진여를 있는 그대로 본다. 하지만 번뇌습기가 아직 남아 있어서 십지(十地) 각각의 단계를 거쳐야 한다. 이러한 과정을 거치면서 사유와 언어를 초월한 지(智)에 이르게 된다. 이 '근본무분별지'를 증득하게 되면 인식 주관과 인식 대상의 구별이 없어진다. 즉 주관과 객관의 대립으로부터 발생하는 망분별(妄分別)이 사라지게 된다. 이로 인해 일상적인 언어적 사유를 초월한 상태에 이르게 된다.

---

22) 《攝大乘論》(T31, 242b25-c18), "論曰. 如未識求解, 如讀正受法, 如解受法義, 次第譬三智. 釋曰. 譬如人未識論文. 但求識文字, 加行無分別智亦爾. 未識眞如, 但學見眞如方便, 此顯未解. 譬如人已識文字. 未了文字義, 正讀文字, 但能受法, 未能受義, 根本無分別智爾. 自利功用已成, 未有利他功用, 此顯已解. 譬如人已識文字. 又已了義, 正在思中, 是人具有二能, 能識文字, 又能了義. 以功用究竟故. 無分別後智亦爾. 已通達眞如, 又已出觀, 如前所見解說無倒, 此顯已究竟. 此偈顯學功有異故有差別, 前已明三次第, 謂未解已解及解究竟. 前一無境, 後二有境. 謂法及義, 後二有境. 異相云何. 論曰. 如人正閉目, 無分別亦爾. 如人正開目, 後得智亦爾. 釋曰. 此偈但顯根本智及後得智, 由依止不同故有差別. 根本智依止非心非非心, 後得智則依止心故. 二智於境有異. 根本智不取境, 以境智無異故. 後得智取境, 以境智有異故. 根本智不緣境, 如閉目. 後得智緣境, 如開目."

유식학에서는 '후득지'를 제시함으로써, 이 단계에서 한 걸음 더 나아갈 수 있음을 보여준다. 일상인들이 인식 객관에 대해 분별하고 집착하는 인식 작용을 일으키는 것과 달리, 보살은 주관과 객관을 넘어선 무분별지를 거쳐 '후득지'의 상태에 이른다. '무분별지'는 주관과 객관이 다르지 않음을 증득하는 단계이다. 이 상태에서는 일상인들에게 나타나는 인식 대상과 인식 주관의 분화과정이 발생되지 않는다. 주관과 객관이 다르지 않기 때문에 세속에서 대상이라고 일컬어지는 그런 형태가 존재하지 않는다. 무분별지의 단계를 거쳐 후득지에 이르렀을 때 보살은 진여(眞如)를 대상으로 한 인식 작용을 일으키게 된다. '무분별지'와 '후득지'의 관계를 비유로 보여주고 있는 《섭대승론》의 글을 인용해 보면 다음과 같다.

> 마치 사람이 눈을 완전히 감은 것처럼 무분별 또한 그러하다. 마치 사람이 눈을 완전히 뜬 것처럼 후득지 또한 그러하다. 허공이 물들지 않고 장애가 없으며 분별됨이 없고 끝이 없듯이, 무분별 또한 그러하다. 허공에 형체가 드러나듯이 후득지 또한 그러하다.[23]

'무분별지'는 주관과 객관을 초월한 상태이다. 보살은 '무분별지'를 증득하게 됨에 따라 주관[능연]과 대상[소연]이 평등해지고 그 둘이 구분되지 않는 불이(不二)의 상태 즉 하나로 융합된 일미평등(一味平等)의 상태가 된다. 주관과 객관의 대립으로부터 생겨나는 망분별(妄分別)이 사라지게

---

23) 《攝大乘論》(T31, 128b27-c1), "如人正閉目, 無分別亦爾. 如人正開目, 後得智亦爾. 如空無分別, 無染礙異邊. 如空中色現, 後得智亦爾."

된다. 분별에 의해 대상이 형성되고 이를 언어로 표현하는 일상세계와는 달리 이 경지는 분별이 사라진 무분별의 상태이므로 여기에는 일상 언어로 표현할 수 있는 대상이 존재하지 않는다. 주관과 객관의 대립이 사라지기 때문이다. 따라서 이 경지는 일상의 언어를 초월한 경지로 묘사된다.

하지만 무분별의 경지를 넘어서 '후득지'를 증득한 보살은 자신이 본 세계에 대해 명확히 기억하고 그것에 대해 분별한다. 이것은 일상인들이 분별하는 것처럼 무명(無明)에 의해 가려진 분별이 아니라 장막이 완전히 사라진 분별이라 할 수 있다. 이 분별에 의해 형태가 확연하게 드러난다. 이러한 보살의 경지는 성문지와 비교해 보면 더욱 명확히 드러난다. 유식학에서 성문지는 인식 대상에 대해 분별상(分別相)을 일으키는 지혜이다. 성문승은 수행 중에 떠오른 영상에 대해 분별을 한다. 성문승은 인식 주관이 영원하지 않다는 사실[人無我]에 통달하지만 아직 인식 주관과 인식 대상 모두 영원하지 않다는 사실[人法無我]에 대해서는 통달하지 못한 상태에 있다. 따라서 성문승은 인식 주관이 무아(無我)라는 것을 통달해서 열반에 이르렀지만 열반을 벗어나려고 하지 않는다. 곧 열반에 집착한다. 보살과 성문승의 차이는 결국 열반에 대한 집착의 유무에 있다고 볼 수 있다.[24)]

'후득지'는 '근본무분별지' 위에 성립한 지(智)로서, '근본무분별지' 뒤에 얻는 분별이 있는 '지(智)'를 말한다. 범부는 대상[一切法]이 실제로 존재한다고 생각하고 이에 대해 집착한다. 대상이 실체로서 존재하는 것이 아닌데도 불구하고 있다고 생각하고 이에 대해 집착한다. 일체의 대상을

---

24) 長尾雅人(1982),《攝大乘論-和譯と註解》下, 東京: 講談社, pp.290-293.

있는 그대로의 모습으로 보는 것 즉 공성(空性)·무아(無我)를 체득한 것이 근본무분별지라고 한다면, '후득지'는 이를 토대로 해서 중생에게 대비행(大悲行)을 실천하도록 한다. 유식학에 따르면 '후득지'는 세간에 물들지 않는 청정한 지이다. 곧 '상구보리 하화중생(上求菩提 下化衆生)'이 바로 '후득지'에서 나오는 것이다. 유식문헌은 '후득지'를 증득할 때 나타나는 특징을 다음과 같이 제시한다.

첫째, '후득지'를 증득하게 될 때 진리에 대한 명백한 이해[현관(現觀)]를 하고, 분별이 없는 삼매의 상태를 벗어나서 '내가 이와 같은 것에 통달했다.'는 자각이 일어나서 그것을 상세히 고찰할 수 있게 된다. 둘째, 통달해서 얻은 것을 기억하고 잊어버리지 않는다. 셋째, 통달한 내용을 가르침으로 정립[안립(安立)]해서 사람들에게 설한다. 넷째, 가르침을 총괄적으로 이해[상잡(相雜)]하여 '전의'를 경험한다. 다섯째, 생각한 바대로 이루어진다[여의(如意)].[25]

유식학에 의하면 보살은 '무분별지'의 상태를 넘어서 '후득지'의 경지에 이르게 될 때 그 경험을 자각하고 객관화시켜 언어로 표현할 수 있게 된다. 이 때 형성된 인식 주관과 인식 대상은 일상인들의 '식'의 분화과정에 의해 형성된 인식 주관 및 인식 대상과 다르다. '식'의 분화가 유사하게 이루어진 것 같지만 엄밀하게 살펴보면 인식 주관과 인식 대상으로 분화된 보살의 상태는 범부의 그것과 질적으로 다르다. 즉 욕망에 의해 집착이 가해진 일상인들의 인식 작용과는 달리 보살의 인식 작용은 청정한 상태에서 자신이 깨달은 바를 그대로 보는 작용이다. 보살은

---

25) 《攝大乘論》(T31, 128c12-13), "無分別後智有五種. 謂通達憶持成立相雜如意, 顯示差別故"; 長尾雅人(1982), 《攝大乘論-和譯と註解》下, 東京: 講談社, p.281.

삼매에서 본 내용을 명확하게 이해하고 기억해서 그것을 가르침으로 정립한다. 일상인들이 이기적 욕망에 의해 인식 대상에 대해 분별하고 집착하는 것과 달리 보살은 자신이 인식한 대상을 이타심에 의거해서 표현한다.

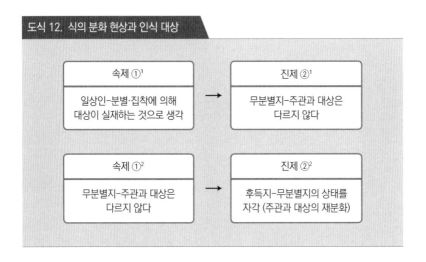

도식 12. 식의 분화 현상과 인식 대상

속제 ①¹	→	진제 ②¹
일상인-분별·집착에 의해 대상이 실재하는 것으로 생각		무분별지-주관과 대상은 다르지 않다
속제 ①²	→	진제 ②²
무분별지-주관과 대상은 다르지 않다		후득지-무분별지의 상태를 자각 (주관과 대상의 재분화)

　도식에 제시된 바와 같이 일상인들의 인식 작용은 '식'의 분화에 의해 형성된 인식 주관이 인식 대상을 분별하고 취착하는 현상을 보인다. 이로 인해 그들은 인식 대상이 실재한다고 생각한다. 한편 오랜 기간 동안 갈고 닦은 수행의 결과 '무분별지'의 경지에 이르게 된 보살은 분화되었던 주관과 대상을 초월한 불이(不二)의 상태에 이른다. 여기에는 주관과 대상의 분화가 없기 때문에 일상 언어로 표현될 수 있는 대상이 존재하지 않는다. 이로 인해 이 경지는 언어를 초월한 상태로 여겨진다. 한편 보살이 '무분별지'를 벗어나 자신이 깨달은 경지를 자각하는 '후득지'를 증득하게 되면 보살에게 다시 '식'의 분화가 발생된다. 이로 인해 인식의

주체와 인식의 대상이 생겨나므로 보살은 자신이 깨달은 바를 언어로 표현할 수 있게 된다.

이와 같은 현상은 도식에 제시된 바와 같이 속제(俗諦)와 진제(眞諦)의 구조로 설명될 수 있다.[26] 일상인들의 인식 작용은 속제①¹에서 이루어진다고 정의된다. 일상인들은 인식 대상을 분별하고 집착하면서 그 인식 대상이 실재한다고 착각한다. 이러한 착각은 개개인의 욕망에 의해 형성된다. 반면 '무분별지'를 증득하면서 나타나는 인식의 상태는 주관과 대상이 구분되지 않은 경지로 정의된다. 이 상태에서는 일상인들의 인식 작용을 일으키는 '식'의 분화가 발생되지 않는다. 인식 주관과 인식 대상이 구분되지 않는 상태이므로 일상 언어로 표현할 수 있는 인식 대상이 존재하지 않는다. 필자는 이 상태를 진제②¹의 상태로 정의해 본다.

한편 '무분별지'와 '후득지'의 관계는 다시 속제①²와 진제②²의 구조로 해석해 볼 수 있다. 즉 '후득지'는 속제①²로 간주된 '무분별지'의 경지를 벗어나 진제②²의 상태로 된 것으로 해석된다. 앞 단계에서 속제 ①¹로 해석된 일반인의 경지와 다음 단계에서 속제①²로 간주된 '무분별지'는 질적으로 다른 위상을 차지한다. 일반인의 경지(속제①¹)와 '무분별

---

26) 필자는 '무분별지'와 '후득지'의 차이에 대한 이해를 돕기 위해 승랑(僧朗, 450-530?)의 이제합명중도설(二諦合明中道說)을 적용시켰다. 승랑은 삼론종(三論宗)의 선구자로서 고구려인이다. 그는 진리를 드러내는 방법으로서 속제(俗諦)와 진제(眞諦)를 합해서 중도(中道)를 밝히는 방법을 제시했다. 승랑의 이제합명중도설은 현상을 3가지 중첩구조로 분석한다. 제일은 유(有)를 속제로 하고 무(無)를 진제로 한다. 제이는 앞의 유와 무를 속제로 하고 불이(不二)를 진제로 한다. 그리고 제삼은 이(二)와 불이(不二)를 속제로 하고 비이비불이(非二非不二)를 진제로 한다. 승랑이 이제합명중도설을 설한 이유는 유(有)와 공(空)의 양변을 떠나 어느 쪽에도 치우치지 않도록 하기 위한 것에 있다고 전해진다. 승랑의 이제합명중도설의 구조에 따르면 제일에서 속제와 진제로 설정된 것 모두가 제이에서는 속제가 되고 둘을 부정한 것이 진제가 된다. 제삼 또한 같은 원리에서 속제와 진제가 정의된다(박종홍(1999), 《한국사상사-불교사상편》, 서울: 서문당, pp.38-53).

지'(속제①)의 관계는 일상인의 경지가 부정된 후 획득된 '무분별지'가 다시 부정되어 '후득지'가 된다는 것을 설명하기 위해 설정한 것일 뿐이다.

보살은 '후득지'를 증득한 진제의 경지에서 '무분별지' 상태에서 본 것을 자각한다. '식'의 재분화가 발생된 것이다. '무분별지'에서 본 것을 인식 대상으로 삼아 이것을 일상 언어로 표현하게 된다. 보살이 자신이 깨달은 내용을 타인에게 언어로 알려줄 수 있는 것은 이와 같이 '식'의 재분화가 발생되었기 때문에 가능하다. 이것은 보살이 자신이 깨달은 상태를 자각하고 이것을 언어로 표현하여 타인과 소통할 수 있게 하는 분화이다.

필자는 일상인들이 인식 작용을 할 때 발생되는 '식'의 분화와 보살 자신이 '무분별지'의 상태에서 본 내용을 자각하는 '식'의 분화는 질적으로 다르기 때문에 '식'의 재분화로 표현했다. 이 과정은 '식'의 분화 → '식'의 미분화 → '식'의 재분화와 같은 경로로 표현된다. 일상인들이 '식'의 분화를 통해 인식 작용을 일으키는 상태가 개개인의 욕망에 의해 형성된 인식 작용이라면 보살은 타인을 위한 자비심에 의해 인식 작용을 일으킨다고 해석해 볼 수 있다. 보살은 '무분별지'의 상태를 벗어나면서 아공(我空)과 법공(法空)을 통찰하게 되어 생사(生死)와 열반(涅槃)의 세계에 대해 집착하지 않게 된다. 그리고 무명(無明)에 의해 이 사실을 알지 못하는 중생들에게 연민을 느끼게 되어 그들을 해탈로 인도하고자 하는 자비심(慈悲心)을 일으키게 된다. 보살은 '무분별지'의 상태에서 본 내용을 기억하고 그 내용을 언어로 표현하여 중생[일상인]과 의사를 소통한다.

'식'이 능동적으로 분화된다는 점에서 일상인과 보살은 유사성을 지닌다. 하지만 그들에게 나타나는 결정적인 차이는 사회적 관계가 자신을 위한 욕망에서 비롯되었는가 아니면 타인을 우선시 했는가에 있다. 보살은 중생들이 해탈에 이르도록 인도하기 위한 마음에서 '식'의 능동적인 분화를 일으켜 자신이 깨달은 바를 언어로 표현한다고 해석해 볼 수 있다.

3) 언어의 유의미성

앞에서 언급한 바에서 알 수 있듯이, 언어의 의미를 결정하는 방식에 대한 이론은 크게 두 가지로 나뉜다. 언어와 대상과의 대응관계가 언어의 의미를 규정한다고 본 이론과 언어와 언어의 관계에 의해 언어의 의미를 설명하고자 한 이론이 그것이다. 실재론은 인식기관이 외부에 존재하는 대상을 받아들여 관념을 형성한다고 보았다. 언어는 대상을 모사(模寫)함으로써 의미를 가진다는 관점이다. 전기비트겐슈타인의 이론에서 이러한 면이 발견된다. 이 이론은 언어와 대상간의 구조적 관계에 의해 언어의 의미가 결정된다고 본다.

반면 후기비트겐슈타인의 이론에 따르면 언어의 의미는 언어와 언어 간의 관계에 의해 결정된다. 언어가 사회 구성원들이 합의한 규칙에 부합할 때 그 언어는 의미를 가진다. 이 이론은 언어가 공동체 구성원들이 만든 틀 내에서 의미를 가진다고 본다. 인도 후기논리학자의 '타의 배제' 이론 또한 언어의 의미는 언어와 대상이외의 것과의 관계 속에서 결정된다고 분석한다. 후기비트겐슈타인의 이론과 인도 후기논리학인 '타의 배제' 이론은 언어가 표현하는 대상에 주로 초점을 두기 보다는 언어와 대상 및 공동체가 가지고 있는 언어의 규칙을 모두 고려하고자 한다. 본 논의에서는 유식학에서 언어의 유의미성은 어떻게 결정되는 지에 대해 고찰해 보자.

(1) 공동체의 규칙과 언어 간의 정합성

① 언어의 유의미성 결정 방식

앞에서 살펴보았듯이, 유식학에서 인식 작용은 '식'이 주관과 대상으로 분화되면서 시작된다. 인식 주관은 인식 대상에 대해 파악한 내용을 언어로 표현한다. 이 때 언어의 의미는 사회공동체의 규칙에 부합하는 언어와 '식'의 변형체인 인식 대상과의 관계에 의해 결정된다. 언어의 대상은 외부에 실재하는 존재가 아니라 단지 '식'이 변형된 것일 뿐이다.

후기비트겐슈타인 이론에 의하면 사회 공동체의 규칙에 언어가 부합하는지의 여부에 의해 언어의 의미가 결정된다. 이 이론은 대상과 언어가 구조적으로 일치하는 데 주목하기보다 사회적 합의를 거친 규칙과 언어의 관계에 주목한다. 후기비트겐슈타인은 언어가 실재하는 대상을 반영한다는 관점에 대해 비판적이다.

한편 유식학은 무아론에 의거해서 언어와 대상의 관계를 설명한다. 유식학은 언어의 대상을 가변적인 존재라고 본다. 언어의 대상은 '알라야식'에 축적된 잠재적 인상(印象)이 성장하여 명확한 형태를 띠게 되면서 그것이 대상으로 포착된 것이다. 언어의 대상은 '식'이 변형된 것으로서, 인식 주관에 의해 파악된 표상['식'의 변형체]이 언어로 표현된 것이다.

《유식이십론(唯識二十論)》에 의하면, 꿈속에서 외부에 대상이 존재하지 않아도 인식 작용이 일어나듯이, 꿈에서 깨어난 상태에서 인식하는 작용 또한 마찬가지의 원리에 의해 일어난다. 즉 인식 작용은 인식 주체가 표상을 파악하면서 발생된다. 표상은 마음에 잠재되어 있는 인상이 성숙하면서 생겨난 것이다. 우리가 일반적으로 외계의 대상에 대해 생각하는 것은 사실 표상에 지나지 않는다. 마음은 그 표상을 지각하지만, 그것은 외계에 실재하는 것을 기반으로 생겨난 것이 아니고 선행하는 마음에

의해 순간적으로 발생된 것이다.[27]

《유식이십론》은 꿈의 비유를 통해 표상은 외부대상에 의해 형성된 것이 아니라 잠재적 인상에 의해 만들어진 것이라고 논하고 있다. 꿈속에서는 실재하는 대상이 없어도 표상이 생생하게 나타난다. 꿈에서 깨어난 상태에서 발생되는 인식 작용 또한 인식 주체가 잠재적 인상이 현현한 표상을 파악하는 것이라고 보는 것이다.

이 관점에 따르면 언어는 마음에 나타난 표상을 표현하게 되는 것이다. 유식학은 이 현상이 요가행자에 의해 자각된다고 본다. 요가행자는 자신이 본 내용을 언어로 표현하여 타인에게 전달할 때 언어의 대상이 순간적인 존재임을 자각할 수 있게 된다. 인식 주체가 찰나적인 존재를 포착하여 언어로 표현할 때, 언어의 대상은 실체로서 존재하는 것이 아님을 통찰한다.

한편, 후기비트겐슈타인은 언어의 대상에 대한 성격을 '게임'을 예로 들어 설명한다. '게임'에는 장기게임, 카드게임, 배구나 축구게임이 있다. 이 게임에는 본질적으로 규정할 수 있는 완전한 실재가 존재하지 않는다. 즉 모든 게임을 게임이라고 부를 수 있는 공통된 대상이 실재하는 것이 아니다. 다만 유사성만 있을 뿐이다. 비트겐슈타인의 《철학적 탐구》는 이것을 다음과 같이 설명한다.

---

27) 《唯識二十論》(T31, 76c07-17), "頌曰. 未覺不能知 夢所見非有. 論曰. 如未覺位. 不知夢境非外實有.覺時乃知. 如是世間虛妄分別串習惛熟如在夢中. 諸有所見皆非實有. 未得眞覺不能自知. 若時得彼出世對治無分別智. 乃名眞覺. 此後所得世間淨智現在前位. 如實了知彼境非實. 其義平等. 若諸有情. 由自相續轉變差別. 似境識起. 不由外境爲所緣生. 彼諸有情. 近善惡友聞正邪法. 二識決定. 旣無友教此云何成.非不得成."

66. 우리가 '게임'이라 부르는 것을 생각해 보자. 장기게임, 카드게임, 구기게임, 올림픽게임 등을 말이다. 이들 모두에 공통된 점은 무엇인가?- 이렇게 말할 수는 없다 : 〈이들 모두에 공통점이 있지 않으면 안 된다. 없다면 이들은 '게임'이라 불리지 않을 것이다.〉- 그러나 이들 모두에 공통점이 있는가 없는가를 보고 판단해야 한다. 이들을 여러분이 관찰할 때 어떠한 공통점도 보지 못할 것이다. 보이는 것은 이들의 관계와 유사점들이다. 반복해서 말하자면 있어야 한다고 생각하지 말고 있는가를 관찰해 보아야 한다. 장기게임들의 여러 가지 관계를 관찰하고 카드게임으로 가 보자. 첫째 그룹과 많은 대응점들을 발견하지만 장기게임들이 서로 가지고 있는 공통점들은 여기에선 없고 다른 공통점들이 나타난다. 구기게임에서 보면 어떤 공통점은 남아 있고 어떤 공통점은 사라진다. 모든 게임들은 즐거운 것인가? 장기를 오목게임과 비교해 보자. 모든 게임에는 항상 승부가 있는가? 또는 게임을 하는 사람들 사이에 경쟁이 있는가? 인내를 생각해 보자. 구기게임에는 승부가 있다. 그러나 한 아동이 자기의 공을 벽에 던지고 그 공을 다시 집고 할 때에는 이 승부의 측면은 없어진다… 이러한 식으로 우리는 많은 게임들에 대해 생각해 볼 수 있다. 이 조사의 결과는 이러한 것이다. 비슷한 점이 얽히고 교차되는 복잡한 그물의 조직, 어떤 때는 전반적으로 비슷하기도 하고 어떤 때는 상세한 점에서 비슷하기도 하는 그러한 조직을 보게 된다는 것이다.[28]

인용문에 나타난 바와 같이 언어가 지시하는 대상은 '게임'들 사이에 존재하는 유사성뿐이다. 이것은 '책상'의 이데아가 존재해서 '책상'이라

---

28) 서광선·정대현 편역(1983), 《비트겐슈타인》, 서울: 이화여자대학교출판부, p.154.

는 언어가 그 이데아를 지시한다고 보는 플라톤의 이론과 견해를 달리한다. 후기비트겐슈타인은 언어는 본질적인 형상 즉 실재하는 대상을 표현하는 것이 아니라 '가족유사성'에 나타나듯이 그 유사성만 표현할 뿐이라고 본다.

> 67. 나는 이 비슷한 점들을 나타내는데 있어서 '가족유사성(family-resemblance)' 보다 더 나은 언어 표현을 생각해 낼 수 없다. 왜냐하면 한 가족의 여러 성원들 간의 여러 가지 닮음, 가령 체격, 용모, 눈의 색, 걸음걸이, 기질 등은 같은 방식으로 중복되고 겹치기 때문이다. 그러므로 게임들은 하나의 가족을 이룬다고 말하게 되는 것이다.[29]

후기비트겐슈타인 이론이 제시하고 있는 언어의 대상은 가족 구성원 간에 존재하는 유사성이다. 가족은 아버지, 어머니, 오빠, 동생 등 여러 사람으로 구성되어 있다. 가족 구성원들은 각자 개성을 가지고 있다. 하지만 그들은 비슷한 공간에서 오랜 시간 동안 생활하면서 비슷한 습관 및 용모를 갖추게 된다. 가족이라는 단어는 이러한 유사성을 표현한다. 이것은 게임으로 비유될 수 있다. 게임에는 농구, 배구, 야구, 축구 등 여러 게임이 있다. 이 게임들은 각각의 특성을 가지고 있다. 하지만 여기에는 이 게임들은 구기종목이며 일정한 규칙을 가지고 게임이 진행된다는 유사성이 나타난다. 이러한 유사성이 게임이라는 단어의 의미를 형성한다고 해석해 볼 수 있다.

후기비트겐슈타인 이론에 의하면 언어는 대상의 본질적인 면을 표현

---

29) 서광선·정대현 편역(1983), 앞의 책, p.154.

함으로써 유의미하게 되는 것이 아니다. 유사성을 표현한다는 것은 언어에 의해 표현된 의미가 공동체마다 달라질 수 있음을 말한다. 언어의 의미는 공동체의 규칙에 의거해서 정의되며 그 언어는 사용되는 맥락에 따라 의미하는 바가 달라질 수 있다는 것이다. 후기비트겐슈타인은 다음의 예를 통해 이 관점을 보이고 있다.

239. 그가 '빨강'이라는 말을 들을 때, 그는 자기가 어떤 색을 골라야 하는지를 어떻게 알까?- 매우 간단하다: 그는 그 낱말을 들을 때 자기에게 떠오르는 상(像)이 지닌 색을 택해야 한다. -그러나 어떤 색이 '자기에게 떠오른 상이 지닌' 것인지를 그는 어떻게 알까? 이를 위해 더 이상의 기준이 필요한가?(물론, … 라는 낱말을 들을 때 어떤 사람의 머릿속에 떠오른 색을 고른다고 하는 과정은 존재한다.) ''빨강'은 '빨강'이란 낱말을 들을 때 나에게 떠오르는 색을 의미한다는 하나의 정의(定義)일 것이다. 낱말에 의한 지칭의 본질에 대한 설명은 아니다.[30]

인용문에 나타난 바와 같이 '빨강'이라는 단어를 자신의 마음에 떠오른 영상에 부여할 때 그 낱말은 사회 속에서 정의된 언어이며 그것은 본질적인 대상을 지칭하는 것이 아니다. 유식학에서 마음에 비친 영상에 어떤 개념을 부여할 때 '사회적 자아'가 합의한 규칙에 의거하듯이 후기비트겐슈타인 또한 같은 맥락에서 대상에 언어를 부여한다.
241. '그러니까 당신의 말은 사람들의 일치가 무엇이 옳으며 무엇이 잘못인지를 결정한다는 것인가?'- 사람들이 말하는 것은 옳거나 잘

---

30) 루트비히 비트겐슈타인(2011),《철학적 탐구》, 이영철 역, 서울: 책세상, p.163.

못이다 ; 그리고 언어에서 사람들은 일치한다. 이것은 의견들의 일치가 아니라, 삶의 형태의 일치이다.[31]

후기비트겐슈타인의 이론에서 삶의 양식은 공동체 구성원들이 합의를 이끌어 내는 토대가 된다. 규칙은 공동체 생활을 하면서 습득된 삶의 양식에서 나온다. 공동체 구성원들은 함께 생활하는 동안 규칙을 자연스럽게 몸에 습득한다. 이 규칙에 부합하는 언어로 대상을 표현할 때 그 언어는 유의미하게 된다. 유식학의 '명언훈습종자'와 같이 '생활양식'은 공동체 속에서 몸과 마음에 습득된 가치관 및 관습이 되며 행동을 하는데 준거가 된다.

이 관점에 의하면 언어는 삶의 양식에 토대를 둔 규칙에 부합할 때 그 언어가 의미하는 바를 타인에게 명확하게 전달할 수 있다. 공동체가 합의한 규칙에 언어가 정합적으로 부합할 때 화자와 청자 간의 의사소통이 원활하게 이루어진다. 즉 '사회적 자아'가 공동체의 규칙에 부합하는 언어로 인식 대상을 표현할 때 타인은 그 내용을 잘 이해하게 된다.

이상의 논의에 의하면 유식학에서 언어와 대상과의 관계는 결국 '식'에 의해 형성된 인식 대상과 언어의 관계로 해석된다. 화자와 청자가 공유하는 인식 대상은 공동체의 결과물인 '명언훈습종자'가 현현함으로써 형성된 것이다. 화자는 이 대상을 언어로 표현하여 청자에게 전달한다. 언어행위는 공동체에서 형성된 언어가 인식 대상을 표현하여 타인에게 전달하는 과정이다. 이 행위에 의해 언어의 의미가 전달된다. 공동체의 규칙에 부합하는 언어로 대상을 표현할 때 원활한 의사소통이 형성된다.

---

31) 루트비히 비트겐슈타인(2011), 앞의 책, p.163.

결국 원활한 의사소통이 가능하기 위해서는 사용하는 언어가 유의미해야 한다는 결론이 도출된다. 유식학은 언어가 공동체에서 형성된 규칙에 부합할 때 그 언어는 유의미하다고 본다. 후기비트겐슈타인이 제시한 바와 같이 공동체의 규칙에 부합하는 언어로 내용을 전달할 때 타인에게 그 의미가 정확하게 전달될 수 있다.

② 보살과 중생의 관점에서 본 언어의 정합성

지금까지 주로 일상생활에서 나타나는 언어현상을 중심으로 언어가 어떻게 의미를 획득하는 지에 대해 살펴보았다. 불교는 일상인의 심리를 비롯해서 수행에 이해 도달하는 이상적인 모델인 보살의 심리상태도 묘사하고 있다. 따라서 이번에는 보살의 언어는 어떻게 그 의미를 갖게 되는지에 대해 알아보자.

주지하듯 보살은 깨달은 상태에 홀로 머물기 보다는 타인과 더불어 깨달음을 공유하고자 한다. 그는 자신이 깨달은 바를 중생에게 알려주려는 마음을 일으킨다. 이 때 그 내용이 중생에게 잘 전달되기 위해서는 중생이 사용하는 일상 언어로 표현해야 한다. 앞에서 논의된 바와 같이 보살은 언어를 초월한 경지인 무분별지를 넘어 후득지를 증득한다. 이 과정에서 보살은 자신이 깨달은 바를 일상의 언어로 표현할 수 있게 된다.

보살의 특성은 성문승과 비교해 볼 때 보다 명확하게 드러난다. 성문지는 범부(凡夫)가 수행을 시작한 후 얻게 되는 경지이다. 이 경지는 보살 이전의 단계이다.

성문지와 보살지에는 어떤 차이가 있는가? 5가지 차이가 있음을 알아야 한다. 첫째는 분별하지 않음에 차이가 있다. [성문승과 달리 보살은 5가지]온 등의 법에 대해 분별하지 않기 때문이다. 둘째는 조금이라도 부분적이지 않음에 차이가 있다. [보살은] 진여에 통달하고, 일체의 알아야할 것에 깨달아 들어가며, 널리 일체의 중생을 이끄는데에 있어서 조금이라도 부분적이지 않기 때문이다. 셋째는 머무르지 않음에 차이가 있다. [성문승은 열반에 머무르지만 보살은] 열반에 머무르지 않기 때문이다. 넷째는 궁극적인 차별이다. [성문과 달리 보살의 덕은] 무여열반 중에도 멸하지 않기 때문이다. 다섯째는 위가 없음에 차이가 있다. 이 위에 [이것보다] 뛰어난 것이 없기 때문이다. 여기에 게송이 있다. '자비를 체로 삼고 5가지 매우 뛰어난 지혜로 인해 세간과 출세간에 대해 원만하여 이에 고원하게 설한다.'[32]

인용문에 나타난 바와 같이 《섭대승론본(攝大乘論本)》은 성문과 보살의 차이를 5가지로 제시하고 있다. 성문승은 5온에 관한 교설에 대해 여러 가지 분별을 가하여 이해하지만 보살은 무문별지로써 그 교설을 파악한다. 즉 분별을 가하지 않은 지혜에 의해 교설의 내용을 이해한다. 성문승은 인무아(人無我)만을 깨달았기 때문에 부분적인 깨달음을 얻었다고 알려져 있다. 반면 보살은 인무아와 법무아(法無我)를 모두 깨달았기 때문에 완전한 깨달음의 경지에 이르렀다고 본다. 또 다른 차이점은 성문승은 열반에 머물러 있고자 하지만 보살은 열반에 대해 집착하지 않는다는

---

32) 《攝大乘論本》(T31, 148b21-148c01), "聲聞等智與菩薩智 有何差別. 有五種相 應知差別. 一有無分別差別 謂於蘊等法無分別故. 二有非少分差別 謂於通達眞如 入一切種所知境界 普爲度脫一切有情 非少分故. 三有無住差別 謂無住涅槃爲所住故. 四有畢竟差別 謂無餘依涅槃界中 無斷盡故. 五有無上差別 謂於此無有餘乘勝過此故. 此中有頌 諸大悲爲體 有五相勝智 世出世滿中 說此最高遠."

것이다. 보살은 열반에 집착하지 않기 때문에 생사(生死)의 세계와 열반에 대해 자유롭다. 즉 세간과 출세간을 자유롭게 넘나든다. 이 경지에 이르렀기 때문에 보살은 자신이 깨달은 바를 일상 언어로 중생에게 전할 수 있게 된다. 유식학에 따르면 성문승은 완전한 열반[육체의 소멸]에 이르게 될 때 궁극적으로 소멸한다. 하지만 보살은 완전한 열반에 이르게 되어도 법신(法身)이 무한히 활동한다. 법신은 수용신, 변화신 등의 형태로 변하면서 무한하게 전개된다고 설명한다. 유식학에서 보살은 이와 같이 최고의 경지에 이른 자로 간주된다. 반면 성문승은 그 위에 독각승, 보살승 등이 존재하기 때문에 최고로 뛰어난 경지에 이른 자는 아니다.[33]

이와 같은 경지에 이르기까지 보살은 무분별지와 후득지를 증득하는 경험을 한다. 주지하듯 무분별지에서는 인식의 주체와 인식 대상이 구분되지 않는다. 따라서 일상의 언어로 표현될 대상이 존재하지 않는다. 무분별지를 증득한 상태는 언설을 초월한 경지가 된다. 하지만 보살은 무분별지에 그치지 않고 후득지를 증득하게 된다. 이때부터 보살은 세간과 출세간으로부터 자유로워진다. 후득지를 증득한 보살은 열반에 집착하지 않기 때문에 진여의 경지를 벗어나되 마음이 산란하거나 불안하지 않다. 또한 세속에 대한 집착이 이미 끊어졌기 때문에 타인과의 관계가 자유롭다.

일상인들은 자신의 욕망에 의해 대상을 인식하고 그것에 대해 집착하지만 보살은 자신이 깨달은 바를 명확히 인식하고 이것을 언어로 표현하되 타인을 배려한다. 보살은 열반에 도달해서 그곳에 안주할 수 있었지만 자발적으로 중생을 구도하겠다는 의지를 낸다. 보살은 중생을 열

---

33) 長尾雅人(1982), 《攝大乘論-和譯と註解》下, 東京: 講談社, pp.290-293.

반에 이르도록 도와주겠다는 마음에서 열반에 머무르지 않고 다시 세속에서 중생과 의사를 소통한다.

이상의 논의에 따르면, 보살은 자신이 자각한 내용을 중생들에게 전할 때, 중생과 소통하기 위해 보살 그 자신과 중생이 속한 사회의 규칙에 의거해 언어를 구사한다. 보살에게 있어서 이 과정은 앞에서 살펴본 바에 의하면 '식'의 재분화로부터 시작된다. 이 때 형성된 인식 주관은 인식 대상 즉 깨달음의 세계를 언어로 표현하여 그것을 중생에게 전달한다. 그가 언어를 사용하는 일차적 이유는 중생을 제도하고자 하는 데 있다. 이것은 타인과 더불어 자신이 깨달은 내용을 타인과 공유하고자 하는 행위로 이어진다. 보살은 중생과 사회적 관계를 맺어 그 자신의 이름을 알리려고 한다거나 중생들로부터 추앙을 받고자하는 마음을 가지지 않는다. 자신이 깨달은 바를 중생에게 알려줌으로써 중생들이 열반의 경지에 이르도록 하는 자비의 마음에서 중생과 소통하고자 한다. 중생이 타인과 의사를 소통할 때 자신의 이익을 우선시 한다면, 보살은 타인을 배려하여 그가 열반에 도달하게 하고자 하는 동기에서 타인과 의사를 소통한다. 보살은 이 점에서 중생과 차이를 보인다.

(2) 타의 배제 원리에 내재된 언어의 유의미성 문제
① 타의 배제 원리로 본 심상과 언어

《유식삼십론송(唯識三十論頌)》은 '심상(心像, saṃjña)'과 언어의 본질에 대해 다음과 같이 논한다.

아와 법을 가설(upācāra)함으로 인해 갖가지 모습들이 생겨난다. 그것은 식의 전변에 의한 것이다. 이 능변식은 오직 세 종류이다. [그것은]

이숙식과 사량식 및 요별경식 등을 말한다.[34]

인용문에 따르면 인식 주관에 의해 포착된 것이 언어로 표현될 때 그 대상은 가설(upācāra)된 것으로 간주된다. 이 말에는 언어는 고정된 대상을 표현한 것이 아니라는 관점이 내재해 있다. 같은 맥락에서 안혜(安慧, A.D. 510-570)는 '심상'에 대해 다음과 같이 정의한다.

> 심상은 '대상'의 상(nimitta, 相)을 드러내는 것이다. '대상'은 인식 대상 (ālmbana)이다. '상'이란 그 [인식 대상]의 차별성으로 '파랑' '노랑' 등이 라고 인식 대상을 확정하는 원인이 된다. '이것은 파랑이지 노랑이 아니다'라고 그것[대상의 상]을 '드러낸다'. 즉 현현한다.[35]

인용문에 의하면 '심상'은 단순히 마음에 나타난 영상만을 의미하는 것이 아니라 다른 것과 구별하는 기능을 포함한다. 인식 주관에 의해 포착된 인식 대상이 다른 대상과 차별될 수 있는 것은 그 인식 대상이 가지고 있는 특성 때문이다. 안혜에 따르면 내가 포착한 인식 대상이 다른 것과 구분될 수 있는 것은 그 인식 대상이 '노랑'이 아니라 '파랑'이기 때문이다. 그 인식 대상이 '노랑'과는 다른 특질 즉 '파랑'임을 드러내는 것이 '심상'이다. 즉 '심상'이란 인식 대상이 갖고 있는 다양한 특질들 가운데

---

34) 《唯識三十論頌》(T31, 60a27-29), "由假說我法, 有種種相轉, 彼依識所變, 此能變唯三. 謂異熟思量, 及了別境識."

35) TK(Bh) p.21, ll.2-4, "saṃjñāṃ viṣaya-nimittodgrahaṇaṃ/ viṣaya ālambanaṃ /nimittaṃ tadviśeṣo nīlapītādy-ālambana-vyavasthā-kāraṇaṃ/ tasyodgrahaṇaṃ nirūpaṇaṃ nīlam etan na pītam iti/"

어떤 한 특질을 포착하여 다른 특질을 배제시키는 마음의 기능을 포함한다. '심상'은 인식 주관으로부터 완전히 독립된 것을 대상으로 하는 것이 아니라 우리 인식 주관에 의해 포착된 대상 즉 인식범위 안에 들어온 대상과 다른 대상과의 차별성을 통해 규정된다.

이 관점은 언어의 의미가 결정되는 방식을 보여준다. 즉 유식학에서 언어의 의미는 다른 것과의 관계 속에서 결정됨을 시사한다. 안혜의 논리를 따르면 '파랑'이라는 개념은 '파랑'을 상으로 가진 독립적인 대상을 지시하는 것이 아니라 '파랑'이외의 다른 것과의 관계 속에서 논의된다. 즉 '파랑'이라는 의미는 다른 것을 배제함으로써 형성되는 것이다.

이와 관련된 내용은 인도 후기 인식논리학자인 디그나가의 '타의 배제'론에서 구체적으로 제시된다.

주지하듯 디그나가는 언어의 의미는 다른 개념과의 관계 속에서 결정된다는 입장을 보였다. 그의 '타의 배제'론에 의하면 언어의 의미는 언어와 대상 간의 대응관계에 의해 결정되는 것이 아니라 언어가 지시하는 대상이외의 것에 의해 배제됨으로써 형성된다.

언어는 타의 부정에 의해 한정된 것을 나타낸다.[36]

언어의 의미는 대상을 지시함으로써 형성되는 것이 아니라 지시대상이외의 것에 의해 부정됨으로써 성립된다. 여기에는 언어가 지시하는 대상이 실체로서 존재하는 것이 아님을 보이고자 한 디그나가의 전략이 있다. 언어의 의미가 타자에 의해 배제됨으로써 성립된다는 것은 타자와

---

36) PS, V. k.36cd, "śabdo 'rthāntaranivṛttiviśiṣṭān eva bhāvān āha//"

의 관계를 떠나서는 언어의 의미가 형성될 수 없음을 의미한다. 디그나가는 언어의 의미는 단독으로 존재하는 대상을 표시함으로써 결정되는 것이 아니라, 다른 것과의 연관 속에서 그 의미가 규정된다고 본 것이다. 다음 글은 이런 관계가 성립되는 이유를 잘 설명하고 있다.

> 표현된 것[대상]은 다양하지만 언어에 의해 모두 파악되는 것은 아니다. 그것[언어]은 자신의 [대상과의] 결합관계에 따라서 [타의] 배제라는 효과를 나타낸다.[37]

예를 들면 '여기에 사과 한 개가 있다'라고 할 경우 표시 대상은 '부사', '사과', '실체(dravya)', '지원소성(地元素所成, pārthiva)', '존재물(sat)' 등의 언어로써 표시될 수 있다. 이 언어는 모두 '동일한 사과'를 표시한다. 이와 같이 언어는 실제로는 그 일부만을 표시한다. 하나의 언어로서 그 '사과'가 갖는 여러 성질을 동시에 표시할 수는 없다. 만약 있다면, 그때는 다수의 언어는 모두 동의어(paryāya)든가 그 사과가 단일다원의 실재이어야만 하는데 그러한 실재는 있을 수 없다. 각각의 언어가 의미하는 바는 그 언어가 지시대상을 표현할 때 다른 것에 의해 배제됨으로써 드러나는 것이다. 만약 언어가 대상과 대응함으로써 의미를 갖는다고 정의한다면 위와 같은 다양한 언어가 동일 대상과 대응한다는 결론에 이르게 된다. 디그나가는 이와 같은 논점의 한계를 파악하고 대상과 대상이외의 관계를 통해서 언어가 의미를 갖게 되는 과정을 설명하고자 했다. 디그

---

37) PS, V. k.12, "bahudhāpy abhidheyasya na śabdāt sarvathā gatiḥ/ svasaṃbandhānurū- pyeṇa vyavacchedārthakāry asau//"

나가는 이것을 인식 작용과 관련해서 다음과 같이 기술하고 있다.

> 언어는 추리와 다른 인식수단이 아니다. 즉 그것[언어]은 소작성
> (kṛtakatva)등과 같이 자기대상(svārtha, 언어의 대상)을 타의 배제에 의해
> 나타낸다.[38]

인용문에서 발견할 수 있듯이 디그나가는 '추리'라는 인식수단에 의
해 언어와 대상과의 관계를 설명한다. 그의 이론에 의하면 추리된 언어
는 외부의 대상과 대응되는 것이 아니다. 예를 들면 '저 산에 불이 있다'
고 할 때, 연기를 증인(liṅga)으로 하여 '불'을 추리할 경우 '산의 불'은 '뜨
거움'과 같은 성질을 갖는 실재하는 불이 아니라 각각의 불에 공통하는
'불' 일반을 의미한다. 그런데 이 '불' 일반은 이데아와 같은 초월적인 대
상을 가리키는 것이 아니다. 디그나가에 의하면 이 언어는 '불이 아닌 것
의 부정' 즉 타[불 이외의 것]의 배제에 의해 의미를 가지게 된다. 여기서 '타
의 배제'라는 말은 언어의 의미가 독립적으로 결정되는 것이 아니라 다
른 것과 관련되어 정의된다는 것을 말한다. 즉 '불'이 의미하고자 하는
바는 '불'이외의 것에 의해 배제됨으로써 그 의미가 드러난다. 디그나가
는 '불'과 '불이외의 것'과의 관계를 통해 '불'의 의미가 정의된다고 본
것이다.

이상에서 본 바와 같이 '타의 배제' 이론은 언어와 '심상'의 관계를
언어와 언어의 관계로 해석할 수 있게 한다. '타의 배제'이론은 '심상'을

---

38) PS, V. k.1, "na pramāṇāntaraṃ śabdam anumānat tathā hi tat/kṛtakatvādivat svārtham
anyāpohena bhāṣate//"

표현하고 있는 언어가 다른 것과의 관계를 통해 그 의미성을 확보할 수 있음을 보여준다.

② 타의 배제 원리로 본 수행 경험의 표상과 언어

일상 언어를 사용할 때 발생하는 마음의 작용은 화자와 청자 간의 상호 관계에 의해 형성된다. 말하고자 하는 자[화자(話者)]가 '심상'을 떠올리게 되면 화자는 사회에서 통용되는 규칙에 따라 이 '심상'에 이름을 부여하여 음성으로 상대방[청자(聽者)]에게 전달한다. 청자는 말하는 자의 소리를 듣고 마음에 '심상'을 떠올려 그 의미를 이해하게 된다. 청자가 화자의 언어를 듣고 그 의미를 이해 할 수 있는 것은 사회의 규칙을 잘 알고 있기 때문이다.

앞에서 살펴보았듯이, 이 현상은 '알라야식'에 존재하는 '명언훈습종자'의 현현으로 해석된다. '명언훈습종자'에 의해 형성된 인식 주관은 인식 객관인 '심상'을 파악하여 타인에게 그것을 전달한다. 그 말을 전해들은 청자는 자신의 마음에 '심상'을 떠올리게 된다. 이 때 타인이 그 내용을 이해할 수 있는 것은 말하는 자와 인식 대상을 공유할 수 있는 기본 여건을 가지고 있기 때문이다. 화자와 청자는 공동의 '생활양식'을 '명언훈습종자'의 형태로 '알라야식'에 보유하고 있기 때문에 상호간 의사소통이 가능해진다.

《섭대승론》에서는 다음과 같이 분석하여 '알라야식'이 이러한 현상을 설명할 수 있는 근거가 된다는 것을 보여준다.

이 중에서 '특징[相貌]'에 의한 구별은 바로 그것['알라야식']의 공통된 특징과 공통되지 않은 특징과 감각이 없이 발생하는 종자를 특징으

로 하는 것과 감각을 동반하여 발생하는 종자를 특징으로 하는 것이
다.[39]

인용문에 의하면 '알라야식'에 있는 '종자'는 개별적인 특성을 의미
하는 '불공상' 및 공통의 특성을 의미하는 '공상'의 기능을 가지고 있다.
이로 인해 '종자'는 개개인의 특수한 인식 작용을 일으키기도 하지만 타
인과 더불어 공통된 인식 작용을 일으키기도 한다.

　주지하듯 인간은 타인과 관계를 형성하면서 다양한 형태의 인식 작
용을 일으킨다. 그 결과는 '알라야식'에 '명언훈습종자'의 형태로 저장되
어 있으면서 여러 조건에 의해 공통의 인식 대상으로 다시 전환된다. 공
동체의 고유한 특성이 반영된 '사회적 자아'의 '표상'은 공동체의 규칙
에 부합하는 언어에 의해 공동체 구성원에게 전달된다. 이 과정이 반복
되면서 구성원간의 유대관계는 강화된다. 여기서 '표상'은 '사회적 자아'
의 인식 대상을 의미한다. 인식 주관에 떠오른 '심상'이 언어로 표현되어
타인에게 전달될 때 인식 주관은 '사회적 자아'로서의 역할을 하게 된다.
이 때 '사회적 자아'의 인식 대상을 '심상'과 구분하여 '표상'이라고 부른
다.

　문화는 이와 같은 예를 잘 보여준다. 특히 한국문화는 한국인들이 오
랫동안 공유한 전통 및 가치관에 의해 형성된 것이다. 긴 역사를 통해 형
성된 문화는 한국인들이 서로 공감할 수 있는 여건을 형성한다. 추석이
나 설날과 같은 명절에 한국인은 송편을 빚고 떡국을 끓인다. 그리고 조

---

39) 《攝大乘論本》(T31, 137b11), "此中緣相差別者. 謂卽意中我執緣相. 此若無者.
　　染汚意中我執所緣應不得成. 此中相貌差別者. 謂卽此識有共相. 有不共相. 無受生種子相.
　　有受生種子相等."

상께 차례를 지내고 아이들은 어른들께 세배를 한다. 이러한 문화는 오랫동안 전승되어온 전통 속에서 형성된 것이다. 한국인들은 이 전통을 계승하면서 서로간의 유대관계를 공고히 한다.

공통의 문화를 통해 유대관계가 공고해지는 경우는 한국을 떠나 외국에 갔을 때 명확하게 나타난다. 외국인과 이야기를 나눌 때 우리는 대부분 그 상황에 필요한 것만을 이야기한다. 외국인과는 공감대가 쉽게 형성되지 않는다. 하지만 같은 한국인을 만났을 때 우리는 곧 서로에게 친숙한 느낌을 공유하게 된다. 같이 식사를 할 때 김치찌개에 관한 이야기를 나누면서 우리는 서로 공감대를 형성한다. 이것은 외국인과 나눌 수 없는 내용이다.

이 현상은 의사소통이 자연스럽게 형성되는 요인을 보여주는 하나의 사례이다. 타인과 공감대가 쉽게 이루어지는 것은 그들 사이에 공통의 경험 내용이 존재하기 때문이다. 김치를 만드는 법, 김치를 만들 때 어떤 재료가 좋은지에 대한 정보는 한국의 문화전통 속에서 오랜 기간 동안 생활한 자들이 대부분 공통으로 인식하고 있는 내용이다. 화자는 이러한 공통의 인식 대상을 언어로 표현하여 청자와 공감대를 만든다. 이 때 화자가 표현한 언어는 '사회공동체에서 합의된' 언어이다.

다르마키르티는 다음과 같이 인식의 대상을 표현하는 언어의 기능을 사회적 협약에 의해 설명하고 있다. 그에 의하면 언어의 표시기능은 구체적으로 언어협약과 언어활동 두 가지로 나누어진다. 즉 언어는 사회구성원들의 약속에 의해 정해진 규칙에 따라 대상을 표시하며, 언어활동을 통해 사회구성원들이 의사를 소통할 수 있게 한다.

언어는 약속된 것을 전하는 것이고 그것[약속된 것]은 언어활동을 위한

것이라고 생각한다.[40]

언어는 약속된 것을 전하여 화자와 청자가 서로 사회적 관계를 유지하게 한다. 다르마키르티에 의하면 이때 개별상은 언어의 협약대상이 될 수 없다. 추론에 의해 형성된 일반상만이 언어의 대상이 된다. 일반상을 언어로 표현할 때 이것은 사회 속에서 협의된 규칙에 따른 것이다.[41] 다음의 글은 이러한 논의를 잘 보여준다.

> [약속된 언어에 의해 언어 작용이 이루어질] 그 때에 [그 언어가 협약될 때 이 존재(대상)와 동일한] 개별적인 상(svalakṣaṇa)은 있을 수 없다. 따라서 언어협약은 개별적인 상에 대해서 성립할 수 없다.[42]

언어는 사회적 약속에 의해 형성된 것이다. 다르마키르티는 언어가 정해질 때 이 언어와 동일한 개별적인 상은 존재하지 않기 때문에, 개별적인 상은 언어의 대상이 될 수 없다고 생각했다. 언어로 표시되는 대상은 추리에 의해 형성된 일반적인 상이다. 이것이 언어로 표시됨에 따라 '타의 배제'라는 추리가 또 가미되게 된다.

---

40) PV, I. k.92ab, "śabdāḥsaṁketitaṁ prāhur vyavahārāya sa smṛtaḥ/"

41) 다르마키르티는 인식수단(pramāṇa, 量)에는 직접지각(pratyakṣa, 現量)과 추리(anumāna, 比量) 2가지만 있다고 보았다. 그에 의하면 인식 대상(prameya, 所量)은 개별상(svalakṣaṇa, 自相)과 일반상(sāmānyalakṣaṇa, 共相) 두 가지가 있으며, 직접지각은 개별상을, 추리는 일반상을 그 대상으로 한다(전치수(1987), 〈언어의 표시대상(śabdārtha)-Apoha, Sāmānya〉,《한국불교학》12권, p.174).

42) PV, I. k.92cd, "tadāsvalakṣaṇam nāsti/ saṁketas tena tatra na/"(전치수(1987), 앞의 논문, p.178).

언어는 추리된 일반상을 표시하기 때문에 언어는 실재하는 개체에 대응하는 것이 아니다. 이렇게 표시된 언어는 '타의 배제' 원리에 의해 그 의미를 갖게 된다. 언어협약의 대상, 즉 언어의 표시대상은 다른 대상에 의해 배제됨으로써 의미를 갖게 된다.

'사회적 자아'가 공통의 인식 대상 즉 '표상'을 언어로 표현하여 의사를 소통하게 되는 과정 또한 이 원리에 의해 설명될 수 있다. '식'이 분화되어 형성된 '표상'이 언어로 표현되는 것은 '식'에 존재하는 '명언훈습종자'의 현현에 의한 것이다. '명언훈습종자'에는 사회에서 협의된 언어규칙이 내재해 있다. 이 규칙에 부합하는 언어에 의해 '표상'이 표현되는 것이다. '타의 배제' 원리에 따르면 '표상'을 표현한 언어는 '표상'이외의 다른 것에 의해 배제됨으로써 의미를 갖게 된다. 이로 인해 '사회적 자아'는 그 의미를 타인에게 전달할 수 있게 된다.

소결

　'문화적 모델'에 의하면, 수행자의 경험 내용이 언어로 표현되어 그것이 의미를 가지게 되는 것은 수행공동체의 규칙에 맞는 언어로 그 내용을 표현했을 때이다. 이 논의를 위해 우선 일상인과 보살의 인식세계를 살펴보았다. 인식 대상에 대한 각각의 태도는 다음과 같은 특성을 나타낸다.

　유식학에 의하면 일상인들은 인식 대상이 실재한다고 생각하고 이것을 언어로 표현한다. 그들은 자신의 욕망에 따라 대상을 해석하고 그것을 언어로 표현한다. 한편 보살은 인식 주관과 인식 대상을 초월한 무분별[不二]의 상태에 이른다. 이 경지에서는 주관과 대상이 분화되지 않기 때문에 일상 언어의 작용이 일어나지 않는다. 그러나 보살은 '후득지'를 증득하면서 자신이 깨달은 경지를 자각한다. 이 때 보살은 인식의 주체와 인식의 대상이 무아(無我)임을 여실히 통찰하게 된다. 따라서 자신이 깨달은 바에 대해 집착하지 않고 이것을 타인에게 전할 수 있게 된다. 일상인이 자리(自利)를 위해 인식 작용을 하는 반면, 보살이 이타(利他)를 위해 인식 작용을 하는 것은 이것에서 비롯된다.

　다음은 언어의 유의미성을 결정하는 방식에 대해 두 가지로 나누어 살펴보았다. 언어의 대상이 실재한다고 보는 전기비트겐슈타인의 이론과 이 관점을 비판하는 유식학, 후기비트겐슈타인 이론 그리고 인도 후기논리학자의 이론이 그것이다. 전기비트겐슈타인 이론은 언어의 대상이 실재한다고 보는 실재론자의 입장에서 언어의 유의미성이 언어와 대상 간의 대응관계에 의해 결정된다고 본다. 그들에게 대상이 실재하는 지의 여부는 언어의 유의미성을 결정하는 주요 관건이 된다. 반면 유식학 및 후기비트겐슈타인 이론과 인도 후기논리학자들은 이 관점에 대해 비판적이다. 이 이론들은 언어와 언어 간의 관계에 의해 언어의 유의미성이 결정된다고 본다. 이들은 언어가 사회 구성원들이 합의한 규칙에 부합할 때 그 언어는 의미를 가진다고 해석한다.

인식 대상과 언어 간의 관계에 관한 논의는 유식학이 이론적으로 체계화될 수 있었던 근거를 추구하는 과정이었다. 필자는 언어로 표현된 내용이 유의미하게 되는 이유가 '명언훈습종자'에 의해 형성된 인식 대상이 공동체에 부합하는 언어로 표현되었기 때문이라고 해석했다. 이 내용은 후기비트겐슈타인의 이론을 유식학에 적용시킨 결과이다.

2. 언어 체계와 사회적 자아

1) 언어 체계의 형성

사회 공동체의 구성원들은 상호간 관계를 통해 공감대를 형성한다. 그들에게는 다른 공동체와 구분되는 그들만의 인식 주관 즉 '사회적 자아'가 있다. '사회적 자아'는 전승되어온 가치관 및 관습을 인식 대상으로 삼아 그것을 분석하고 체계화하여 공동체 특유의 문화 및 가치관을 만든다.

유식학은 '사회적 자아'가 인식 대상을 분석하고 이것을 체계화시키는 과정을 설명할 수 있는 이론적 토대를 제공한다. '인식적 모델'에 따르면 '식'은 '명언훈습종자'에 의해 주관과 객관으로 분화된다. 이 때 인식의 주체는 '사회적 자아'로 변화된다. '사회적 자아'는 공통의 인식 대상을 분별하고 그것을 언어로 표현하여 타인과 관계를 만들어간다. 이 과정을 통해 대상을 표현한 언어 체계는 더욱더 치밀해지고 논리적으로 확장되어 공동체의 가치관을 설명해주는 이론으로 발전한다.

그런데 언어 체계는 '사회적 자아'에 의해 형성되지만 '사회적 자아'를 변화시키기도 한다. 우리는 새로운 정보를 접했을 때 인식의 변화를 경험한다. 즉 알지 못했던 내용을 접하게 되면서 사태를 새로운 관점에서 바라보게 된다. 독특하게도 유식학은 이와 같은 현상을 '식'의 관점에서 설명한다. 앞에서 필자는 이 현상을 '문화적 모델'의 한 부분으로 정의하였다.

본 논의에서는 '사회적 자아'와 언어의 관계를 두 가지 측면 즉 '사회적 자아'에 의해 언어 체계가 형성되는 과정과 언어 체계에 의해 '사회적 자아'가 변화되는 측면을 살펴보고자 한다. 우선 마음에 의해 형성된 인식 대상이 타인과 공유되면서 체계적으로 이론화하는 과정을 미시적인 관점에서 분석해 보자.

(1) 명언훈습종자에 의한 심상의 외면화

앞에서 살펴본 바와 같이, 우리는 '명언훈습종자'에 의해 형성된 '심상'을 타인에게 전달할 때 음성이나 글을 사용한다. 이 때 아직 표현하지 않은 것을 '명(名)'으로, 그리고 소리나 글을 통해 '의미'하는 바를 타인에게 전달하는 것을 '언(言)'으로 부른다는 것을 확인한 바 있다. 즉 '의미'하고자 하는 바가 '언'에 의해 표현될 때 그것은 객관화되며 이를 통해 상호 간의 소통이 이루어진다는 사실을 알 수 있었다.

이것을 좀 더 확장시켜서 언어는 어떻게 체계화되어 지식이 되는지에 대해 생각해 보자. 인간은 태어나서 점점 자라면서 언어를 배우고 자신의 생각을 표현하면서 사회공동체의 가치관과 문화를 습득한다. 이후 학교교육을 통해 보다 체계적으로 지식을 배운다. 이 과정에서 비판적으로 사유할 수 있는 방법을 터득하고 자신의 생각을 논리적으로 피력할 수 있게 된다. 습득한 지식이 충분이 무르익으면 기존과는 다른 새로운 시각으로 대상을 인식하기도 한다.

그런데 체계적인 이론은 단시간에 그리고 한 사람에 의해 이루어지지 않는다. 인류의 위대한 사상가에 의해 만들어진 체계는 과거에 전승되어온 이론에 대한 비판적인 사고를 통해서 만들어진 것이다. 그들은 오랜 기간 동안 기존의 이론을 체계적으로 배우고 학문적인 방법론을 습득하여 보다 폭넓고 깊은 사고를 진전시키는 과정을 겪는다. 이를 통해 새로운 이론을 제시한다. 그 이론이 기존의 이론이 가진 한계점을 극복하고 보다 넓은 시각에서 세계를 설명할 때 인류는 이 새로운 이론에 의해 변화된다.

유식학에서 볼 때 언어가 체계를 갖추게 되는 과정은 '종자'의 현현과 '공동분별' 작용의 반복으로 설명될 수 있다. 이 과정을 통해 '사회적 자아'는 언어로 표현된 인식 대상에 대해 다양한 관점에서 분석하고 그 것을 이론화한다. 특히 언어에 의해 형성된 이론과 가치체계는 인류공동체에 의해 형성된 인류의 공유물이다. 이러한 지적(知的) 유산이 교육을 통해 사람들에게 전해지면, 그들은 이 이론을 습득하고 더욱 깊이 생각하여 그것을 공유한 사람들과 토론하기도 한다. 그리고 그 결과를 공적인 이론으로 정교하게 만들기도 할 것이다. 이를 통해 기존의 한계점을 비판하고 보다 넓은 관점에서 세계를 해석하는 학문적 이론이 생겨나게 된다. 이상의 과정이 형성되기까지를 도식화시켜 보면 다음과 같다.

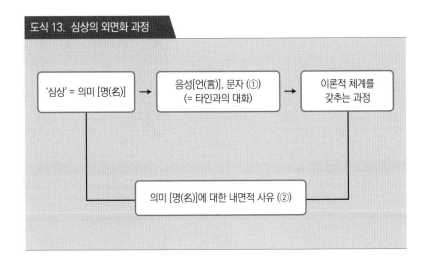

도식 13. 심상의 외면화 과정

도식에서 볼 수 있듯이, '명언훈습종자'의 발현에 의해 마음에 떠오른 '심상'이 외면화되는 과정은 일반적으로 타인과 대화를 통해 이루어진다. 이 대화는 음성이나 문자를 통한 것이다. 이 때 '심상'은 '알라야식' 속에 존재하는 '종자'에 의해 형성된 것으로서 이것이 언어에 의해 외적으로 표현된다. 그리고 언어로 표현된 대상은 타인과 공유하는 대상 ①이 된다. 한편 '심상'은 내면적 사유②의 대상으로서 곰곰이 생각하고 따지는 작용의 대상이 된다. 이론이 체계화되는 과정은 언어로 표현된 대상이 타인과 공유①되어 대화를 통해 객관화되는 과정과 내면적 사유 ②를 통해 그 대상이 치밀하게 분석되는 과정의 반복이라고 할 수 있다. 내면적 대상이 되었던 이론은 타인과의 대화를 통해 정교하게 다듬어지면서 체계적인 이론이 된다.

다음은 이론이 체계화되는 과정을 구조적으로 분석해 보기로 하자. 아래 도식에 나타난 바와 같이 공통의 인식 대상②은 '알라야식'에 존재하는 '명언훈습종자'인 '공종자'①에 의해 형성된다. '공종자'가 발현③되어 공통의 인식 대상②이 언어로 표현⑤되면 인식 주관은 '사회적 자아'④로 변화되면서 타인과 의사를 소통한다. 이 때 인식 대상을 표현한 언어는 '사회적 자아'의 대상이 되어 보다 체계적인 이론⑥으로 발전된다.

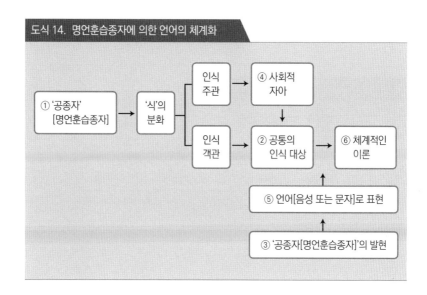

도식 14. 명언훈습종자에 의한 언어의 체계화

① '공종자'
[명언훈습종자] → '식'의 분화

인식 주관 → ④ 사회적 자아

인식 객관 → ② 공통의 인식 대상 → ⑥ 체계적인 이론

⑤ 언어[음성 또는 문자]로 표현

③ '공종자[명언훈습종재]'의 발현

　주지하듯 사회화는 타인과의 관계 속에서 형성된다. 마음에 떠오른 '심상'이 언어로 표현되고 타인이 그것을 인지할 때 둘 사이에 사회적 관계가 형성된다. '심상'은 마음에 형성된 것으로서 주관적이다. 하지만 이 것이 사회에서 통용되는 언어에 의해 표현될 때 이미지는 객관화되어 사회구성원들의 인식 대상이 된다. 즉 객관화된 이미지는 '사회적 자아'의 공통대상이 된다. 위의 도식에서 살펴 본 바와 같이 '공종자[명언훈습종재]'는 사회적 관계를 형성시키는 동인이다.

　다음은 '사회적 자아'의 '공동의 분별' 작용에 의해 언어가 체계화되는 과정을 보여준다. '사회적 자아'는 언어에 의해 객관화된 '심상'에 대해 타인과 더불어 분석하고 판단하는 작용을 한다. 이 때 언어로 표현된 '심상'은 지금까지 통용되고 있는 언어이론과의 비교 분석 작업을 통해 보다 정교하게 다듬어지는 과정을 겪게 된다. 이렇게 형성된 언어 체계는 기존의 이론을 보완하는 틀로서 자라기도 하고 기존의 상식과는 완전히 다른 패러다임이 되기도 한다.

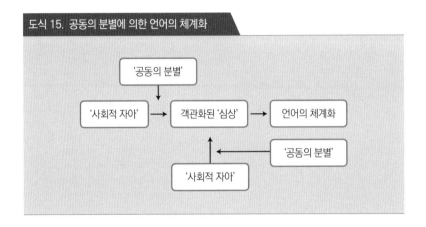

'심상'이 언어로 표현되어 그 내용이 체계화되는 것은 '사회적 자아' 간의 반복적인 상호작용에 의해 이루어진다. 오랜 시간 동안 이 과정이 진행되면 공통의 인식 대상은 공동체의 문화나 가치관이 되기도 한다. 문화 및 가치관은 '사회적 자아'의 인식 대상이 되어 보다 체계적인 형태로 이론화된다.

이것은 현대 사상가인 피터 버거(Peter Ludwig Berger, 1929-2017)가 제시했던 그의 생각 즉 의식이 객관적으로 묘사될 수 있는 이유에 대한 설명을 연상시킨다.[43] 그는, 의식은 의미를 구성하는 중요한 요소들이 사회적으로 다른 사람과 지속적으로 공유되기 때문에 객관적으로 묘사될 수 있다고 생각했다. 그리고 문화적 대상물들은 그것을 생산해낸 사람들의

---

43) 로버트 워드나우 외(2003), 《문화분석-피터 버거, 메리 더글러스, 미셸 푸코, 위르겐 하버마스의 연구》, 최샛별 역, 서울: 한울아카데미, pp.36-61.

의도를 명백하게 드러낸다는 의견을 보였다. 즉 의미는 공유되고, 사회 과학자들은 이렇게 공유된 의미들에 기초해서 그들의 개념과 이념을 도출해 낸다. 피터 버거에게 있어서 인간은 사회적 인간일 뿐만 아니라 문화를 만드는 사람이라는 면에서 도구적 인간이다. 그러므로 그에게 사회란 세계를 만들어가는 활동이다. 그는 문화는 사회적으로 만들어진 모든, 주관적 그리고 상호주관적으로 경험되는 의미로서의, 세계의 근간이다. 그에 따르면 사회는 개관적으로나 주관적으로나 노모스(nomos, 의미있는 질서체계)를 구성한다.[44] 필자는 피터 버거가 제시한 노모스를 구성하는 과정이, 내면에 떠오른 '심상'이 외면화되어 체계화되는 과정의 한 예가 된다고 생각한다.

'사회적 자아'가 공통의 인식 대상을 형성하고 그 대상을 언어로 표현하는 과정은 공동체 구성원사이의 상호작용이다. 즉 상호주관적인 작용에 의해 의미 있는 체계를 만들게 된다. 그런데 이러한 현상은 학문의 세계뿐만 아니라 다른 세계에서도 발견된다. 예컨대 음악을 좋아하는 사람들은 음악을 듣기도 하지만 직접 노랫말을 쓰고 여기에 가락을 붙여 새로운 음악을 만들어내기도 한다. 그들은 자신이 만든 노래를 더 명확하게 표현하기 위해 안무를 직접 짜고 이에 맞는 의상과 헤어스타일을 갖추기도 한다. 음악가는 마음에 떠오른 영상을 음악인들 사이에서 통용되는 언어 즉 소리의 장단과 높낮이 등을 통해 표현한다. 음악인의 내부에 존재하던 영상이 노래를 통해 외면화된 것이다. 이 외면화된 인식 대상은 '사회적 자아'의 대상이 되어 타인과 공유된다.

이렇게 언어에 의한 사회화는 개인과 개인의 관계 속에서 형성된다.

---

44) 로버트 워드나우 외(2003), 앞의 책, pp.83-84.

두 사람 사이에 공통의 인식 대상이 생겨나고 그것을 언어로 표현하면서 사회적 관계가 형성된다.

(2) 가치관 및 문화체계 형성

지금까지 유식학의 관점에서 언어의 체계가 형성되는 과정을 분석했다. 다음은 서양 이론 가운데 후기구조주의를 살펴보자. 우선 실체론에 의거해서 참된 지식을 정의하고자 했던 데카르트의 관점에서 문화형성을 어떻게 설명하고 있는 지에 대해 살펴보기로 하자. 이어서 이를 비판적인 관점에서 논의하고 있는 후기구조주의자들은 지식 및 기타 이론이 형성되는 과정을 어떤 방식으로 조명했는가를 살펴보도록 하자.

① 데카르트의 관점에서 본 문화형성

근대인들은 진리의 기준과 근거를 신(神)에게 구하지 않고 인간 자신에게 구했다. 인간에게 있어서 진리의 기준이나 근거가 될 수 있었던 것은 두 가지였다. 하나는 '자연의 빛'(lumen naturale)으로서의 '이성'이고, 다른 하나는 감각 내용을 축적한 것으로서의 '경험'이다. 전자를 취한 것이 합리론 또는 이성론(rationalism)이었고 후자를 택한 것이 영국 경험론(empiricism)이다. [45)]

---

45) 서양의 사상사를 살펴보았을 때 지식은 감각과 이성이라는 두 가지 마음의 기능에 의해 형성되었다고 볼 수 있다. 이 둘 가운데 한 가지를 강조할 때 특유의 지식론이 나타났다. 합리론과 경험론이 그것이다. 고대 희랍의 플라톤은 합리론자였고 아리스토텔레스는 경험론자였다. 지식의 문제를 주제로 삼았던 근세철학에서, 데카르트, 스피노자(Baruch Spinoza, 1632-1677), 라이프니츠(Gottfried Wilhelm Leibniz, 1646-1716)와 같은 학자들은 합리론을 전개했으며, 로크(John Locke, 1632-1704), 버클리(George Berkeley, 1685-1753), 흄(David Hume, 1711-1776)과 같은 영국 철학자들은 경험론을 전개했다(스털링 P. 렘브레히트(1987), 《서양철학사》, 김태길 외 역, 서울: 을유문화사, pp.303-505).

합리론의 주된 관심은 인식의 방법론과 진리론에 있었다. 방법론을 수립하고 그것의 확실성과 타당성을 정초하기 위해 데카르트는 모든 이론이나 의견을 비판한 후 '이성'에 의해 스스로 진리를 탐구했다. 그가 이와 같이 한 이유는 '이성'이 우리로 하여금 영원한 이데아를 파악하게 만든다고 생각했기 때문이다.[46]

합리론자인 데카르트는 수학을 철학적 사고의 범형(範型)으로 삼았다. 그는 이성적 사고의 가장 좋은 본보기를 수학에서 발견할 수 있다고 생각했다. 주지하듯 수학은 직관적으로 자명한 공리로부터 논리적으로 추론된 명제를 만든다. 데카르트는 광대한 자연 세계를 간단한 수학의 공식으로 바꾸어 쉽게 이해할 수 있다고 보았다. 데카르트에게 지식이란 명석하고 판명하게 직관되어지는 것이며, 또한 이렇게 직관된 전제로부터 논증해 낼 수 있는 것을 말한다. 그리고 명석하고 판명한 지식을 갖는다면 그의 지식은 확실한 지식이라고 말할 수 있다. 데카르트는 이와 같은 기준에 맞는 것은 무엇이나 지식이 될 수 있는 것으로 생각했다.

이와 같은 사유(思惟)의 일환으로 데카르트는 수학이 가진 확실성을 수학 이외의 분야에서도 찾아보려고 했다. 그는 의심해볼 수 있는 모든 관념을 의심해 보았다. 그리고 의심을 해보아도 의심할 여지가 없는 것이 무엇인지를 찾아보았다. 그는 의식의 근원을 탐구함으로써 의심할 수

---

46) 주지하듯 플라톤은 변하지 않는 이데아야말로 참으로 있는 것이며 이데아의 세계야말로 참된 실재의 세계라고 생각했다. 그는 무지의 대상은 무(無)이며 지식의 대상은 유(有)로서 참으로 있는 실재를 아는 것이 참된 지식이라고 생각했다. 그는 무와 유 사이에는 생성하는 것이 있는데, 여기에 대해 우리가 아는 것은 참된 지식이 아니라 오직 신념이나 의견에 불과하다고 보았다. 플라톤은 지식의 대상은 참으로 있는 것, 곧 불변하고 영구한 것으로 보았다. 그는 참으로 있는 것은 이데아이기 때문에 참된 지식은 감각적 경험이 가져오는 신념이나 의견과는 판이하게 다르다는 입장을 제시했다(스털링 P. 렘브레히트(1987), 앞의 책, pp.74-76).

없는 아르키메데스의 점을 제시하고자 했다. 이와 같은 방법은 확실한 지식을 얻기 위한 방법으로서의 회의이기 때문에 이를 방법론적 회의라고 불렀다. 이후 데카르트의 방법론적 회의는 철학하는 사람에게 큰 충격을 주었고, 철학하는 일에 있어서 짚고 넘어가야 할 문제가 되었다.

일례로서 다음과 같은 일화가 있다. "뉴욕대학의 코헨(Cohen)교수가 데카르트를 강의할 때 생긴 재미있는 이야기가 있다. 코헨 교수의 강의를 듣던 한 학생이 하루는 수심이 가득한 모습으로 수염도 깎지 않고 정신이 나간 사람처럼 모양을 하고 교실에 들어왔다. 코헨 교수는 이를 보고, 그 학생에게 웬일이냐고 물었다. 그 때 그 학생은 대답하기를 '데카르트를 공부하고 나니 내가 정말로 존재하고 있는지 존재하지 않는지 몰라 망설이고 있습니다.'라고 했다. 그 때 코헨 교수는 '그것을 알아보려고 하는 사람은 도대체 누구요?'라고 반문했다."[47]

이것은 선불교에서 나오는 이야기와 비슷하다. 선불교에서도 고민하고 있는 제자를 깨달음으로 이끌기 위해 스승은 제자의 의식을 반전키는 상황을 만들기도 한다. 스승은 번민으로 가득한 마음을 직시함으로써 잡고 있는 마음을 놓아 버리도록 유도하여 제자로 하여금 견성(見性)에 이르도록 한다. 두 이야기는 서로 다른 맥락 즉 불교와 데카르트의 맥락에서 나온 것이지만 마음의 근원에 대한 질문을 제기했다는 점에서 비슷한 상황을 보여준다.

하지만 불교와 데카르트가 제시하고 있는 '인식하는 주체'에 대한 관점은 매우 다르다. 불교는 인식의 주체를 '공'에 입각한 무아(無我)의 관점에서 해석한다. 특히 유식학은 '알라야식' 자체는 항상 변화한다고 본다.

---

47) 김하태(1987), 《철학의 길라잡이》, 서울: 종로서적, p.78.

반면 데카르트는 '나는 생각한다. 그러므로 나는 존재한다.'는 명제를 통해 확실하고 의심할 수 없는 '인식의 주체'를 모든 사유의 근원으로 본다. 불교의 무아(無我)론의 관점에서 볼 때, 변할 수 없는 고정된 점을 추구한 데카르트의 관점은 비판의 대상이 된다. 불교는 '인식의 주체'가 불변의 존재가 아니라는 사실을 증득할 때 깨달음에 이르게 되고 이로 인해 무한한 지혜를 증득한다는 입장에 있다.

무아론의 관점에서 현상을 해석한 유식학과 달리, 데카르트는 현상세계를 명증적인 '이성'에 입각해서 해석하고자 했다. 이를 위해 그는 지식을 감각적 지식, 개별적인 것에 대한 지식 그리고 보편적 지식으로 분류하고, 이러한 지식들이 과연 자명하고 확실한가에 대해 의심했다.[48] 데카르트는 방법론적 회의를 통해 자명하고 확실한 것을 찾기 위해 당시의 지식일체를 의심했다.[49] 데카르트는 심지어 수학적 진리까지도 전능한 신의 악의로 인한 착각이라고 생각했다. 그는 일체의 의심도 허락되지 않는 곳에 도달하기 위해 생각할 수 있는 모든 것을 분석하고 비판하여 마침내 아무리 의심해도 의심하고 있다는 사실만은 도저히 의심할 수 없다는 데 도달한다. 데카르트는 비록 우리의 사유의 내용은 전부 의심할 수 있다 하더라도 의심하고 있는 사유 활동 그 자체는 의심할 수 없다고 생각했다. 그는 결국 '생각한다'고 하는 활동 속에는 필연적으로 생각하는 나의 존재가 동반되지 않으면 안된다는 결론에 이르게 된다. 여기서 '나는 생각한다. 그러므로 나는 존재한다.'는 데카르트의 제 일 원

---

48) 데카르트는 지식을 3가지[감각적 지식, 일반적 지식, 보편적 지식]로 분류하고 이러한 지식들이 과연 자명하고 확실한가에 대해서 의심했다(소광희 외(1988), 《철학의 제문제》, 서울: 지학사, p.63).

49) 최명관 역저(1987), 《방법서설·성찰·데까르뜨 연구》, 서울: 서광사, p.20.

리가 성립하게 된다.[50)]

데카르트에 의하면 이 원리는 다른 존재에 관한 지식의 체계가 그 위에 그리고 오직 그 위에서만 확고하게 세워져야할 토대가 된다.[51)] 데카르트는 이 원리에 의거해서 다음과 같은 생각을 했다. 첫째 모든 명석하고 판명하게 지각된 것은 참된 것이다. 둘째 원인 없이는 아무 것도 있을 수 없다. 셋째 원인은 적어도 결과보다 크거나 결과와 같은 실재성을 가져야 한다. 그는 다시 이 세 가지 명제를 전제로 해서 다음과 같이 두 가지 진리를 연역한다. 첫째 신은 현존한다. 둘째 신은 완전하기 때문에 나를 기만할 수 없다.[52)] 이 명제들을 통해 데카르트는 다음과 같이 신의 현존에 대해 논한다.

… 신의 현존이 그의 본질로부터 분리될 수 없다는 것은, 삼각형의 본질로부터 그 세 각의 합이 180도라는 것을 분리할 수 없고, 또 산의 관념으로부터 골짜기의 관념을 분리할 수 없는 것 못지않게 명백함을 나는 발견한다. 따라서 현존하지 않는(즉 어떤 완전성을 결여하고 있는) 신을 생각하는 것은 골짜기 없는 산을 생각하는 것처럼 모순이다.[53)]

데카르트는 신이 현존한다는 것을 증명하고 이것을 최고의 원리로 삼았다. 그리고 이 원리로부터 일체의 존재자를 연역한다. 데카르트에 의하면 신은 완전한[무한] 실체이다. 한편 정신과 물체는 신에 의해서

---

50) 소광희 외(1988),《철학의 제문제》, 서울: 지학사, pp.64-65.

51) 스털링 P. 렘브레히트(1987),《서양철학사》, 김태길 외 역, 서울: 을유문화사, pp.324-325.

52) 소광희 외(1988), 앞의 책, p.67.

53) 최명관 역저(1987), 앞의 책, p.117.

통일되어 있으나 현상 세계에서는 통일되어 있지 않은 유한실체이다. 이들은 영원히 평행한 존재들이다. 그는 정신의 속성은 사유이며 그 양상은 감정, 의지, 인식, 욕망 등이라고 정의했다. 그리고 물체의 속성은 연장이고, 그 양상은 위치, 형상, 운동 등이라고 생각했다.[54]

이상에서 살펴본 바와 같이 데카르트는 직관과 연역의 방법에 의해 일체의 존재자뿐만 아니라 학문적인 이론체계가 성립될 수 있음을 보여주고자 했다. 그는 직관과 연역만이 참된 진리를 표현할 수 있는 방법이라고 생각했다.

데카르트 이후 서양에는 투명한 사유능력 즉 '이성'에 의해 실재를 명석 판명하게 파악할 수 있다는 생각이 유행했다. 중세까지 지고한 지위를 누려왔던 객관적 실체로서의 신(神)대신 '이성'이 그 자리에 들어서게 된 것이다. 근대 사회는 다양한 분야에서 데카르트의 영향을 받게 되었다. 과학자들은 우주 속에 일반적인 법칙이 존재하며 그러한 법칙에 따라 기계처럼 질서정연하게 움직이는 자연적인 질서가 있다고 생각했다. 과학자들이 자연법칙에 의거해서 우주의 신비를 밝히고자 하는 과정을 보고 사람들은 인간의 '이성'에 대한 신념을 가지게 되었다. '이성'에 대한 신뢰는 나아가 인간의 힘으로 이 지상에 행복하고 완전한 상태를 만들어 낼 수 있다는 생각을 하게 했다. 인간은 주변의 모든 대상이 인간을 위해 존재한다고 생각하기에 이르렀다.

과학자들이 자연에 관해 얻은 연구 결과를 사회에 적용해 보려는 사람들도 나왔다. 대표적인 사람들이 계몽주의자들이다. 이 가운데 로크(John Locke, 1632-1704)는 인간은 모든 것을 설명할 수 있는 '이성'의 힘을

---

54) 소광희 외(1988), 앞의 책, pp.66-67.

가지고 있다고 주장했다.[55] 계몽주의자들은 인간이 '이성'의 힘에 의해 자연법칙을 발견함으로써 인류의 진보를 확실히 이룰 것이라고 믿었다. 한편 '이성'에 대한 확신을 가진 근대 이성론자의 후예들은 음악과 그림 그리고 문학을 통해 인간의 자율성을 자유롭게 표출하기도 했다. 중세시대에 문학 및 예술의 대상이 신(神) 및 그것과 결부된 것이었다면 근대에 이르게 되면 그 표현대상이 인간에 관한 것으로 변화되었다.

하지만 이와 같은 사상은 긍정적인 결과만을 가져온 것은 아니었다. '이성'에 대한 그들의 과신(過信)은 인간에게 이익이 된다면 자연환경을 파괴하는 것은 문제가 되지 않는다고 여기게 되는 상황까지 이르게 했다. 공장에서 나온 오염물질은 생태계의 균형을 파괴했고 이로 인해 이상기후현상이 발생하기 시작했다. 과학기술에 의해 생산된 정밀한 무기는 독단적인 정치가의 욕심에 의해 세계대전을 일으키는 원인이 되었다. 이것은 인류에게 막대한 영향을 끼쳤다. 인간의 이익을 위해 발전시킨 문명은 결국 인간을 파괴하는 결과를 가져왔다. 인간의 '이성'에 대한 비판적인 태도는 이러한 과정에 의해 생겨났다. 따라서 인간의 '이성'을 실체로 생각한 기존의 관점을 비판한 해체주의가 20세기에 나타난 것은 자연스러운 현상이었다고 할 수 있다.

② 후기구조주의 관점에서 본 문화형성
주지하듯 구조주의는 소쉬르(Ferdinand de Saussure, 1857-1913)의 언어학에 그 모태를 두고 있다. 소쉬르는 언어를 하나의 자율적인 체계로 보고 그

---

55) 스털링 P. 렘브레히트(1987), pp.418-419.

언어 체계가 내적으로 지니고 있는 법칙을 발견했다.[56] 그는 언어를 이분법으로 구분했다. 그 중 가장 대표적인 것이 사회적이고 체계적인 측면인 랑그(langue)와 개인적이고 구체적인 측면인 빠롤(parole)이다.[57] 그는 또한 언어 기호의 자의성 문제를 처음으로 제시하여 기호학을 창시하기도 했다. 소쉬르에게 있어서 언어 체계는 기호체계이며 기호는 청각영상과 의미 즉 시니피앙(signifiant)과 시니피에(signifie)가 결합한 것이다. 시니피앙과 시니피에의 내적인 관계는 불가분의 관계에 있지만 그것은 본질적으로 자의적인 것이다.

공시적 언어관을 표방하는 소쉬르에게 있어서 기호는 항상 자신과 구별되는 다른 기호를 전제로 한다. 그의 관심은 사람이 실제로 말하는 것에 있지 않고, 그렇게 말하도록 하는 구조에 있었다. 종이의 양면처럼 기표와 기의는 분리될 수 없지만, 기호는 다른 기호와의 차이에서 구별된다는 관점은 프랑스 구조주의자인 레비스트로스(C. Lévi-Strauss, 1908-1991)의 신화적 사고뿐만 아니라 후기구조주의자들의 해석학에도 큰 영향을 미쳤다. 후기구조주의는 소쉬르의 기호 개념을 비판적으로 수용한다.[58]

후기구조주의는 현상을 일정한 구조로 설명한다 하더라도 또 다른 해석은 언제나 가능하다고 본다. 이 관점에 의하면 현상을 해석하는 구조적 틀은 절대적 의미를 가질 수 없다. 후기구조주의는 절대적인 의미

---

56) '체계'라는 말이 나중에 구조로 규정되면서 구조주의 언어학이 더욱 발전하게 된다. 이후 구조주의 언어학의 원리는 언어 이외의 인간문화 요소에까지 적용되기에 이르렀다(리차드 할랜드(1996),《초구조주의란 무엇인가》, 윤호병 역, 서울: 현대미학사, pp.25-28).

57) 리차드 할랜드(1996), 앞의 책, p.25.

58) 피종호(1995),〈구조주의와 후기구조주의의 텍스트 개념〉,《뷔히너와 현대문학》8호, p.195.

를 부여하는 태도에 대해 비판적이다. 후기구조주의는 구조자체를 부정하는 것이 아니라 그것이 절대적이라고 보는 태도를 부정한다.

이와 같은 예는 후기구조주의자의 입장에 있는 여러 학자 가운데 푸코(M. Foucalt, 1926-1984)에게서 잘 나타난다. 그는 합리성의 문제를 일반화시키는 태도를 비판했다. 그의 계보학(genealogy)은 서구적 합리성에 대한 보편적 이해의 이면을 들추어낸다. 그리고 광기, 병, 인문과학의 탄생, 권력/지식의 연계와 성(性)의 문제에 대한 지금까지의 정통적인 해석방식을 해체(disconstruct)시켰다.[59]

이것은 서구의 계몽사상으로부터 영향을 받은 '이성'과 합리성에 대한 신뢰를 해체하는 작업이었다. 푸코는 '이성'과 '비이성'을 구별하는 태도는 서구사회의 권력 중심축으로부터 만들어진 담론의 결과라고 주장했다. 그는 계몽사상이 만들어낸 '진리에의 의지'는 권력이 스스로를 보호하기 위해 내놓은 규범임을 강조했다. 푸코가 계몽주의를 비판한 이유는 계몽사상을 완전히 와해시키는데 있지 않았다. 그는 계몽사상을 비판함으로써 정치 및 경제 등이 권력에 의해 복합적으로 작용되는 현상을 들춰내고자 했다.[60]

이를 위해 푸코는 병·범죄·광기·성 등의 특정 부분에서의 특수한 합리성의 체계가 어떻게 형성되었는가를 밝히고자 했다. 계몽사상에 대한

---

59) 푸코는 다음의 질문에 답하는 것이 계보학의 핵심과제라고 생각했다. 첫째, 서구적 합리성이란 무슨 뜻이며 이와 관련하여 서구의 근대성을 형성한 숨은 동인이 무엇인지에 대해 답한다. 둘째, 사회와 삶의 합리화란 가능하며 바람직한 것인지에 대한 질문에 답하고자 했다. 그는 이러한 문제를 추구하는 과정에서 지금까지와는 단지 체제주의적 관점에서 현상을 해석했다(윤평중(1988), 〈합리성과 사회비판-비판이론과 후기구조주의를 중심으로-〉, 《철학연구》 12호, pp.155-156).

60) 윤평중(1988), 앞의 논문, pp.149-150.

해체적 분석을 수행하는 푸코는 합리·비합리주의를 명쾌하게 가르는 이분법적 태도는 지극히 무의미하다고 생각했다. 계보학의 목표는 이상적 '이성'을 지지하는데 있지 않고 여러 모습의 합리성이 끊임없이 서로 배태 착종하는 형태를 엄밀히 그려내는 데 있었다. 그는 이 작업을 '권력의 미시물리학'(microphysics of power)이라 불렀다.[61] 사회비판은 보편적 가치를 지닌 형식적 구조를 찾으려고 하지 말고, 우리를 형성케 한 역사적 사건들에 대한 미시적이고 구체적인 탐구로써 행해져야 한다는 것이 그의 입장이다.[62]

푸코는 이와 같은 과정을 통해 역사를 구성하는 고정된 구조를 찾기보다는 규범이 역사 안에서 드러나는 방식을 구체적으로 탐구했던 것이다. 그는 '이성'에 의해 구축된 확고부동한 구조를 찾기보다 그 구조를 형성하게 된 배경에 주목하고 이 현상을 광기, 병, 권력/지식 등과 같은 다양한 관점에서 해석하고자 했다. 그는 역사적 사건들을 구체적으로 탐구함으로써 사태들이 서로 복잡하게 얽혀있는 형태를 다양한 관점에서 그려내고자 했다.

그의 태도는 존재의 양상을 관계론으로 해석하는 후기구조주의자들에게 이어진다. 관계론은 '차이'를 통해 존재를 규정하고자 하는 방식이다. 이 방식에 따르면 한 기호가 갖는 의미와 가치는 궁극적으로 그것이 지시하는 대상에서 오는 것이 아니다. 그것은 한 기호가 다른 기호와 갖는 변별적 차이, 대조효과에서 온다. 인도 후기논리학자의 '타의 배제'론

---

61) 윤평중(1988), 앞의 논문, p.157.
62) 미셸 푸코(1993), 〈주체와 권력〉, 이진우 엮음, 《포스트모더니즘의 철학적 이해》, 서울: 서광사, p.128.

처럼 언어의 의미는 다른 언어와의 관계에 의해 결정된다.

후기구조주의는 사태들 사이의 관계를 통해 존재를 설명한다. 특히 '차이'를 통해 현상을 설명하고자 하는 관점은 다양성을 추구하는 방식으로 이어진다.[63] 이 관점에 의해 현상을 구조적 질서를 통해 해석하고자 했던 태도는 역사 속에 진리가 드러나는 방식을 탐구하는 쪽으로 전개되었다. 후기구조주의자들은 현상을 개방적인 관점에서 관찰하고 현상은 상황에 따라 탄력적으로 변화된다고 해석했다.[64]

이런 경향에 대해 하이데거(Martin Heidegger, 1889-1976)는 개방성을 기원으로 한 '차이'를 '존재와 존재자의 존재론적 차이'라고 표현했다. 그에 따르면 이 '차이'는 구조를 형성하는 이항 대립적 질서의 한 부분이 아니다. 다시 말해서 동일성의 반대말에 해당하는 차이가 아니다. 구조 안에서 성립하는 이항대립은 +와 -, 동일성과 차이, 있음과 없음, 안과 밖, 긍정과 부정 등으로 이어진다. 하지만 하이데거의 존재론적 '차이'는 그런 모든 이항대립이 생성하거나 소멸하기 위해서 먼저 있어야 하는 근본적인 '차이'다. 하이데거적 의미의 존재는 구조 안에 있는 어떤 존재자가 아니라 그 존재자의 질서를 그 때 그 때 마다 서로 다르게 열어놓는 개방적 사건이다.[65]

---

63) 일반적으로 구조주의는 '차이'의 존재론을 함축하고 있다. 이 점에서 구조주의는 실체론적 사유를 관계론적 사유로 바꾸어 놓는데 큰 기여를 했다고 평가받는다. 하지만 니체(Friedrich Wilhelm Nietzshe, 1844-1900)에 의하면 구조주의적 관계론은 아직 불충분하다. '차이' 관계를 이항 대립적 관계로 환원했기 때문이다. 니체는 이점을 분명하게 지적하면서 구조주의가 결국 형이상학적 전통의 울타리 안을 벗어나지 못했다고 비판했다(김상환 (1986), 《니체, 프로이트, 맑스 이후》, 경기도 파주: 창작과 비평사, p.335).

64) 김상환(1986), 앞의 책, p.335.

65) 김상환(1986), pp.335-339.

이와 같은 관점에서 볼 때 후기구조주의자들은 구조주의자들이 현상을 해석했던 방식을 다양성과 개방성이라는 관점에서 재구성했다고 할 수 있다. 소쉬르가 언어의 공시성을 제기함으로써 변하지 않는 관계적 질서와 구조를 세우고자 했던 반면, 후기구조주의는 구조주의의 태도를 비판했다. 후기구조주의의 이와 같은 태도는 현상의 이면에 아트만/브라흐만과 같은 영원한 존재가 있다고 본 우파니샤드사상에 대한 불교의 비판과 맥이 닿아 있다. 불교는 무아론의 관점에서 현상을 해석했다. 불교는 세계는 다만 여러 인연에 의해 조합된 존재라는 연기법에 의해 주관과 객관 및 자아와 자아 사이의 관계를 파악하고자 한다.

구조주의자들이 추구했던 고정된 구조는 불교의 관점에서 볼 때 마음이 만들어 낸 집착의 결과이다. 불교는 초월적인 신이나 아트만과 같은 내재적 존재를 인정하지 않는다. 현상은 다만 조건에 의해 이루진 것일 뿐이라는 관점을 제시한다. 이것이 바로 후기구조주의의 관계론적 존재론과 맥을 같이 하는 점이다. 후기구조주의는 다양한 관점에서 사태와 사태 사이의 관계를 해석하고자 한다.

후기구조주의의 관점은 이후 다양한 분야에 영향을 끼치게 된다. 예컨대 건축분야에서는 모더니즘 건축의 일치성, 일차원성, 비역사성과 합리주의를 비판하고 포스트모더니즘 건축의 다원성, 의미론적 복합성, 관계성과 다원주의와 혼합주의를 내세우게 된다. 건축양식의 단일성은 단지 보편적·규정적 의미체계를 가지고 있는 사회, 즉 전통사회에만 있을 수 있다고 비판을 받게 되었다.[66] 포스트모던 예술가와 작가는 그가 쓰

---

66) 알브레히트 벨머(1993), 〈예술과 산업혁명: 모더니즘과 포스트모더니즘의 변증법〉, 이진우 엮음, 《포스트모더니즘의 철학적 이해》, 서울: 서광사, p.241.

는 텍스트와 그가 창조하는 작품이 원칙적으로 기존의 규칙에 의해 지도(指導)될 수 없다고 생각했다. 그들은 이미 알려져 있는 범주들을 특정한 텍스트와 특정한 작품에 적용하는 것과 같은 방식으로 평가받을 수도 없다고 생각했다. 그들은 앞으로 만들어지게 될 규칙을 준비하기 위해 작업한다. 그렇기 때문에 작품과 텍스트는 사건의 성격을 가지게 된다.[67]

이와 같은 태도는 앞에서 살펴본 바와 같이 합리성의 문제에 대한 일반화를 단호하게 배격하는 푸코의 관점에서도 발견된다. 그는 서구적 합리성을 보편적으로 보려는 태도의 이면을 들추어내서 그러한 해석을 해체하고자 했다. 그는 보편적 가치를 지닌 형식적 구조를 찾기 보다는 우리를 형성하게 하는 역사적 사건들에 대해 구체적으로 탐구하고자 했다. 하이데거의 '차이'에 대한 정의 또한 고착화된 이분법적 사고를 비판한다는 점에서 맥을 같이 한다. 그에게 있어서 '차이'란 모든 이항대립을 생성하거나 소멸시키기 위해서 먼저 있어야 하는 '차이'이다. 이와 같은 관점은 존재를 사태의 관계로 설명하는 방식으로 이어진다. 후기구조주의는 상황에 따라 개방적이며 탄력적으로 변화되는 관계론적 존재론을 제시함으로써 다양성에 초점을 두고 현상을 표현하고자 하는 특징을 보인다.

③ 유식학에서 본 문화형성

데카르트는 '나는 생각한다. 그러므로 나는 존재한다.'라는 명제를 공리

---

67) 장 프랑수아 료타르(1993), 〈"포스트모더니즘이란 무엇인가?"라는 물음에 대한 대답〉, 이진우 엮음, 《포스트모더니즘의 철학적 이해》, 서울: 서광사. pp.78-79.

로 제시했다. 그리고 이것을 연역적 추론의 근거로 삼았다. 데카르트 이론의 특징은 명증적인 아르키메데스의 점을 제시하고 이를 근거로 정합적인 논리를 제시하고자 했다는 점에 있다. 데카르트 이후 근대인들은 인간의 '이성'에 대한 신뢰를 바탕으로 다른 대상을 모두 인간에 종속된 것으로 간주하는 경향을 보였다.

중세시대 신중심의 세계에서 근대 인간중심의 세계로의 전환은 인간의 위상을 격상시켰다는 의의를 가지지만 시간이 흘러가면서 인간의 '이성'에 대한 신뢰는 많은 병폐를 낳았다. 과학기술의 발달로 인해 물질문명이 발달하면서 인류는 과거에 비해 편리한 교통, 빠른 정보습득 등과 같은 혜택을 누리고 있다. 하지만 보다 풍부한 물질을 획득하고자 하는 욕망은 급기야 환경오염에 의한 생태계의 파괴라는 결과를 낳았다. 더욱이 세계대전은 인간에게 많은 생각을 던져주었다. 사람들은 세계대전의 결과로 인해 피폐해진 주변을 돌아보며 인간의 '이성'에 대한 의문을 던지기 시작했다. 그리고 이 상황을 해결하기 위한 대안을 찾기에 이르렀다.

후기구조주의는 이와 같은 배경에서 생겨났다. 후기구조주의는 '이성'에 의해 만들어진 구성물이 실체화되는 현상에 대해 비판적인 태도를 보인다. 개념에 일정한 구조를 도입한다 하더라도 그것은 결국 독단일 뿐이며 또 다른 해석은 언제나 존재한다고 본다. 따라서 후기구조주의는 구조적 틀이 절대적 의미를 가질 수 없다는 입장을 보인다. 즉 사태를 바라보는 시각에 따라 그 사태에 대한 다양한 의미를 도출해낼 수 있다고 본다.

후기구조주의는 고정된 구조를 구축하고자 하는 구조주의의 태도를 비판한다. 구조적 틀에 대한 절대성을 부정한다는 것은 구조적 틀 자체에 대한 부정이 아니라 그것을 유일무이한 것으로 간주하는 태도를 부정하는 것이다. 절대성에 대한 구조주의자들의 태도는 불교가 비판하는 '분별' 및 '집착'하는 태도에 해당된다. 분별과 집착은 대상을 독단적으로 판단하고 그 판단한 내용을 고수하려는 경향으로 이어진다. 구조를 절대시하는 태도 또한 현상의 이면에 존재하는 구조를 고정된 것으로 파악하고자 하는 경향이다. 반면 후기구조주의자들은 절대적인 구조를 추구하기보다 현상에 드러나는 질서를 찾고자 했다. 이점은 불교의 연기론 즉 현상은 다양하게 변하며 현상을 해석한 틀 또한 변화한다는 입장과 맥을 같이 한다고 볼 수 있다.

유식학에 의하면 현상은 사건이 끊임없이 생성되고 사라지는 것일 뿐이다. 현상의 이면에 고정된 구조가 존재하는 것이 아니다. 유식학은 이 과정을 3가지 측면에서 분석하고 있다. 첫째, 현재 작용하고 있는 '식'이 '종자'로부터 만들어지는 과정을 '종자생현행(種子生現行)'이라고 한다. 구체적으로 현실의 경험세계를 형성하는 습기인 '등류습기(等流習氣)' 곧 '명언종자'로부터 말나식과 6가지 '식'이 생겨나는 것을 말한다. 둘째, 현재 활동하는 '식'[현행식]은 찰나마다 발생하고 사라지며 그 작용의 결과는 '알라야식'에 저장된다. 유식학은 이 과정을 '현행훈종자(現行薰種子)'라고 부른다. 이 말은 말나식을 비롯해서 6가지 '식'이 '등류습기'를, 6가지 '식' 가운데 선(善)하고 악(惡)한 결과가 '이숙습기'를 '알라야식'에 남긴다는[훈습] 것을 의미한다. 셋째, 훈습된 '종자'는 '알라야식' 안에서 자라나서 새로운 행위를 일으키는 힘을 갖게 되는데 이 과정을 '종자생종자(種子生種子)'라고 부른다.[68]

---

68) 요코야마 코이츠(1989), 《유식철학》, 묘주 역, 서울: 경서원, pp.107-109.

이것은 우리 마음이 현재 작용 중인 '종자생현행', '현행훈습종자' 그리고 겉으로 드러나지 않는 잠재적인 '종자생종자'라는 세 과정에 의해 유기적으로 순환하는 운동임을 보여준다. 이 가운데 특히 '종자생현행'과 '현행훈종자'는 동일한 찰나에 이루어진다고 해석하고 있다. 예를 들면 여기서 볼펜을 몇 초 동안 바라본다고 하자. 이 경우 하나의 불변적이고 고정적인 마음이 계속 존재하는 것이 아니라, 순간순간 새로운 마음이 일어났다가 사라지며, 그런 마음의 연속이 볼펜을 보는 시각작용을 일으킨다. 이 때 볼펜이라고 지각하는 작용은 '종자'가 현행됨과 동시에 발생되며, 볼펜을 인식한 것과 동시에 그 인식결과는 '종자'로 '알라야식'에 저장된다는 것이다. 반면 '종자생종자'의 과정은 '인과이시(因果異時)'라고 불린다. 이것은 '종자'의 소멸과 새로운 '종자'의 생성사이에 시간적 간격이 있다는 것을 의미한다.[69]

유식학은 현상세계의 발생과정을 다음과 같이 설명하기도 한다. 즉 우리는 어떤 일을 할 때 본능적인 행위[음식을 먹는 행위, 졸릴 때 잠을 자는 것 등]를 제외하고는 대부분 계획을 세우고 이를 실천한다. 특히 많은 토론을 거쳐 계획이 수립되고 이것이 행동으로 이어지는 경우 우리는 이것을 '공종자[명언훈습종자]'의 발현으로 설명할 수 있다. 예컨대 시민공원을 설립한다고 가정해보자. 이 계획을 위해 우리는 공원이 설립될 지역주민들의 의견을 수렴해야 한다. 적당한 위치를 선정해야하고 공사가 진행되는 동안 불편을 감수해야하는 상황을 주민들에게 전달해야한다. 이후 전문가의 도움을 얻어 공원의 내부에 무엇을 어떻게 배치해야할 것인지를 충분히 검토한다. 이런 과정을 거친 후에 공원설립이 실제로 진행된다.

---

69) 요코야마 코이츠(1989), 앞의 책, pp.109-110.

이 과정은 지역주민들의 '사회적 자아'에 존재하던 '공종자'의 발현에 의해 촉발된 것이라고 볼 수 있다.

즉 장시간 동안 시민들의 '사회적 자아' 속에 내재해 있던 시민공원의 필요성이 '공종자'의 형태로 존재하다가 '공종자'가 발현되면서 시민공원을 설립하는 행위를 일으키게 한 것으로 해석해 볼 수 있다.[70] 같은 지역을 오랫동안 공유하고 있던 시민들은 휴식공간이 필요하다는 생각을 하게 되고 이러한 생각은 '알라야식' 속에 '종자'로 저장되어 이후 이 '종자'는 실제로 건립하는 것이 좋겠다는 생각을 공론화시키게 된다[종자생종자(種子生種子)]. '식'에 저장되어 있던 '종자'가 자라나 인연에 의해 현현되어 인식과 행동을 일으키게 된 것이다[종자생현행(種子生現行)]. 이로 인해 공원이 설립되고 시민들은 휴일을 건강하게 즐길 수 있게 되는 것이다. 공원을 이용하면서 지역주민들 간의 강화된 유대관계는 다시 시민들의 '알라야식' 속에 '명언훈습종자'의 형태로 저장된다[현행훈종자(現行薰種子)].

이와 같은 순환적인 경로를 거쳐 '종자'는 또 다른 '종자'를 형성한다. 하지만 전자와 후자는 같은 성질을 지닌 것이 아니다. 복합적인 인연에 의해 행위를 일으키는 원인이 되지만 과거의 것과 똑같은 성질을 지니고 있다고 볼 수는 없다. 하지만 완전히 다른 것 또한 아니다. '알라야식'에 존재하는 '종자'는 어느 정도 연속성을 가지는 것으로 보여 진다. 이것을 《섭대승론석》에서는 다음과 같이 기술하고 있다.

식은 명색을 의지하여 생겨나며, 명색은 식을 의지하여 생겨난다…
명색을 의지한다는 것은 무엇인가? 식은 이 명색을 의지함으로써 찰

---

70) 《攝大乘論本》(T31, 135b15-16), "諸法於識藏, 識於法亦爾. 更互爲果性, 亦常爲因性."

나가 이어져서 [생각의]흐름이 단절되지 않는다. 그리고 [식은]능히 명색을 잡고 있어서 허물어지지 않게 된다. 이것을 식이 명색을 의지하는 것이라 한다.[71]

인용문에서는 '식'이 '명색(名色)'에 의지해 생겨나며 '명색'은 다시 '식'에 의지해서 생겨난다고 기술하고 있다. 여기서 '명색'을 '식'이 분화된 인식 주관과 인식의 대상으로 해석해 볼 수 있다. 인식 주체인 '식'은 인식 대상과 완전히 다른 별개의 존재가 아니다. '식'의 분화에 의해 인식 주관과 인식 대상이 형성된 것이기 때문이다. 인식 대상은 인식 주관에 의해 관찰된다. 하지만 인식 대상 또한 '식'의 변형된 모습이기 때문에 결국 '식'이 '식'을 대상으로 삼는다고 볼 수 있다. '식'이 '식'을 대상으로 삼아 인식한 결과는 '종자'의 형태로 '식'에 저장되고 이 '종자'는 다시 '식'을 분화시키는 역할을 하게 된다. 이 관계에 의해 생각은 단절되지 않고 이어지게 된다.

이것은 우리가 일상생활에서 타인과 더불어 의사를 소통하고 공통의 가치관을 창출하는 과정에도 적용될 수 있다. 우리가 서로 생각을 교환할 수 있는 이유는 우리의 내부에 '공통의 의미'를 지니고 있기 때문이다. 이전에 형성된 '의미'가 이후와 단절된다면 의사소통에 문제가 발생한다. '의미'는 연속성을 지니고 있기 때문에 상호간의 대화가 가능해진다. 정보를 교환할 수 있는 것은 이전의 기억과 새로운 정보사이의 연결이 가능하기 때문이다.

---

71) 《攝大乘論釋》(T31, 170c3-6), "識依名色生, 名色依識生… 何者是依名色. 識由此名色爲依止, 刹那傳傳生相續流不斷, 能攝名色令成就不壞, 此識名依名色."

현재 우리가 생활하면서 영위하는 모든 현상은 시간이 지나면 퇴색된다. 하지만 이것은 우리의 '알라야식' 속에 '종자'의 형태로 잠복해 있게 된다. 이후 비슷한 상황이 발생되면 잠복해 있던 '종자'는 새로운 현상을 생겨나게 한다. 이처럼 우리의 내부에 존재하는 공통의 에너지는 변화 속에서 연속성을 유지한다. '알라야식'이 단절되지 않고 계속 이어지기 때문에 우리는 이전의 생각을 기억할 수 있다. 이로 인해 세대와 세대 간에 전통이 이어질 수 있는 것이고 구성원간의 대화가 가능한 것이다.

2) 언어에 의한 사회적 자아의 변화

인식의 작용을 '식'의 분화현상으로 파악하고 이것을 구조적으로 분석한 것은 유식학의 독특한 방식이다. 서양의 인식론이 대부분 '이성' 또는 '감각'에 의해 참된 지식이 형성되는 과정을 논리적으로 밝히고자 했다면 유식학은 '식'의 능동적인 분화현상을 강조하여 인식의 작용이 형성되는 과정을 보다 역동적으로 설명하고자 했다.

앞에서 논의한 '식'과 언어의 관계는 주로 '식'의 분화에 의해 언어의 작용이 형성되는 과정에 관한 것이었다. 다음은 언어에 의해 '식'이 변화되는 과정을 논의해 보고자 한다. 유식학에 의하면 수행에 의해 '알라야식'이 질적으로 변화되는 최초의 계기는 '정문훈습'에 있다. 청정한 법계에서 흘러나온 소리를 바르게 듣게 됨에 따라 '알라야식'에는 새로운 '종자'가 형성되고 이로 인해 수행하고자 하는 마음이 일어나게 된다. 본 논의에서는 '정문훈습'에 의해 수행에 대한 '발심(發心)'이 이루어진다는 측면에 초점을 두고 언어에 의해 '식'이 변화되는 과정을 조명하도록 하겠다.

(1) 사회적 자아에 대한 언어의 능동성

① 진리에 의한 사회적 자아의 변화

일상생활에서 우리는 새로운 세계를 접하게 될 때 인식의 지평이 넓어지는 것을 자각한다. 언어로 표현된 새로운 정보가 우리의 인식세계에 들어왔을 때 우리는 새로운 경험을 하게 된다. 이 새로운 내용을 통해 우리는 우리의 인식 대상을 기존과는 다른 관점에서 볼 수 있게 된다.

유식학에서 언어에 의한 마음의 변화를 가장 명확하게 보여주는 예는 '청정한 법계에서 흘러나오는 말을 들었을 때' 해탈하고자 하는 마음을 일으키는 경우이다. 유식학은 깨달은 자의 말을 들었을 때 자신도 깨닫고 싶다는 마음이 일어나고 또 실제로 수행을 하고자 하는 '발심(發心)'이 일어난다고 본다. 이 때 '알라야식'은 질적인 변화의 계기를 맞게 된다.

> 어째서 일체 종자의 과보식[이숙식]은 깨끗하지 않은 것의 원인이 되는가? 오염되고 탁한 것을 대치(對治)할 수 있다면 [그것은] 세간을 초월하는 청정한 마음의 원인이 된다. 이 세간을 초월하는 [청정한] 마음은 이전[에 생겨난 적이 없었다] 그리고 앞으로도 생겨나지 않을 것이다. 따라서 그것으로부터의 훈습은 여전히 없다. 그 훈습이 없다면 세간을 초월하는 마음은 어떤 종자로부터 생겨나는가? 너에게 지금 답하겠다. [그것은] 지극히 청정한 법계에서 흘러나온 것인 바르게 들은 것을 훈습한 종자로부터 생겨난다.[72]

---

72) 《攝大乘論》(T31, 117a5-9), "云何一切種子果報識成不淨品因. 若能作染濁對治出世淨心因. 此出世心昔來未曾生 習是故定無薰習若無薰習. 此出世心從何因生. 汝今應答. 最淸淨法界所流正聞薰習爲種子故."

인용문에 의하면 마음은 오염된 '종자'를 담지하고 있는 '알라야식'으로 표현된다. 중생이 어떤 계기에 의해 청정한 세계를 경험한 자 즉 깨달은 자의 이야기를 듣게 되면 '알라야식'에 세간을 초월하게 하는 '종자'가 쌓이게 된다. 청정한 법계로부터 흘러나온 소리를 바르게 듣게 되면서 수행을 통해 깨달음에 이르고자 하는 마음을 일으키게 된다. 이 현상은 불교의 궁극적 목표인 깨달음으로 향한 길이 언어에 의해 시작된다는 것을 시사한다.

《攝大乘論》은 언어에 의해 훈습된 '종자'가 '알라야식'에 존재하는 번뇌종자를 변화시키는 과정을 다음과 같이 설명하고 있다.

문혜훈습[지혜를 듣고 훈습된 젓을 생겨나게 할 수 있는 세간을 초월하는 마음은 '알라야식'과 같은가 아니면 '알라야식'과 다른가. 만약 '알라야식'을 그 본성으로 한다면 왜 이것은 그것[알라야식]을 대치하는 종자인가? 만약 [알라야식과] 같지 않다면, 지혜를 듣고 [훈습된]종자는 어떤 법에 의지해서 더 이상 높은 곳이 없는 붓다의 위치에 이를 수 있겠는가? 이 문혜훈습은 의지처를 따라 생겨난다. 이 가운데 과보식[이숙식]과 함께 생겨난다. 마치 물과 우유[가 함께 있는 젓]와 같다. 이 문훈습종자는 본식이 아니다. 이미 이 식을 대치하는 [세간을 초월한 청정한 마음의] 종자이기 때문이다.[73)

---

73) 《攝大乘論》(T31, 117a9-15), "出世心得生此聞慧熏習爲與阿黎耶識同性爲不同性. 若是阿黎耶識性.云何能成此識對治種子. 若不同性. 此聞慧種子以何法爲依止至諸佛無上菩提位, 是聞慧熏習生隨在一依止處. 此中共果報識俱生. 譬如水乳. 此聞熏習卽非本識. 已成此識對治種子."

인용문에 의하면 '정문훈습종자', 즉 깨달은 자의 말을 듣고 '알라야식'에 생겨난 '종자'는 청정한 성질을 지닌 것으로서 '알라야식' 그 자체는 아니다. 진리의 세계로부터 흘러나온 언어를 잘 듣게 되면 청정한 '종자'가 '알라야식'에 쌓이게 되어 그곳에 오염된 '종자'와 공존하게 된다. 이후 수행이 진전되면서 '알라야식'에 존재하던 오염된 '종자'는 소멸하고 청정한 '종자'가 증가한다. 이 과정을 좀 더 구체적으로 살펴보기 위해서 '종자'에 의해 '알라야식'이 변화되는 과정에 대한 글을 인용해 보자.

이와 같이 알아야 할 뛰어난 상에 대해 이미 설했다. 알아야 할 뛰어난 상으로 [깨달애]들어가는 것을 어떻게 알아야 하는가? 많이 들어서 훈습된 것에 의지해서 '알라야식'과 비슷하게 되지 않고, '알라야식'이 [깨달음의] 종자가 되는 것과 같다. 바른 사유에 의해 가르침과 비슷하고 대상과 비슷하게 상이 생겨나서 취한 바의 종류와 비슷하게 보게 되는 의언[이치에 맞게 생각하는]분별이 생겨난다.[74]

청정한 법계에서 흘러나온 이야기를 잘 듣고 바르게 사색하면 이 결과가 '알라야식'에 쌓이게 되고 이로 인해 '알라야식'은 질적으로 변화[轉依]된다. 훌륭한 사람의 언행을 반복해서 생각하고 행동하면 후에 똑같게 되지는 않더라도 비슷하게 될 수 있듯이 청정한 법계에서 흘러나오는 이야기는 '알라야식'을 조금씩 변화시킨다. 바른 이야기를 잘 듣고 이것을 이치에 의거해 생각하게 되면 가르침과 유사한 내용이 마음에 형성

---

74) 《攝大乘論》(T31, 122b26-29), "如是已說應知勝相. 云何入應知應知入勝相. 多聞所薰習依止非阿黎耶識所攝, 如阿黎耶識成種子. 正思惟所攝, 似法及義顯相所生, 似所取種類有見意言分別."

됨으로써 '알라야식'의 상태를 변화시킨다. 즉 '알라야식'에 바르게 생각하는 성향이 생겨난다.

인용문에서는 이것을 '의언(意言)'으로 표현했다. 나가오 가진(長尾雅人)에 의하면 '의언'은 깨달음으로 이끄는 디딤돌이 된다.

'의언(意言)'은 명료하게 형태를 분별하고 판단하게 되는 단계에 이르기 위한 전단계이며 개념화되기 이전의 단계로서, 마음에 일어나는 어떤 이해의 작용을 의미한다. 그러나 그것은 '가르침'으로서 나타나고, '대상을 보는 것과 동반해서' 나타나기 때문에 여러 가지 분별 및 판단과 본질적으로 다른 것은 아니다. 그것은 사색에 지나지 않는다. 즉 그것은 문사수(聞思修)의 닦음 가운데 사(思)에 해당된다. 정문훈습을 바르게 사색해서 의언의 종자가 된다. 따라서 그 의언이 깨달음의 디딤돌이 되고 전의가 생겨나는 계기가 되며 장소를 제공하기도 한다. 의언은 본질적으로 의식(意識)이다. 의식이 일반적으로 세속의 측면을 의미하는 개념인데 비해, 여기서는 여러 깨끗한 훈습이라는 말로 쓰였기 때문에 '의언'이라는 심오한 말을 사용했다고 볼 수 있다.[75]

인용문에 나타난 나가오 가진의 해석에 따르면 '알라야식'에 존재하는 여러 '종자' 가운데 '의언 종자'는 깨달음에 이르게 하는 성향을 지닌다. '의언종자'는 진리의 말을 잘 듣고 이에 대해 바르게 사색할 때 그 내용이 '알라야식'에 저장된 것으로서, 세속적인 측면을 언급하는 '의식'과

---

75) 長尾雅人(1982),《攝大乘論-和譯と註解》下, 東京: 講談社, pp.5-6.

같은 의미를 지니지만 청정한 측면을 강조한다는 면에서 '의식'과 다르다. '의언'은 이해의 작용을 말하는 것으로서 이치에 맞게 분별하고 판단하는 작용을 말한다. 따라서 '의언종자'는 유식학의 궁극적 목표인 해탈에 이르는 지표(指標)가 된다. 진리의 말을 듣고 그 말을 기억하여 깊이 새김으로써 마음은 점점 청정한 상태로 변화되는데 이 과정에서 '의언종자'의 역할이 크다.

　'알라야식'에 존재하는 '의언종자'와 오염된 '종자' 각각의 양에 따라 '알라야식'의 상태가 달라지는 현상은 다음과 같은 비유로 설명될 수 있다. 즉 두 선이 같은 점에서 출발하지만 두 선이 향하는 방향이 다를 때, 처음엔 차이가 거의 없어 보이지만 긴 시간이 지나면 두 선이 그리는 자취의 방향에 현격한 차이가 나타난다. 마찬가지로 '알라야식'에 어떤 '종자'가 존재하는가에 따라 '알라야식'의 상태는 매우 다르게 변화된다. '알라야식'에 '의언종자'가 점점 증가하게 되면 '알라야식'은 깨달음의 상태에 점점 더 근접하게 된다. 반면 오염된 '종자'의 양이 많아지면 세속의 상태에 머물게 된다.

　유식학에서 깨달음으로 가기 위해 '의언종자'를 쌓는 과정은 일상생활과 분리되지 않는다. 오히려 유식학은 일상적인 인식을 정확히 통찰하는 것이 깨달음을 위해 거쳐야할 필수불가결한 길이라고 본다. 윤회의 세계를 벗어나기 위해서는 세속에서 이루어지는 여러 상황을 잘 분석할 필요가 있기 때문이다. 그리고 이 변화를 일으키는 계기가 '문훈습종자'에 있다고 본다. 유식학에서는 '문훈습종자'에 의해 촉발되는 '전의'의 과정을 다음과 같은 비유로서 설명한다.

　본식['알라야식']은 본식이 아닌 것과 함께 일어나고 함께 소멸한다. 마치 물과 우유가 화합한 것과 같다. 어떻게 본식은 소멸하는데 본식이 아닌 것은 소멸되지 않겠는가? 비유하자면 거위가 물에[섞여] 있는 우유를 먹는 것과 같다. 또한 세간의 욕심을 제거할 때 선정이 아닌 부류에 속한 훈습은 점점 감소하고 선정의 부류에 속한 훈습이 점점 증가해서 세간의 전의가 증득되고 출세간의 전의 또한 그러한[증득되는] 것과 같다.[76)

이 인용문은 '알라야식'에 오염된 '종자'와 청정한 '문훈습종자'가 공존하는 양상을 물과 우유가 공존하는 방식으로 설명하고 있다. 성질이 다른 '문훈습종자'와 오염된 '종자'가 '알라야식'에 공존하고 있는 모습이 물과 우유가 공존하는 양상으로 비유된다. 그것은 독(毒)과 약(藥)의 비유로도 설명될 수도 있다. 오염된 '종자'와 청정한 '종자'가 공존하는 양상은 환자가 약을 복용했을 때 체내에 약이 독과 공존하게 되는 경우와 같다. 약은 독과 공존하면서 독을 점점 소멸시킨다. 이로 인해 환자의 몸은 건강한 상태로 회복된다.

'문훈습종자'가 오염된 '종자'를 소멸시키는 것도 이러한 방식으로 해석된다. '알라야식'에 존재하던 오염된 '종자'는 사라지고 청정한 '종자'는 증가되어 '알라야식'의 상태는 해탈의 경지에 이르게 된다. 물과 우유를 그릇에 넣어두었을 때, 우유만 먹을 수 있는 한사라고 불리는 거위에 의해 우유는 점점 사라지고 물만 남듯이 수행에 의해 '알라야식'에

---

76) 《攝大乘論》(T31, 117b1-4), "若本識與非本識共起共滅. 猶如水乳和合 云何本識滅非本識不滅. 譬如於水鵝所飲乳猶如世間離欲時. 不靜地薰習滅. 靜地薰習增. 世間轉依義得成. 出世轉依亦爾."

는 오염된 '종자'가 사라지고 청정한 '종자'가 증가하게 된다.[77] 이러한 과정이 소위 유식학에서 말하는 '알라야식'의 질적 변화[전의]의 과정이다.

유식학은 '알라야식'이 변화되는 양상을 변계소집성에서 원성실성으로의 변화로 설명하기도 한다. 번뇌의 세계인 변계소집성에서 깨달음의 세계인 원성실성으로의 변화는 인식적인 변화를 의미한다. 이 변화 양상은 수행에 의해 생겨난다. 수행이 진전됨에 따라 '알라야식'에는 섬세한 변화가 생겨나기 시작한다. 청정한 법계로부터 흘러나온 말을 여러 번 듣고 그것을 올바르게 사유하며 몸에 익힐 때 그 결과는 '알라야식'에 쌓이게 된다. 오랜 기간 동안 이 과정을 반복해서 실천하면 오염된 '종자'는 점점 소멸 되어 '알라야식'이 청정한 상태로 변하게 된다.

이 현상은 우리가 일상생활에서 경험하는 인식의 변화와 질적으로 다르다. 우리는 새로운 정보를 듣게 되었을 때 인식이 확장되는 경험을 한다. 기존에 알고 있던 사실과는 다른 이야기를 전해 들었을 때 우리는 그 내용에 대해 다양한 관점에서 생각을 하게 된다. 그 결과, 사태를 바라보는 관점이 변화된다.

그러나 이것은 유식학이 제시하고 있는 '전의'경험과는 다르다. 유식학에서 제시하는 '전의'는 '완전한 변화'이다. '전의'경험은 이전의 마음상태는 현재의 마음상태와 '질적으로' 달라지는 그런 경험이다. 이 경험에 의해 원성실성의 세계에 이르게 된다.

앞에서 설명한 바와 같이 변계소집성에서 원성실성으로의 변화는 깨달은 자의 말을 잘 듣고 수행을 일으키고자 하는 '발심(發心)'에서 시작된

---

77) 長尾雅人(1982),《攝大乘論-和譯と註解》上, 東京: 講談社, pp.230-231.

다. 언어에 의해 번뇌의 세계에서 깨달음의 세계로 나아가고자 하는 마음이 일어나게 된다고 본다. 즉 진리의 세계에서 흘러나온 언어에 의해 '식'에 존재하던 '종자'의 종류가 변화된다는 것이다. 일상인이 우연히 붇다가 깨달은 이야기를 듣고 마음에 즐거움을 느껴 수행하고자 하는 마음을 느끼는 경우가 이러한 예이다. 그는 깨달음에 이르고자하는 발심(發心)을 일으켜 직접 수행을 하는 단계에 이른다.

이후 수행을 시작한 자는 오랜 기간을 거쳐 여러 단계를 경험하게 된다. 마음을 닦는 과정이 진전됨에 따라 그는 보살의 초지(初地)에 이른다. 그는 인식의 주체인 자기 자신과 자신에게 떠오른 대상이 영원한 존재가 아니라는 사실을 깨닫게 된다. 이로 인해 분별작용이 사라진 근본무분별지의 경지에 이른다. 그리고 인식의 주체와 인식 대상은 '식'이 변화된 것일 뿐이라는 사실을 깨닫게 된다. 이후 그는 더 나아가 자신이 경험한 사실을 자각하는 후득지를 증득한다. 후득지는 자신이 깨달은 것을 객관화시켜 표현할 수 있는 지혜를 의미한다. 이를 통해 그는 깨달음의 경지에 머물지 않고 다시 중생을 구원하고자 하는 의지를 내는 보살이 된다. 그는 후득지를 증득함으로써 아라한과 달리 사회 속에서 중생과 더불어 불교의 이상 즉 해탈을 추구한다.[78]

---

78) 유식학은 광대전(廣大轉)과 후득지(後得智)와의 관계를 통해 보살이 되는 길을 구체적으로 설명한다. 광대한 전의[廣大轉]는 인식 주관[시]과 인식 대상[法]이 영원하지 않다는 사실 즉 무아[人法二無我]에 통달한 '전의'를 말한다. '전의'에 의해 인식 주관과 인식 대상이 영원하지 않음을 통찰했기 때문에, 보살은 열반과 윤회에 집착하지 않게 되어 중생과 관계를 자유롭게 맺을 수 있다고 본다. '광전의'를 통해 획득된 '후득지'에 의해 보살은 자신이 경험을 자각하고 기억할 수 있으며, 타인에게 자신이 경험을 들려줄 수 있다. 보살은 열반의 상태를 벗어나도 전혀 흔들림이 없기 때문에 타인과의 관계 속에서 자신의 깨달음을 공유할 수 있게 된다(長尾雅人(1982), 《攝大乘論-和譯と註解》下, 東京: 講談社, pp.308-309).

이상에서 살펴 본 바와 같이 유식학은 일상인이 수행의 길로 접어들게 되는 최초의 계기를 '정문훈습'으로 설명한다. 청정한 '종자'가 내부에 점점 쌓임에 따라 '식'은 변화된다고 한다. 이 관점에 의하면 유식학은 언어가 '알라야식'을 근본적으로 변화시킬 수 있는 힘을 가지고 있다고 본다. 보살이 후득지를 증득함으로써 인식 대상과 인식 주체 모두 영원하지 않음을 깨닫고 자신이 경험한 바를 중생에게 언어로 전달할 때, 중생은 그 말을 듣고 마음이 변화된다. 보살이 표현한 언어는 일상인들의 '식'을 변화시켜 그들이 인식해왔던 방법을 근본적으로 변화시키는 역할을 한다.

유식학에서 제시하고 있는 '정문훈습종자'에 의한 '식'의 변화현상에 대한 예는 언어가 능동적으로 인간의 마음을 변화시킬 수 있음을 보여준다. 필자는 이러한 현상이 논리실증주의 또는 후기비트겐슈타인의 언어관에서 찾을 수 없는 독특한 사례라고 생각한다.

② 수행에 의해 통찰된 언어와 대상의 본질

유식학에 의하면 언어가 가지고 있는 이미지는 언어 자체가 본래 갖추고 있는 것이 아니다. 그 이미지는 화자(話者)가 주어진 환경에서 익힌 것이다. 따라서 같은 언어 공동체 안에서 생활하고 있는 사람들은 대부분 그 언어에 대해 유사한 이미지를 공유한다.

그런데 이 공유된 이미지는 현실과 동떨어진 고정된 생각(stereotype)이 되어, '이 그룹의 사람은 이렇게 말할 것'이라는 믿음으로까지 발전되기도 한다. 유식학은 이 현상을 분별작용에 의해 설명한다. 분별작용은 어떤 대상에 대해 판단하고 분석하는 과정을 거쳐 그 대상이 다른 대상과 달리 독자적인 특징을 가지고 있다고 생각하는 작용이다. 이것은 마음이 대상에 대한 고정관념을 만들고 그 대상이 영원히 실재한다고 여기도록 한다.《섭대승론》에서는 분별된 상에 대해 다음과 같이 정의하고 있다.

> 분별의 성상(性相)은 실제로 [외계의] 대상이 존재하는 것이 아니라, 오직 식 자체가 현현된 대상만이 존재하는 것을 일컫는 것이다.[79]

유식학은 마음에 나타난 '심상'이 마음에 의해 만들어 진 것이라고 본다. 따라서 마음에 '심상'이 나타났을 때 그 '심상'이 인식기관의 외부에 존재하는 어떤 대상을 모사한다고 생각하는 것은 현상을 정확하게 파악하지 못한 것이다. 유식학에 의하면 외부에 어떤 대상이 존재할 것이라고 생각하는 현상은 분별작용에 의해 형성된다. 분별작용은 '심상'을 고착화시켜 그것이 인식기관의 외부에 존재한다고 착각하는 현상을 불러일으킨다.

일상인들이 사유하고 행동하는 과정은 모두 이 분별작용에 의해 발생된다. 사람들은 인식 대상에 대해 분별작용을 일으켜 그 결과에 대해 집착하는 마음을 낸다. 이러한 과정은 '식'에 저장되어 있던 '종자'가 현현되어 발생된 것이라 할 수 있다. 예컨대 사과가 먹고 싶다는 생각이 일어났다고 하자. 이 현상은 과거에 사과를 먹었을 때 경험했던 달콤하고 새콤한 맛을 기억하고 그 맛을 느끼고 싶을 때 생겨난다. 사과를 먹어보지 못한 사람은 사과에 대한 이미지를 전혀 떠올릴 수 없다. 사과를 먹었을 때 경험했던 내용이 '식'에 '종자'의 형태로 저장되어 있다가 어떤 계

---

79) 《攝大乘論》(T31, 118b5-6), "分別性相者, 實無有塵唯有識體顯現爲塵 是名分別性相."

기에 의해 사과가 먹고 싶다는 생각을 일으킨 것이다. 즉 과거에 경험했던 내용이 사과라고 하는 대상을 떠올려 인식 주체로 하여금 그것을 먹고 싶다는 욕망을 일으키게 한 것으로 해석할 수 있다.

유식학에 의하면 아무리 미세한 작용일지라도 마음이 일으킨 욕망은 '알라야식'에 흔적을 남긴다. 이것은 '종자'의 형태로 저장되어 후에 다시 현현(顯現)한다. 그 결과는 다시 '종자'로 저장되어 다음 행위를 일으키는 잠재력이 된다. 이러한 끝없는 순환과정은 불교에서 소위 말하는 윤회의 세계에서 발생되는 현상이다.

유식학은 여러 '종자' 가운데 언어의 사유작용 결과에 의해 만들어진 것을 '명언훈습종자'로 정의한다.[80] 이 '종자'는 수행에 의해 소멸되는 과정을 겪게 된다. 이것은 언어와 대상과의 관계 및 언어와 대상의 본질에 대해 여실하게 알아가는 단계를 밟아감으로써 진행된다. 앞에서 논의한 바와 같이 인간은 진리의 세계에서 흘러나온 소리를 듣게 됨에 따라 수행하는 마음을 일으키게 된다. 언어에 의해 전달된 가르침을 듣고 수행을 시작하게 되면서 수행자는 언어와 대상의 본질을 통찰하게 된다. 이를 통해 수행자는 '종자'를 소멸시킨다.

이 과정을 수행의 5가지 단계인 오위[자량위, 가행위, 통달위, 수습위, 구경위]를 중심으로 분석해 보자.[81] 우선 첫 번째 단계는, 진리의 가르침을 듣고, 수행하고자 하는 마음을 일으키는 '발심'의 단계이다. 앞에서 살펴본 바와 같이, 깨달은 자의 말을 듣고 자신도 깨닫고 싶다는 마음을 일으켜

---

80) 유식학은 모든 현상이 마음의 작용에 의해 생겨난다고 본다. 마음은 분별을 통해 현상에 대해 분석하고 판단한다. 이 과정은 모두 언어와 관련된 작용이다. 따라서 일체의 '종자'는 '명언훈습종자'를 의미하는 것으로 정의된다.

81) 《成唯識論》(T31, 48b11-49a22).

수행을 시작하는 단계이다[자량위(資糧位)].

다음은 근원적인 사유가 일어나는 단계이다[가행위(伽行位)]. 자신이 들었던 진리에 대해 깊이 사색하고 사색한 내용에 대해 근본적으로 따져보는 단계이다. 이로 인해 출세간의 진리를 이해할 수 있는 가능성이 생겨난다. 이 단계에서 수행자는 본격적으로 언어와 대상의 본질에 대해 깊이 사색해서 그 원리를 깨닫게 된다. 이를 좀 더 구체적으로 분석해 보면 다음과 같다.

우선 수행자는 대상에 부여된 명칭이 단지 가설적인 것에 지나지 않음을 이해하게 된다[난위(煖位)]. 수행자는 우리가 어떤 대상을 '사과'라고 불렀을 때 그 단어는 사회 속에서 구성원간의 약속에 의해 만들어진 것일 뿐임을 이해한다. 예컨대 우리는 '사과'가 지칭하는 대상에 대해 영어로는 'apple'이라고 부르고 일어로는 'りんご'라고 부른다. 수행자는 각 대상에 대해 지칭하는 언어는 각 공동체마다 다르다는 것을 통찰하게 된다. 즉 '사과'라고 하는 명칭은 한국 사회에서 한국인들이 약속한 것일 뿐이라는 것을 알게 된다.

다음은 명칭에 대응하는 대상이 영원한 것이 아님을 체득하게 된다[정위(頂位)]. 수행자는 대상이 아트만과 같은 실체로서 존재하는 것이 아니라 무아임을 통찰하게 된다. 우리가 '사과'라고 부르는 대상은 플라톤의 이데아와 같이 초월적인 존재가 아니라 다만 현상적인 존재일 뿐임을 통찰한다.

이어서 언어와 대상과의 관계를 여실히 통찰하여 대상에 대해 집착하는 마음을 소멸시키고 인식 주체 또한 실재하지 않음을 통찰한다[인위(忍位)]. 즉 수행자는 대상이 초월적인 존재도 아니며 마음에 내재하는 실체도 아님을 통찰함으로서 그 대상에 대해 환상을 갖지 않게 된다. 이로 인해 수행자는 언어에 의해 표현된 대상이 실재한다고 생각하는 것은 착각임을 여실히 통찰하여 대상에 대해 집착하지 않게 된다.

다음으로 인식 대상과 그것을 파악하는 마음[주관(主觀)]도 또한 실재하지 않음을 체득하게 된다[세제일법위(世第一法位)]. 수행자는 마음에 비춰진 영상과 그것을 표현하는 언어 및 그것을 인식하는 나 자체도 영원히 존재하는 것이 아님을 거듭 통찰하게 된다.

이와 같은 수행을 통해 수행자는 언어와 대상의 본질이 무아임을 통찰하고 대상을 파악하는 마음 자체도 무아임을 증득하게 된다. 수행자들은 '이 세계는 단지 '식'에 나타난 영상일 뿐이며 외계에는 어떤 실재도 존재하지 않음'을 체득해 간다.

이어서 깨달음의 세계가 눈앞에 전개된다[법계직증(法界直證)]. 이 단계에서 수행자는 인식 주체와 인식 대상에 대한 구별을 떠나 모든 분별과 희론을 끊게 된다[통달위(通達位)]. '근본무분별지'를 체득하고 이후 '후득지'를 증득하는 단계로서 일체의 진면목이 확연하게 드러나게 된다. 마음에 일체가 나타나도 이것에 대해 집착하는 마음이 전혀 일어나지 않는다.

다음으로 밝은 빛이 물질을 있는 그대로 비추듯이 존재를 존재로, 비존재를 비존재로 통찰하게 된다[수습위(修習位)]. 수행자는 3성중 '의타기성'과 '원성실성'은 현상적인 세계의 참모습이라는 것과 '변계소집성'은 현상을 전도된 상태로 보는 세계임을 관한다. 이를 통해 수행자는 아직 남아있는 무명과 번뇌의 습기를 닦는다.

마지막으로 수행자는 전의의 경험을 통해 붓다의 경지로 깨달아 들어간다. 자기의 존재근거를 완전하게 전환하여 살아 있는 모든 것과 평등한 입장이 된다[구경위(究竟位)]. '원성실성'이 증득되는 것이다.

이상 수행의 단계마다 인식되는 현상을 차례로 요약해 보면 다음과 같다. 우선 수행자는 언어와 대상의 관계를 여실히 통찰하여 대상에 부여된 명칭은 실재하는 존재가 아니라 약속에 의해 만들어진 것이고 명칭에 대응하는 대상 또한 환상에 지나지 않음을 증득한다. 이를 통해 수행자는 대상에 대한 집착이 사라지고 대상을 파악하는 주체도 무아임을 알게 된다. 이로 인해 거울에 사물이 확연하게 비추어지듯이 마음에 나타나 모든 존재는 단지 영상일 뿐임을 수행자는 통찰한다. 이후 그는 자기의 존재근거가 완전히 바뀌는 '전의' 경험을 통해 붓다의 경지에 오른다.

(2) 문화 및 가치관에 의한 사회적 자아의 변화

① 문화에 의한 사회적 자아의 변화

인간은 다양한 문화를 창출했다. 문화는 대부분 언어에 의해 표현되기도 하지만 음악이나 미술 등 예술작품을 통해 표현되기도 하며 세시풍습의 형태로 한 세대에서 다른 세대로 전해지기도 한다. 유식학의 관점에서 볼 때 문화 및 가치관이 형성되는 과정은 '명언훈습종자'의 현현으로 해석된다. 같은 공간에서 오랜 시간을 지낸 구성원들은 각각의 내부에 공통의 가치관을 '명언훈습종자'의 형태로 보유하고 있다. 구성원들은 '명언훈습종자'가 현현되면서 공동체만이 가지는 특유의 문화를 만든다. 다른 공동체와 구별되는 그들의 가치관과 관습은 그 사회를 유지하는 틀이 된다.

구체적인 예로서, 한국인들은 다른 민족 가지고 있지 않은 고유의 문화를 지니고 있다. 설날이 되면 어른에게 세배를 하고 가족과 함께 떡국을 나누어 먹는다. 이 풍습은 새해를 맞이해서 마음을 가다듬게 하고 가족사이의 유대관계를 강화시키는 역할을 한다. 종교공동체에서도 마찬가지이다. 불교공동체에는 수행문화가 발달되어 있다. 선방에서 참선을 하고 화두를 통해 마음을 깨우치려는 수행방식은 불교에만 나타나는 독특한 문화이다. 이슬람교는 일정한 시간이 되면 장소에 관계없이 한 방향을 향해 기도를 한다. 그리고 부활절에 달걀을 선물하는 것은 기독교의 고유문화이다. 이 공동체들은 각각의 독특한 문화를 통해 종교의 정체성을 유지한다.

그런데 문화는 인간의 산물이기도 하지만 문화에 의해 인간의 의식이 변화되기도 한다. 예컨대 우리는 우울한 기분을 느낄 때 경쾌하고 밝은 음악을 들으면 마음이 달라지는 현상을 경험한다. 알지 못했던 지식을 접했을 때 우리는 인식의 영역이 확장되어 새로운 시각으로 사물을 바라보게 된다.

문화는 개인의 의식을 변화시킬 뿐만 아니라 인류전체의 의식을 변화시키기도 한다. 주지하듯 인간이 만든 문화가 인간의 사고를 획기적으로 변화시킨 코페르니쿠스의 지동설은 인간 정신사에 있어서 가장 포괄적이고 철저한 혁명이었다. 코페르니쿠스는 그 당시 받아들여진 물리학의 기초를 와해시키는 결과를 초래했다. 이로 인해 천문학은 새로운 물리학을 필요로 하게 되었다.[82) 지구를 중심으로 우주를 해석했던 당대 지성인들의 의식 상태는 그의 이론에 의해 변화될 수밖에 없었다.

인문학에서도 코페르니쿠스의 지동설은 아리스토텔레스와 프톨레마이오스(Claudius Ptolemaeos, ?-?) 체계에 도전하는 것이었다. 코페르니쿠스는 지구가 우주의 부동의 중심이 아니고 다른 행성들과 함께 태양의 주위를 회전한다는 것을 주장했다. 그 때부터 코페르니쿠스의 생각은 실제로 증명되기 시작했으며 아리스토텔레스의 세계관은 뉴튼(Sir Isaac

---

82) H.I. 브라운(1988), 《새로운 과학철학》, 신중섭 역, 서울: 서광사, p.173.

Newton, 1642-1727)의 세계관에 의해 대체되었다.[83] 이러한 세계관의 변화를 토마스 쿤(T.S. Kuhn, 1922-1996)은 패러다임의 변화로 표현했다.[84]

우리의 의식을 지배하고 있던 보편적 이론이 변화하면, 변화된 이론은 다시 우리의 의식을 변화시킨다. 하지만 이 변화는 단절된 변화가 아니라 어느 정도의 연속성을 지닌 변화이다. 연속적인 것 가운데 변화가 수반된다고 볼 수 있다. 라카토스(Imre Lakatos, 1922-1974)의 핵이론에 의하면 이론의 견고한 핵은 이론의 기본원리이다. 예컨대 코페르니쿠스의 천문학에서 견고한 핵은 지구와 행성은 고정된 태양을 중심으로 회전하고, 지구는 지축을 중심으로 하루에 한 번 자전한다고 하는 가정이다. 뉴튼 물리학의 견고한 핵은 뉴튼의 운동법칙과 그의 만유인력의 법칙으로 구성되어 있다. 마찬가지로 한국의 문화가 타국의 문화에 의해 변화되면서도 한국만의 고유한 전통을 유지하는 현상은 라카토스의 이론에 따르면 '한국문화의 핵'이라고 할 수 있는 부분이 중심을 차지하고 있기 때문이

83) 아리스토텔레스는 우주를 크게 두 부분으로 나누었다. 지구 중심에서 달 궤도까지를 우주의 안 부분으로 잡고 그것을 지상계(地上界)라고 불렀다. 유한한 우주에서 지상계를 제외한 나머지 부분을 천상계(天上界)라고 했는데, 천상계는 달 궤도에서 우주의 외부 경계가 되는 별들이 있는 영역까지를 가리킨다. 외부 영역을 넘어서는 아무것도 존재하지 않는다. 심지어 공간까지도 존재하지 않는다. 아리스토텔레스의 체계에서는 아무것도 채워져 있지 않은 공간은 존재할 수 없다. 천상계의 내부에 있는 모든 천체들은 에테르라고 하는 부패하지 않는 물질 원소로 구성되어 있다. 에테르는 우주의 중심을 기준으로 하여 원환 운동을 하려는 자연적인 성질을 가지고 있다. 이와 같은 기본적인 생각이 변형되고 확장된 것이 프톨레마이오스의 천문학이다(앨런 차머스(1988), 《현대의 과학철학》, 신일철·신중섭 역, 서울: 서광사, p.120).

84) 넓은 의미로 볼 때, '패러다임'은 하나의 '학문모형(disciplinary matrix)' 혹은 주어진 집단의 구성원들에 의해서 공유된 신념, 가치, 테크닉 등의 전체집합을 말한다. 반면 좁은 의미에서 '패러다임'은 하나의 '예제(exemplar)' 즉 하나의 과학적 이론을 의미한다(Thomas S. Kuhn(1970), *The Structure of Scientific Revolutions*, Chicago: Chicago University Press, 1st ed., p.175; 존 로제(1988), 《과학철학의 역사》, 최종덕·정병훈 역, 서울: 흔겨례, p.250).

다. 핵은 중심을 유지하면서 주변부의 이론이 변화된다. 따라서 연속성을 유지하면서 변화하는 현상을 보인다고 해석할 수 있다.

이러한 현상은 다음의 예에서 잘 나타난다. 한국인의 가치관에는 효(孝)가 중요한 부분을 차지한다. 조선시대 이래로 한국인의 의식 속에 자리하고 있는 유교는 부모와 자식은 효로서 맺어져야 하고 신하는 임금에게 충(忠)으로 대해야 한다는 사상을 제시했다. 현재까지 우리의 의식 속에 효가 중요한 덕목으로 자리를 잡고 있는 것은 유교의 영향이 크다. 그래서 한국인들은 연초나 추석이 되면 대부분 집에서 제사를 지내고 조상의 묘를 찾아간다. 곧 효라는 '명언훈습종자'가 발현되어 한국인만이 가지는 가족중심의 독특한 문화와 가치관을 형성했다고 볼 수 있다.

하지만 가치관은 항상 고정된 것이 아니다. 근대화의 영향으로 한국 사회는 대가족중심에서 핵가족중심으로 변했다. 이로 인해 조상에 대해 예를 표하는 방식은 예전과 많이 달라졌다. 그렇지만 아직도 한국인 대부분은 자신을 낳아준 부모와 선조는 여전히 존중해야할 대상이라는 것에 동의한다. 라카토스의 이론에 의하면 패러다임의 변화란 기존의 이론이 새로운 이론으로 완전히 대체되는 것이 아니라 이론의 중심핵은 유지하되 주변부가 변한다. 한국인의 의식 중심에 자리하고 있는 선조에 대한 예는 중심핵이 된다. 다만 시대에 따라 대하는 방식이 달라질 뿐이다.

문화 및 가치관은 한 세대에 국한해서 구성원들의 의식에 영향을 주는 것이 아니다. 이것은 역사를 거쳐 전승됨으로써 각 세대의 의식을 형성한다. 전승된 문화는 공동의 의식에 영향을 주어 새로운 변화에 대응할 수 있는 힘을 길러 준다. 이 과정은 민족 고유의 문화 및 가치관을 교육함으로써 이루어진다. 오랜 시간동안 형성되어온 역사적 산물을 후손들에게 교육시킴으로써 주체적으로 현실을 판단하게 하고 한국인 고유의 특성을 유지하도록 한다.

이와 같이 교육에 의해 의식이 변화되는 예는 현재 우리 주변에서 많이 발견된다. 예컨대 우리는 학교, 사회 그리고 대중매체를 통해 새로운 지식을 교육받게 된다. 이로 인해 논리적이고 합리적인 사유방식을 습득하게 되어 기존과는 다른 관점에서 자연과 사회현상에 대해 분석하고 판단할 수 있게 된다. 또한 우리가 여행을 하거나 낯선 곳을 방문해야 할 때, 그 지역에 대한 교통편과 주변 환경에 대한 새로운 정보를 얻게 되면 출발하기 전에 철저한 준비를 할 수 있어서 시간과 경비를 낭비하지 않게 된다. 이와 더불어 심리적인 안정감도 생기게 된다.

유식학에 의하면 언어에 의해 분별된 결과물인 문화 및 가치관은 공동의 사회 속에 존재하는 구성원들의 '사회적 자아' 속에 내재해 있던 '명언훈습종자'가 현현된 것이다. 하지만 공동체의 산물인 문화 및 가치관은 인간의 의식을 변화시키기도 한다. 언어는 '알라야식'에 있는 '종자'에 의해 만들어지기도 하지만 언어는 능동적으로 의식을 변화시키기도 한다.[85]

---

85) 유식학의 관점에서 볼 때 '식'과 문화 간의 영향관계는 '종자생종자(種子生種子)'로 해석될 수 있다. 구체적으로 말하면 '등류습기' 곧 '명언훈습종자'로부터 말나식과 육식이 활성화되면서 현실의 경험세계가 생겨난다고 할 수 있다. 이 '식'들의 활동에 의해 다양한 경험세계가 형성되는 것이다. 말나식과 육식은 다시 경험세계[등류습기, 원인과 비슷한 결과를 형성하는 습기]에서 형성된 결과를 '알라야식'에 남기기도 한다. 한편 선(善) 또는 악(惡)의 성향을 지닌 행위는 '이숙습기'(異熟習氣, 원인과 다른 결과를 형성하는 습기)의 형태로 '알라야식'에 저장된다. 저장된 '종자'들은 '알라야식' 안에서 생장 발달해서 다시 새로운 현행을 일으키는 힘이 된다. 그런데 이 관계는 순환적으로 해석되는 관계가 아니다. 즉 '알라야식' 속에 존재했던 '종자'가 문화 및 가치관을 형성하고 그 문화가 다시 '종자'로 저장되는 관계가 아니라 나선형의 구조로 변화되는 관계로 해석된다고 할 수 있다. 다시 말하면 둘 사이의 관계는 동심원의 구조에 의해 꼬리에 꼬리를 물고 반복되는 관계가 아니라, 끊임없이 변화하면서 서로 영향을 주고받는 관계로 해석된다고 할 수 있다(요코야마 코이츠(1989), 《유식철학》, 묘주 역, 서울: 경서원, pp.107-109).

② 성(聖)의 구현체가 사회적 자아에 미치는 영향

주지하듯 보살은 열반에 머물러 있을 수 있지만 윤회의 세계로 돌아와 자신이 깨달은 바를 중생에게 전한다. 보살은 중생을 해탈의 경지로 인도하기위해 서원(誓願)을 세우고 이를 실천하고자 한다. 보살의 이와 같은 행위는 자신이 깨달은 바를 타인과 나누고자 하는 마음 즉 자비(慈悲)의 마음에서 비롯된다.

유식학은 보살이 자비의 마음을 일으키기까지 겪게 되는 심리과정을 성문지 → 무분별지 → 후득지의 경지로 구분하고 이것을 단계별로 분석한다.[86] '성문지'의 단계에서 발생되는 인식 작용은 인식 주관이 인식 대상을 분석하고 판단하는 과정이다. '성문지'의 단계는 인식 주관과 인식 대상이 명확히 구분되는 단계이다. 이후 수행이 진전되면 수행자는 무분별지의 경지에 이르게 된다. '무분별지'는 주관과 객관이 구분되지 않는 경지 즉 주관과 객관을 초월한 상태이다. 이 경지에서는 주관과 객관이 분화되지 않기 때문에 인식 주체가 일상의 언어로 인식 대상을 표현하는 작용이 일어나지 않는다. 그래서 '무분별지'는 언어를 초월한 경지로 묘사된다. 일반적으로 이 경지는 진여의 경지로 일컬어진다.

그런데 보살은 '무분별지'의 경지에 머무르지 않고 중생을 구원하고자 하는 마음을 일으킨다. 자신만이 진여의 상태에 머무는 것이 아니라 모든 중생을 구원하고자 하는 서원을 낸다. 유식학에 의하면 '무분별지'를 넘어선 '후득지'를 증득하게 될 때 보살은 타인에게 자신이 깨달은 바를 전하려는 마음을 일으킨다. 이 때 보살의 인식상태는 주관과 객관이 구분되지 않는 '무분별지'의 상태에서 주관과 객관이 다시 분화되는 단

---

86) 長尾雅人(1982),《攝大乘論-和譯と註解》下, 東京: 講談社, pp.270-272.

계에 이른다. 보살은 '무분별지'에서 경험했던 내용을 자각하고 이것을 언어로 표현하여 중생이 열반의 경지에 이르도록 인도한다.

이때, 보살이 타인과 의사소통을 하게 되는 것은 인식 주관이 인식 대상을 언어로 표현할 수 있기 때문이다. 보살은 '후득지'를 증득함에 따라 자신이 경험했던 무분별의 경지를 자각하고 이것을 언어로 표현한다. 그리고 보살은, 중생이 자신의 이익을 위해 타인과 관계를 맺는 것과는 달리 이타적인 입장에서 타인을 대한다. 이것이 가능한 이유는 인식의 주체와 인식의 대상이 모두 '공(空)'함을 깨달았기 때문이다. 자신이 경험했던 진여의 경지와 윤회의 세계가 모두 '공'하다는 사실을 여실히 통찰했기 때문에 그는 생사와 열반에 대해 집착하지 않는다. 아공(我空, 인식 주체가 영원하지 않음)과 법공(法空, 인식의 대상이 영원하지 않음)의 진리를 증득했기 때문이다. 이로 인해 보살은 타인에게 자신이 깨달은 바를 자유롭게 전할 수 있게 된다.

즉 보살은 자신과 타인이 영원히 존재하지 않음을 여실히 통찰했기 때문에 집착하는 마음을 일으키지 않는다. 그래서 그는 무심(無心)의 상태에서 중생에게 가르침을 전할 수 있다. 그는 중생이 무지(無知)로 인해 자신과 타인이 영원한 존재가 아니라는 점을 깨닫지 못하고 집착하는 현상을 본다. 그로 인해 보살은 중생들에게 연민을 느끼게 되어 그들을 깨달음으로 이끌고자 하는 마음 즉 자비의 마음을 낸다.

보살이 자비의 마음을 내기까지 경험하게 되는 인식의 변화는, 중생의 입장에서 볼 때 앞으로 중생 자신이 겪게 될 현상이기도 하다. 왜냐하면 중생 또한 보살의 경지에 도달할 수 있는 가능성을 가지고 있기 때문이다. 중생은 보살이 되려면 우선 욕망에 의해 인식 대상을 판단하고 그 판단한 내용에 대해 집착하는 마음의 작용으로부터 벗어나기 위해 수행의 길로 들어서야 한다. 유식학은 이 계기가 보살의 가르침을 잘 듣는 것에 있다고 설명한다. 유식학에 의하면 가르침을 잘 듣고 그것에 대해 깊이 생각할 때 깨달음에 이르고자 하는 마음이 생겨나게 된다. 진리의 세계에서 흘러나온 이야기를 잘 듣고 이것을 이야기의 내용을 반복해서 마음에 새기면 중생의 마음에 청정한 '종자'가 쌓이기 시작한다. 즉 번뇌로 가득 차 있던 마음이 청정한 마음으로 변화되기 시작한다. 보살의 가르침은 중생들의 마음상태를 변화시킨다.

유식학에 의하면 오랜 기간 동안 수행을 함으로써 증득된 경지는 일상인들의 인식세계와는 다른 '성스러운' 경지이다. 이 경지는 진리의 세계이다. 진리의 세계로부터 나온 이야기는 인간의 마음을 평화로운 상태로 변화시킨다. 갈등에 의해 혼란스러운 현실에서 그것을 조화롭게 유지할 수 있는 것은 마음에 내재하는 욕망이 소멸될 때이다. 유식학은 평화의 상태에 이르기 위한 방법으로서 수행을 제안한다.

그런데 보편적 가치를 추구하는 방법은 다양하다. 불교는 수행을 통해 '성스러운' 경지에 이르고자 한다. 반면 기독교는 신(神)에 대한 믿음을 통해서 '성스러운' 경지에 이르고자 한다. 한편 일상생활 속에서 우리는 보편적 가치인 진리를 탐구하기 위해 학문을 닦고 이것을 통해 인간과 사물을 객관적으로 바라보는 눈을 기르기도 한다. 예컨대 학문적 성과물이 학교강의를 통해 학생들에게 전달될 때, 학생들의 인식의 세계는 이전 보다 깊고 넓게 변화된다. 그들은 그들이 배운 지식을 토대로 자연과 인간에 대한 객관적인 해석을 제시할 수 있게 된다.

주지하듯 종교, 학문, 문화 그리고 예술 등은 모두 공동체 속에서 형성된 '사회적 자아'의 산물이다. 여기에는 공동체 구성원들이 가치를 부여한 내용이 담지 되어있다. 그들은 그것을 '성스러운' 것으로 여긴다.

이것은 '성스러움'이 사회공동체에 의해 만들어진다고 본 뒤르껭의 관점과 맥이 닿아 있다. "뒤르껭은 성(聖)을 창조하는 것은 사회자체라고 생각했다."[87] 그에 의하면 '성스러운' 것으로 여겨지는 보편적 가치는 사회공동체 속에서 구성원들에 의해 만들어진 것이다. 베버가 종교생활의 여러 양상들이 인간 공동체의 경제적인 상황에 의해 결정된다고 말한 바와 같이 종교는 하나의 개별문화이며 특정의 사회 경제체제로부터 발생된 것이다.[88] 베버는 불교, 기독교 유대교와 같은 종교들 각각은 그 공동체가 처한 사회경제적 토대위에서 각각의 특수한 문화를 형성했다고 생각했다. 그는 각 종교가 '성스러운' 것으로 제시하고 있는 이상적 경지는 그 종교공동체가 토대를 두고 있는 배경 속에서 형성되는 것으로 파악하고 있다.

이 맥락에서 볼 때 붓다가 제시한 열반의 경지는 불교 공동체가 지향하고자 하는 이상적 경지이다. 그것은 다른 공동체와 구분되는 불교공동체만이 보여주는 '성스러운' 경지이다. 붓다는 욕망에 의해 형성되는 마음의 작용의 본질을 꿰뚫어 보고 욕망을 소멸시키는 방법을 제시했다. 그는 욕망에 의해 움직이는 일상의 삶 속에서 진여라고 하는 '성스러운' 경지에 이를 수 있다고 생각했다. 그래서 그는 중생이 '성스러운' 경지에 이르도록 가르침을 전했다.

인간은 자신의 욕망에 따라 판단하고 행하지만 마음의 이면에는 보편적 가치를 선호하고 그것을 실현시키고자 하는 성향이 있다. 유식학은 이러한 성향을 '무루종자'로 설명한다. '무루종자'는 '알라야식'에 존재

---

87) 이은봉(1976), 〈성과 속은 무엇인가〉, 《성(聖)과 속(俗)》, 서울: 한길사, p.29.

88) 에릭 샤프(2005), 《종교학-그 연구의 역사》, 윤이흠·윤원철 역, 서울: 한울아카데미, p.223.

하는 '종자'로서 번뇌가 없는 청정무구한 '종자'이다. '무루종자'는 '유루종자'와 상반되는 개념으로서 '성(聖)'과 '속(俗)'의 관계로 설명될 수 있다. 일상적인 삶을 '속'으로 표현한다면 일상의 세계를 초월한 삶은 '성'으로 표현된다. 즉 '성스러운' 것으로 여겨지는 영역은 번뇌로 물든 윤회의 세계를 벗어난 해탈의 세계이다. 유식학은 '변계소집성'의 세계에서 '원성실성'의 세계로 변화될 수 있는 가능성이 '무루종자'에 있다고 본다. 세속(世俗)의 세계에서 '성스러운' 세계로 변화될 수 있는 가능성을 '무루종자'로 표현한다.

뒤르껭은 인간이 함께 사는 형태를 이해하는 길은 관련된 개개인의 심성들을 하나하나 따로 분석하는데 있는 것이 아니라 집단 자체를 세밀히 연구하는데 있다고 생각했다. 그는 집단의식의 산물로서 개인에 대해 강제력을 행사하며 집단 구성원 개개인의 심성을 초월하는 '사회적 실재'가 있다고 생각했다. 그는 집단심성이라는 것이 있고 그 본질은 개개인의 의사를 총합을 합한 것과는 같지 않다고 주장했다. 즉 뒤르껭은 집단심성의 본질은 개개인의 의사를 모두 합한 것 이상이라고 생각했다. 이러한 관점에서 그는 종교의 진정한 기반이 되는 것은 모든 사물을 '성'과 '속'이라는 두 개의 범주로 구분하는 태도라고 하였다. 종교에는 어떤 '성스러운' 사물이나 장소, 또는 인물에 대해 공통된 태도를 나눔으로써 공동체가 결속되는 현상도 내포된다.[89]

뒤르껭의 관점에 의하면 보살의 경지는 불교공동체 구성원들이 가치가 있다고 여기는 '성스러운' 경지이다. 이 경지는 불교집단 의식의 산물로 해석해 볼 수 있다. 불교는 '성스러운' 경지에서 흘러나온 이야기를

---

89) 에릭 샤프(2005), 앞의 책, pp.114-118.

들게 됨에 따라 '속'의 영역에 존재하는 중생들은 '성스러운' 경지로 변화되는 과정을 겪게 된다고 설명한다. 유식학은 이 현상을 '알라야식'의 변화로 설명한다. 즉 진리의 세계에서 흘러나온 이야기를 잘 새겨서 듣게 되면 마음에 청정한 '종자'가 쌓이게 된다. 이 현상은 '알라야식'에 존재하던 '무루종자'가 '정문훈습종자'에 의해 촉발되어 '성스러운' 상태로 변화되는 과정으로 설명된다.

이상의 논의는 인류의 보편적 가치가 우리의 인식 작용의 방식을 변화시키는 과정을 '사회적 자아'와 관련시켜 설명했다. 일반적으로 보편적 가치는 '사회적 자아'의 산물로서 '성스러운' 것으로 여겨진다. 이것은 다시 '사회적 자아'에 영향을 준다. 즉 '성스러움'이 구현된 보편적 가치에 의해 '사회적 자아'는 변화된다. 이 맥락에서 볼 때, 보살이 중생을 교화하는 과정은 불교공동체에서 형성된 '성스러움'의 구현체에 의해 '사회적 자아'가 변화하는 현상으로 해석된다고 할 수 있다.

소결

　'사회적 자아'와 언어의 관계는 2가지 측면에서 분석해 볼 수 있다. 첫째, '사회적 자아'에 의해 언어가 체계화되는 과정과 둘째, 언어로 표현된 문화 및 가치관이 인간의 마음을 변화시키는 과정이 그것이다.

　우선, '사회적 자아'에 의해 언어가 체계화되는 것은 미시적으로 볼 때, '심상'이 외면화되는 과정에서 시작된다고 할 수 있다. '심상'의 외면화는 '명언훈습종자'에 의해 생겨난 '사회적 자아'가 공통의 인식 대상을 언어로 표현하는 과정이다. 한편 '사회적 자아'에 의해 문화 및 가치관이 형성되는 과정은 거시적인 측면에서 언어가 체계화되는 것을 분석한 것이다. 필자는 서양 근대이성론, 후기구조주의, 유식학의 관점에서 지식 및 문화가 형성되는 과정을 비교·분석했다. 그 결과, 근대인들은 '이성'을 현상의 근원적 실체로 여겼던 반면, 후기구조주의자들은 현상이란 사건들이 관계에 의해 형성된 것일 뿐이라는 입장을 보이고 있었다. 특히 후기구조주의는 실체에 대해 비판적인 태도를 보인다는 점에서 불교의 무아론과 맥을 같이 하고 있었다. 유식학에서 '알라야식'은 현상의 근원으로 정의되고 있지만 무아적 존재이기도 하다.

　둘째, 언어에 의해 '사회적 자아'가 변화되는 양상은 불교만이 보여주는 독특한 양상이다. 특히 유식학은 '알라야식'이 질적으로 변하는 최초의 계기가 청정한 법계에서 흘러나온 소리를 바르게 듣는 데에 있다고 한다. 이것은 언어가 능동적으로 인간의 마음을 변화시키는 현상이다. 이것은 인류의 보편적 가치 즉 '성스러움'의 구현체가 '사회적 자아'

를 변화시키는 양상으로 확장해서 해석할 수 있게 한다. 같은 맥락에서, 불교의 이상적 모델인 보살이 중생을 교화하는 현상은 '성스러운' 언어가 중생의 마음을 변화시키는 모습으로 볼 수 있다.

결론

이 글은 마음의 변화 양상을 치밀하게 해석한 유식학을 연구의 대상으로 삼았다. 유식학은 제반 종교와 달리 궁극적 목표인 해탈에 이르기까지 '식'이 변화되는 양상을 객관적인 이론으로 정립했다. 이 연구는 주관적 양상을 보이는 수행 경험을 이론화 될 수 있었던 근거는 무엇이며, 개인의 사회화는 어떤 방식으로 설명될 수 있는지에 대해, 언어의 역할을 통해 밝혀볼 필요가 있다는 생각에서 비롯되었다. 이와 함께 다양한 종교가 존재함에도 불구하고 종교 언어에 관한 이론은 대부분 서양의 종교 언어를 대상으로 연구되어있는 현 연구 상황에서, 기존의 종교 언어 이론이 서양종교뿐만 아니라 동양종교인 유식학에도 적용될 수 있는지에 대해 검토할 필요가 있다는 생각에서 이 연구를 하게 되었다.

제반 종교 언어 이론을 분석하고 유식학에 적용해 본 결과 유식학의 언어관을 적확하게 설명하는 종교 언어 이론은 존재하지 않았다. 기존의 종교 언어 이론 가운데 린드벡의 3번째 모델인 '문화-언어적 모델'은 유식학의 언어관을 비교적 잘 반영시키고 있었다. 하지만 언어가 능동적으로 언어의 주체[사회적 자아]를 변화시킨다고 보는 유식학의 언어관을 모두 설명하기에는 한계가 있었다. 그리고 수행에 토대를 둔 유식학의 인식이론을 해석할 수 있는 모델은 기존의 종교 언어 이론 중에는 존재하지 않았다.

필자는 기존의 종교 언어 이론을 3가지 범주로 구분한 린드벡의 모델을 유식학에 비판적으로 적용해서 '인식적 모델'과 '문화적 모델'이 의미하는 바를 새롭게 정의했다. 우선 필자는 린드벡의 1번 모델인 '인식-명제적 모델'에서 정의된 '인식'이라는 개념은 유식학의 언어관에 적용될 수 없다고 판단했다. 린드벡은 '인식'을 언어와 대상 간의 대응관계로 정의했다. 이 모델은 논리실증주의자의 언어관이기도 하다. 필자는 '인식'이란 개념을 '식(識)'이 분화되어 주관과 객관이 되며 인식 주관이 인식 객관을 파악하는 작용'을 의미하는 것으로 새롭게 정의했다. 이 때 인식 객관은 실재하는 것이 아니라 단지 '식'이 변화된 것일 뿐이다.

이어서 필자는 린드벡의 3번 모델인 '문화-언어적 모델'이 유식학의 언어관을 부분적으로 설명해 줄 수 있다고 판단했다. '문화-언어적 모델'은 언어와 대상 간의 일치에 의해서 언어의 의미가 결정되는 것이 아니라 사회공동체의 규칙과 언어 사이의 정합성에 의해 언어의 의미가 결정된다는 것을 이론화한 것이다. 이것은 후기비트겐슈타인의 언어관이기도 하다. 필자는 '문화적 모델'이 의미하는 바를 린드벡이 제시한 내용뿐만 아니라 언어에 의해 언어의 주체['사회적 자아']가 변화되는 양상까지도 포함하는 것으로 새롭게 정의했다.

필자는 이상과 같이 정의한 '인식적-문화적 모델'에 의해 유식학의 언어관을 4가지 측면에서 분석했다. 우선 1) 언어의 주체('사회적 자아')가 형성되는 과정과 2) 언어의 주체가 타인과 의사를 소통하여 서로 관계를 맺는 과정을 '인식적 모델'에 의해 분석했다. 이 논의는 '사회적 자아'의 특성과 '사회적 자아' 간의 문제를 언어의 주체에 초점을 두고 규명한 것이다. 다음은 3) '사회적 자아'의 인식 대상과 언어의 관계와 4) 언어와 언어 주체 간의 관계를 '문화적 모델'에 의해 분석했다. 이 논의는 언어의 유의미성 문제와 '사회적 자아'에 대한 언어의 능동적인 측면을 분석한 것이다. 이상의 각 논의는 현대 서양의 후기구조주의이론과 인도 후기논리학자의 '타의 배제' 이론을 함께 비교·분석하는 방식으로 진행되었다.

4가지 측면에서 분석한 유식학의 언어관에 관한 연구 가운데 언어의 주체인 '사회적 자아'의 형성과 그 특성에 관한 연구는 1부 '인식적 모델'로 본 수행자의 마음에서 이루어졌다. 필자는 '사회적 자아'를 '개별적 자아'와 대조해서 정의했다. '명언훈습종자'에 의해 형성된 인식 주체는 공통의 인식 대상을 언어로 표현하여 그것을 타인과 공유한다. 이 때 그 인식의 주체는 타인과 함께 '공동의 분별'작용을 일으키면서 '사회적 자아'로서의 역할을 수행한다. 반면 '개별적 자아'는 개개인만이 가지고 있는 대상에 대해 분별작용을 일으킨다. '사회적 자아'와 '개별적 자아'는 모두 '식'의 분화에 의해 형성되지만 인식 대상을 공유하는지의 여부에 따라 각각 그 특성을 달리 한다.

'사회적 자아'의 인식 대상이 언어로 표현될 수 있는지의 여부는 속세(俗世)의 영역과 진여(眞如)의 영역을 구분하는 근거가 된다. 필자는 속세에서는 '식'의 분화가 이루어져 일상 언어의 작용이 발생되지만 진여의 영역에서는 일상 언어의 작용이 발생되지 않는다고 해석했다. 일상의 언어로 표현될 수 있다는 것은 '식'이 인식 주체와 인식 대상으로 분화되고 인식 주체가 인식 대상을 언어로 표현할 수 있음을 의미한다. 그러나 진여의 경지는 주지하듯 언어를 초월한 경지이다. 주관과 객관이 구분되지 않기 때문에 일상 언어 작용이 발생되지 않는다. 필자는 속세와 진여의 영역을 구분할 수 있는 근거가 '식'의 분화에 의해 형성된 인식 주관과 인식 대상이 언어 작용을 일으키는지의 여부에 있다고 보았다.

다음은 '사회적 자아'의 특성을 논의했다. 유식학에 의하면 '사회적 자아'는 무아(無我)적 존재이다. 유식학은 '식'의 분화에 의해 형성된 인식 주관과 인식 객관 모두를 영원한 존재로 보지 않는다. 따라서 이것은 각각 '인무아(人無我)'와 '법무아(法無我)'로 표현된다. 이로 인해 인식 대상을 언어로 표현하여 그것을 타인과 공유함으로써 형성되는 '사회적 자아' 또한 무아적 존재가 된다. 필자는 서양 후기구조주의의 해체론에도 무아론적 양상이 나타나고 있음을 밝혔다. 후기구조주의는 근대이성주의를 비판하면서 형성되었다. 후기구조주의자들은 각각의 관점에서 '이성'을 실체로 여기는 근대 이성주의를 비판했다.

이상 언어의 주체인 '사회적 자아'에 관한 논의를 통해 필자는 '인식적 모델'에 의해 '사회적 자아'의 개념을 정의하고 이 모델이 속세와 진여의 경지를 구분하는 근거가 될 수 있음을 밝혔다. 그리고 후기구조주의의 해체론과 유식학의 무아론을 비교함으로써 언어의 주체에 관한 문제를 보다 객관적으로 조명하고자 했다.

1부 2장에서는 '사회적 자아' 간의 의사소통에 대한 연구가 이루어졌다. 이 연구는 '개별적 자아'가 '사회적 자아'의 역할을 수행하게 되는 동인(動因) 및 그 변화의 양상을 '인식적 모델'에 의해 분석한 것이다. '개별적 자아'는 자신만이 가지고 있는 인식 대상에 대해 판단하는 인식의 주체이다. 그런데 인간은 '개별적 자아'의 역할뿐만 아니라 타인과 관계를 만들어가는 '사회적 자아'의 역할을 수행한다. '사회적 자아'는 인식의 주체가 인식 대상을 타인과 공유하는 과정에서 형성된다. 인식 주체가 인식 대상을 언어로 표현하여 타인과 의사소통을 하면서 인식의 주체는 '사회적 자아'가 된다.

필자는 인식의 주체가 '사회적 자아'로서의 역할을 하게 되는 과정을 언어에 의한 사회화로 정의하고, 이 작용은 '명언훈습종자'에 의해 발생된다고 보았다. '명언훈습종자'는 '알라야식'에 내재해 있으면서 심상(心像)을 형성하고 이것을 언어로 표현하여 외면화시키는 작용을 한다. '명언훈습종자'는 공통의 인식 대상을 언어로 표현하는 작용을 일으켜 사회적 관계를 형성하는 요인이 된다.

이어서 '명언훈습종자'에 의해 형성된 '사회적 자아'가 타인과 의사를 소통하는 과정을 '인식적 모델'에 의해 해석했다. 이것은 일상인과 보살이 각각 타인과 사회적 관계를 형성하는 과정으로 나누어서 분석되었다. 이 과정에서 필자는 일상인과 보살의 사회적 관계는 '명언훈습종자'에 의한 '식'의 분화로부터 시작된다는 점에서 유사하지만 일상인과 보살은 심리상태에서 각각 차이가 있다고 보았다. 일상인들의 마음에서 발생되는 '식'의 분화는 욕망에 의해 형성된 '유루(有漏)종자'가 동인이 되어 이루어진다. 반면 보살의 마음에서 발생되는 '식'의 분화는 타인을 배려하는 마음에서 시작된다. 보살은 수행을 통해 주객이 구별되지 않은 상태[무분별지 증득]를 넘어서 다시 주관과 객관이 분화되는 경험[후득지 증득]을 한다. 이 경험을 통해 보살은 타인을 열반으로 인도하고자 하는 자비의 마음을 일으킨다. 일상인들은 자신의 이익을 위해 타인과 관계를 맺지만 보살은 인식 주체와 인식 대상 모두 무아(無我)임을 통찰하면서 이에 대해 집착하지 않게 된다.

다음은 유식학의 '명언훈습종자' 개념과 유사한 역할을 하는 '생활양식' 개념을 살펴보았다. 이 개념은 서양의 후기비트겐슈타인의 이론에서 제시된 것으로서 공동체 구성원이 공유하는 '자연적 본능'과 '사회문화적 내용'을 의미한다. '명언훈습종자'와 '생활양식' 개념은 모두 언어의 의미를 결정하는 데 주요한 역할을 한다. 언어의 의미는 공동체가 합의한 규칙에 그 언어가 부합하는지의 여부에 의해 결정된다. 이 때 공동체 구성원들이 규칙을 만들어낼 수 있는 것은 그들이 공통으로 공유하는 관습 및 가치관이 있기 때문이다. 두 이론은 그것을 각각 '생활양식'과 '명언훈습종자'로 표현한다.

두 이론에 따르면 공동체의 구성원들이 타인과 의사를 소통할 수 있는 이유는 공감대를 갖고 있기 때문이다. 구성원들은 공동체의 관습과 가치관 그리고 규칙을 알고 있기 때문에 언어를 사용하여 서로의 의사를 전할 수 있다. 유식학파는 이 현상을 '명언훈습종자'에 의한 '식'의 분화에 의해 설명한다. 인식 주관에 의해 파악된 인식 대상은 플라톤의 이데아와 같은 초월적인 실재가 아니라 단지 '식'이 변형된 것일 뿐이다. 즉 무아적인 존재이다. 후기비트겐슈타인이 '생활양식' 개념을 통해 설명하고자 했던 것 또한 언어의 대상이 실재한다는 기존의 자신의 이론 즉 전기비트겐슈타인의 이론을 비판하기 위해서였다. 관계를 강조한 인도 후기 논리학파의 '타의 배제' 이론에서 알 수 있듯이 언어로 표현할 때 그 언어는 다른 것과의 관계 속에서 의미를 가진다. 언어는 독자적인 대상과 일대일 대응됨으로써 의미를 갖는 것이 아니라고 본다. 이 논리에 따르면 언어가 표현하고자 하는 대상은 실체로서 존재하는 것이 아니라 무아적 존재이다.

요약하면, '사회적 자아' 간의 의사소통에 관한 문제는 다음과 같이 논의되었다. 첫째, 일상인과 보살의 의사소통 현상을 '인식적 모델'에 의해 해석하고 보살이 일상인과 다른 심리상태를 갖게 되는 메커니즘을 밝혔다. 보살은 '무분별지'를 넘어서 '후득지'를 증득하면서 '식'의 재분화를 경험한다. 이로 인해 보살은 타인에게 자신이 깨달은 내용을 전할 수 있게 된다. 둘째, 서양의 후기비트겐슈타인과 인도 후기논리학자의 이론을 통해 '명언훈습종자'의 역할을 조명함으로써, 타인과의 관계를 보다 객관적으로 해석하고자 했다.

2부에서는 문화적 모델에 의해 수행 경험이 언어로 표현되는 과정, 언어에 의해 '사회적 자아'가 변하는 과정을 살펴보았다. 우선 1장에서는 '사회적 자아'의 인식 대상과 언어의 관계를 분석하였다. 유식학파는 수행 경험에 의해 관찰된 내용을 이론화했다. 이 글은 수행 중에 나타난 영상(映像)을 언어로 표현하여 이것을 체계적으로 이론화할 수 있었던 근거를 따져보았다. 이것은 인식 대상이 언어로 표현되었을 때 그것이 객관화될 수 있는 근거에 대한 물음이다. 이를 위해 후기비트겐슈타인의 이론을 검토했다. 후기비트겐슈타인은 내적으로 느껴지는 통증감각이 언어로 표현되었을 때 그것은 공동체에서 합의된 언어로 표현된 것이기 때문에 공적인 언어라고 주장한다. 그의 이론에 따르면 유식 공동체의 규칙에 부합하는 언어로 수행자의 체험내용이 표현될 때 그 내용은 공적인 대상이 된다. 이 글은 후기비트겐슈타인의 이론을 적용시켜 유식학이 이론화될 수 있는 이유를 다음과 같이 제시했다. 즉 '명언훈습종자'에 의해 형성된 인식 대상이 공동체에 부합하는 언어로 표현되었기 때문에 그 언어로 표현된 내용은 객관화될 수 있다고 결론지었다.

다음은 일상인과 보살 각각의 관점에서 언어와 인식 대상과의 관계를 조명하였다. 유식학에 의하면 일상인들은 인식 대상이 실재한다고 생각하고 이것을 언어로 표현한다. 그들은 자신의 욕망에 의해 인식 대상을 해석하고 그것을 언어로 표현해서 자신이 생각한 바를 타인에게 전달한다. 한편 오랜 기간 동안 갈고 닦은 수행의 결과 무분별지의 경지에 이르게 된 보살은 주관과 객관을 초월한 불이(不二)의 상태에 이른다. 무분별지의 경지에서는 주관과 객관의 분화가 발생되지 않기 때문에 일상 언어의 작용이 일어나지 않는다. 이로 인해 이 경지는 일상 언어를 초월한 상태로 여겨진다. 하지만 여기에서 그치지 않고 보살은 후득지를 증득하면서 무분별지를 벗어나 자신이 깨달은 경지를 자각하게 된다. 이 때 보살은 '식'이 다시 분화되는 경험을 한다. 그는 '식'의 분화에 의해 형성된 인식의 주체와 인식의 대상이 무아임을 여실히 통찰하여 자신이 깨달은 바에 대해 집착하지 않고 이것을 타인에게 전할 수 있게 된다.

필자는 보살에 이르기까지 수행자가 겪게 되는 과정을 '식'의 분화 → '식'의 미분화 → '식'의 재분화로 구조화시켜 일상인과 보살의 차이점을 살펴보았다. 일상인들이 개개인의 욕망에 의해 인식 작용을 일으키는 것과 달리, 보살은 타인을 위한 자비심에 의해 인식 작용을 일으킨다. 앞의 분석을 통해 규명된 바와 같이 필자는 이 현상이 나타나는 것은 보살이 '식'의 재분화를 경험했기 때문이라고 해석했다. 보살은 이 경험을 통해 인식 주체와 인식 대상이 무아임을 통찰한다. 일상인과 보살의 차이는 이 사실을 통찰하지 못하고 그것에 대해 집착하는 마음이 있는가의 여부에 있다. 이로 인해 자리(自利)를 주로 하는 일상인의 인식 작용과 이타(利他)를 주로 하는 보살의 인식 작용이 나타난다.

다음은 '사회적 자아'의 의사소통 원리를 언어의 유의미성 결정방식을 통해 살펴보았다. 상호간의 의사소통은 언어가 의미하는 바를 서로 이해했기 때문에 가능하다. 필자는 언어의 유의미성을 결정하는 방식을 두 가지로 나누어 논의했다. 이것은 언어의 대상이 실재한다고 보는 이론과 이 관점을 비판하는 이론으로 나누어진다. 전기비트겐슈타인의 이론은 전자의 입장이고, 유식학 및 후기비트겐슈타인 그리고 인도 후기논리학자의 이론은 후자의 입장이다. 언어의 대상이 실재한다고 보는 실재론자들은 언어의 유의미성이 언어와 대상간의 대응관계에 의해 결정된다고 본다. 그들에게 대상의 실재여부는 언어의 유의미성을 결정하는 주요 관건이 된다. 반면 이 관점에 대해 비판적인 태도를 보이는 유식학 및 후기비트겐슈타인과 인도 후기논리학자들은 언어의 유의미성이 언어와 언어 간의 관계에 의해 결정된다고 본다. 이들은 언어가 사회 구성원들이 합의한 규칙에 부합할 때 그 언어는 의미를 가진다고 해석한다.

필자는 유식학, 후기비트겐슈타인 그리고 인도 후기논리학자의 이론에 나타난 언어의 유의미성의 결정방식이 모두 무아론을 근거로 한다는 입장이다. 후기비트겐슈타인은 공동체에서 정한 규칙에 부합할 때 그 언어는 의미를 갖는다고 본다. 한편 인도 후기논리학자의 '타의 배제' 이론은 언어가 표현하고자 하는 대상이외의 것을 고려하여 언어의 유의미성을 결정했다. 이 두 이론은 언어의 의미가 언어와 언어의 관계에 의해 결정된다는 관점을 보이고 있다. 이것은 유식학이 '명언훈습종자'에 의해 형성된 '사회적 자아'가 만들어 낸 규칙에 언어가 부합할 때 그 언어는 의미를 가지게 된다는 것과 같은 맥락에 있다.

이상 '사회적 자아'의 인식 대상과 언어 간의 관계에 관한 논의는 유식학이 이론적으로 체계화될 수 있었던 근거 및 그 원리를 추구하는 과정이었다. 필자는 언어로 표현된 내용이 유의미하게 되는 이유가 '명언훈습종자'에 의해 형성된 인식 대상이 공동체에 부합하는 언어로 표현되었기 때문이라고 해석했다. 이 내용은 후기비트겐슈타인의 이론을 유식학에 적용시킨 결과이다.

2부 2장에서는 언어 체계와 '사회적 자아' 간의 관계를 두 부분으로 나누어 논의하였다. 언어가 '사회적 자아'에 의해 체계화되는 과정과 언어에 의해 '사회적 자아'가 변화되는 과정이 그것이다. 우선 미시적인 측면에서 '식'의 분화에 의해 형성된 '사회적 자아'와 언어의 관계를 분석하고 이후 거시적인 측면에서 문화 및 가치관과 '사회적 자아'의 관계를 조명했다.

필자는 '사회적 자아'에 의해 언어가 체계화되는 과정이 '식'의 분화에서 시작된다고 보았다. '사회적 자아'가 언어로 인식 대상을 표현하는 과정이 지속적으로 반복되면서 언어는 체계화된다. 보다 세밀하게 이 현상을 분석해 보면 이것은 '심상'이 외면화되는 작용이다. 이 작용은 '명언훈습종자'에 의해 공통의 인식 대상이 생겨나고 인식 주관이 이것을 언어로 표현하는 과정이다.

한편 '사회적 자아'에 의해 언어가 체계화되는 과정은 보다 거시적인 시각에서 볼 때, 가치관 및 문화가 형성되는 과정으로 볼 수 있다. 언어는 가치관이나 문화로 표현되면서 점점 체계화된다.

이 글은 유식학에서 언어가 체계화되는 과정을 서양의 데카르트 이론 및 후기구조주의에서 문화체계가 형성되는 과정과 비교·분석했다. 주지하듯 근대 이성론자인 데카르트는 참된 지식을 구축하기 위해 '나는 생각한다. 그러므로 존재한다.'는 공리(公理)를 제시했다. 그는 이 명제로부터 논리적으로 추론된 지식만이 참된 지식이라고 생각했다. 그의 이론은 모든 사유(思惟)가 신(神)중심으로 이루어졌던 중세 시대에서 인간을 중심으로 사유한 서양의 근대 시대를 열었다. 데카르트의 이론에 의해 영향을 받은 계몽주의자들을 비롯해서 문학가 및 예술가들은 인간을 주제로 해서 그들의 생각을 표현했다. 반면 후기구조주의는 현상을 설명하는 구조가 고정된 상태로 존재한다고 보지 않았다. 특히 다윈은 '이성'을 인간이 진화하면서 획득한 것이라고 보았고 프로이트는 심리현상을 무의식에 의해 설명했다. 그들은 현상의 이면에 어떤 실체가 존재한다고 생각하지 않았다.

필자는 유식학 또한 후기구조주의와 유사한 면을 보인다는 입장이다. 유식학파는 현상을 발생시키고 그 결과를 저장하는 '알라야식'을 무아적 존재로 본다. 후기구조주의처럼 유식학파는 현상의 이면에 아트만/브라흐만과 같은 존재가 있다는 관점에 대해 비판적이다.

2장에서는 언어에 의해 '사회적 자아'가 변화되는 양상을 논의했다. 이것은 언어의 능동성에 관한 논의이다. 유식학파는 진리의 세계에서 흘러나온 언어에 의해 '알라야식'이 변한다는 독특한 언어관을 보인다. 유식학파는 '알라야식'이 질적으로 변하게 되는 최초의 계기가 청정한 법계에서 흘러나온 소리를 바르게 듣는 데에 있다고 본다. 그 결과는 '알라야식'에 '정문훈습종자'의 형태로 저장된다.

이어서 수행자가 언어와 대상의 관계 및 그 본질을 통찰하는 과정을 구체적으로 살펴보았다. 유식학파에 의하면 수행자는 대상에 부여된 명칭이 실재하는 것이 아니라 약속에 의해 만들어진 것임을 통찰한다. 그리고 명칭에 의해 표현된 대상 또한 환상에 지나지 않음을 여실히 알게 된다. 이후 대상에 대한 집착이 사라지고 그 대상을 파악하는 주체도 무아임을 알게 된다. 이 과정에 의해 수행자는 마음에 나타난 모든 존재는 단지 영상일 뿐임을 통찰하게 되고 자기의 존재근거가 완전히 바뀌는 '전의' 경험을 통해 붓다의 경지에 오른다. 수행자는 수행을 통해 언어와 언어의 대상인 영상 사이의 관계를 통찰함으로써 '식'의 질적인 변화를 경험한다. 유식학에서 수행은 마음의 작용에 집중함으로써 이루어진다. 따라서 영상과 그것을 표현하는 언어의 본질을 통찰하는 것이 중요한 부분으로 논의된다.

다음은 거시적인 측면에서 문화와 가치관에 의해 마음이 변화되는 양상을 논의했다. 유식학파에 의하면 문화 및 가치관은 '명언훈습종자'의 발현에 의해 형성된다. 공동체 구성원의 '알라야식'에 있던 '명언훈습종자'에 의해 공동체의 의식이 반영된 문화가 형성된다. 이 문화는 언어에 의해 표현된다. 언어로 표현된 문화, 학문 그리고 가치관은 인간의 사유방식을 변화시키는 현상을 보인다. 예컨대 코페르니쿠스는 지구를 중심으로 우주가 운행된다고 생각했던 당시의 사람들에게 지구를 비롯한 우주가 태양을 중심으로 움직인다는 이론을 제시했다. 그의 이론에 의해 그 때까지 진리로 여겨졌던 모든 생각들이 바뀌는 현상이 일어났다.

필자는 인류가 보편적으로 추구하는 가치를 '성스러움'의 구현체라고 정의했다. 그리고 그것이 '사회적 자아'를 변화시키는 예로서 보살의 '성스러운' 언어가 중생의 마음을 변화시키는 현상을 논의했다. '성스러움'이란 초월적 존재를 일컫는 것이 아니라 공동체 구성원들이 그렇게 여기는 것이라고 뒤르껭이 말했듯이, 불교의 열반의 경지는 불교공동체 구성원들이 '성스러운' 것으로 생각하는 것으로 볼 수 있다.

필자는 이상과 같은 논의를 통해 '사회적 자아'와 언어의 관계는 상호영향 관계에 있다고 보았다. '사회적 자아'에 의해 형성된 인식 대상은 언어로 표현되어 타인과 공유된다. 그리고 표현된 언어는 상호간의 대화를 통해 보다 체계적으로 이론화된다. 공동체의 의해 만들어진 언어 체계 및 문화는 교육이나 대중매체를 통해 공동체 구성원들의 인식의 변화를 가져다주기도 한다. 유식학의 관점에서 언어의 체계와 언어의 주체 문제를 분석해 볼 때 그것은 평면적으로 해석되지 않고 보다 역동적인 상호간의 관계로 파악된다는 특징을 보인다.

이상으로 필자는 '인식적-문화적 모델'에 의해 유식학의 언어관을 분석하여, 수행의 과정에서 관찰한 내용을 객관화시켜 이론화할 수 있었던 근거에 대해 탐구했다. 그 결과 '명언훈습종자'에 의해 '식'의 분화가 발생되고 그 때 형성된 '사회적 자아'가 수행 중에 나타난 영상[인식 대상]을 수행공동체의 규칙에 부합하는 언어로 표현했을 때 그 대상은 객관화된다고 판단하였다. 이것은 감각대상을 언어로 표현했을 때 그 언어는 공적인 것으로 간주해야한다는 후기비트겐슈타인의 관점을 유식학에 적용한 결과이다.

필자는 '통증'과 같은 사적인 감각대상이 수행에 의해 나타난 영상과 동위의 선상에서 비교될 수 있는지의 여부는 엄밀한 의미에서 논의의 여지가 있다고 본다. 하지만 감각적인 대상 또한 수행의 인식 대상이 될 수 있다는 견지에서 논의가 가능하다고 보고 이와 같은 논지를 전개했다. 후기비트겐슈타인이 제시한 바와 같이 사적인 대상이 공동체의 규칙에 부합하는 언어에 의해 표현되었을 때 그 언어는 공적인 대상이 된다. 마찬가지로 삼매의 상태에 나타난 마음의 작용 또한 수행공동체에 부합하는 언어로 표현되면서 공적인 대상이 될 수 있었다고 필자는 결론지었다.

지금까지 세계를 해석한 패러다임은 다양하다. 특히 후기구조주의자들은 실체를 비판하는 관점에서 각각의 이론을 제시했다. 유식학 역시 수행 경험을 이론화하여 현상을 해석한 하나의 패러다임이라고 할 수 있다. '인식적-문화적 모델' 또한 세계에 대한 하나의 해석이 되길 기대하면서 이 글을 마친다.

참고문헌

[약어]

PS   *Pramāṇasamuccaya* of Dignāga. In Masaaki Hattori, *Dignāga, On Perception: Being the Pratyakapariccheda of Dignāga's Pramāṇasamuccaya.* Cambridge, MA: Harvard University Press, 1968.

PV   *Pramāṇavārttika of Dharmakīrti with Pramāṇavārttikavṛtti of Manorathanandin.* Ed. by Ram Chandra Pandeya. Delhi: Motilal Banarsidass, 1989.

SNS   *Saṃdhinirmocahanasūtra. L'Explication des mystères.* Ed. & trans. by Étienne Lamotte. Louvain: Université de Louvain, 1935.

T   大正新修大藏經

TK(Bh)   *Vijñaptimātratāsiddhi. Deux traitrés de Vasubandhu, Viṃśatikā (la Vingtaine) accompagnée d'une explication en prose, et Triṃśika (la Trentaine) avec le commentaire de Sthiramati.* Ed. by Lévi Sylvain. Paris: Librairie Honoré Champion, 1925.

X   卍新纂續藏經

[원전류(한문본)]

《大乘阿毘達磨集論》(T31)

《大乘莊嚴經論》(T31)

《辯中邊論》(T31)

《辯中邊論頌》(T31)

《攝大乘論》(T31)

《攝大乘論本》(T31)

《攝大乘論釋》(T31)

《攝大乘論釋論》(T31)

《成唯識論》(T31)

《瑜伽師地論》(T30)

《唯識二十論》(T31)

《解深密經》(T16)

《解深密經疏》(X21)

《顯揚聖教論》(T31)

[국내외 2차 문헌]

서양 도서

Bhattacharyya, N. N.(1976), *Jain Philosophy: Historical Outline*. New Delhi: Munshiram Manoharlal Publishers.

Boquist, Åke(1993), *Trisvabhāva: A study of the Development of the Three-nature-theory in Yogācāra Buddhism*. Sweden: Dept. of History of Religions, University of Lund.

Bowker, John(1985), *Problems of Suffering in Religions of the World*. Cambridge: Cambridge University Press.

Cabezo, J. B.(1994), *Buddhism and Language: A Study of Indo-Tibetan Scholasticism*. *Albany,* NY: State University of New York Press.

Capps, Donald(2000), *Jesus: A Psychological Biography*. St. Louis, MO: Chalice Press.

Chapman, J. Harley(1988), *Jung's Three Theories of Religious Experience*. Lewiston, NY: Edwin Mellen Press.

Chatterjee, Ashok(1975), *The Yogācāra Idealism*. Delhi: Motilal Banarsidass.

Comstock, Gary L.(1995), *Religious Autobiographies*. California: Wadsworth.

Dasgupta, S. N.(1979), *Yoga Philosophy: In relation to other System of Indian Thought*. Delhi: Motilal Banarsidass.

De Silva, Padmasiri(1979), *An Introduction to Buddhist Psychology*. New York: Barnes

& Noble.

Dignāga(1968), *On Perception. Trans. by Masaaki Hattori.* Cambridge: Harvard University Press.

Faure, B.(2004), *Double Exposure: Cutting Across Buddhist and Western Discourses.* Trans. by L. Janet. California: Stanford University Press.

Fitzgerald, Timothy(2000), *The Ideology of Religious Studies.* New York: Oxford University Press.

Gurwitsch, Aron(1964), *The Field of Consciousness.* Pittsburgh: Duquesne University, U.S.A.

Hefner, Robert(1993), *Conversion to Christianity: Historical and Anthropological Perspectives on a Great Transformation.* Berkeley: University of California Press.

Herzberger, Rasdhika(1986), *Bhartṛhari and the Buddhists: An Essay in the Development of Fifth and Sixth Century Indian Thought.* Boston: D. Reidel.

Indinopulos, Thomas A. and Edward A. Yonan, eds.(1996), *The Sacred and Its Scholars: Comparative Methodologies for the Study of Primary Religious Data.* New York: E. J. Brill.

James, William(1961), *The Varieties of Religious Experience.* New York: Macmillan.

Jayatilleke, K. N.(1963), *Early Buddhist Theory of Knowledge.* London: G. Allen & Unwin.

Jung, C. G.(1969), *Psychology and Religion: West and East.* Princeton: Princeton University Press.

_____ (1969), *The Structure and Dynamics of The Psyche.* Princeton: Princeton University Press.

_____ (1960), *The Psychogenesis of Mental Disease.* New York: Pantheon Books.

Kalupahana, David J.(1999), *The Buddha's Philosophy of Language.* Sri Lanka: Sarvodaya Vishva Lekha Printers.

_____ (1975), *Causality: The Central Philosophy of Buddhism.* Honolulu: University Press of Hawaii.

Kim, Sebastian C. H.(2003), *In Search of Identity: Debates on Religious Conversion in*

India. New Delhi: Oxford University Press.

Koller, John M.(1982), *The Indian Way.* New York: Macmillan.

Kramer, Jowita(2005), *Kategorien der Wirklichkeit im frühen Yogacārā.* Wiesbaden: Reichbert.

Kuhn, Thomas S.(1970), *The Structure of Scientific Revolutions.* Chicago: Chicago University Press.

Lamb, Christopher and M. Darrol Bryant(1999), *Religious Conversion: Contemporary Practices and Controversies.* London: Cassell.

Lamotte, Étienne(1973), *La Somme du Grand Véhicule d'Asaṇga.* Tome 1, 2. Louvain-la-Neuve: Publications de l'Institut Orientaliste.

Levering, Miriam, ed.(1989), *Rethinking Scripture-Essays from a Comparative Perspective.* Albany, NY: State University of New York Press.

Lindbeck, George(1984), *The Nature of Doctrine: Religion and Theology in a Postliberal Age.* Philadelphia: Westminster Press.

Louis de la Vallée Poussin(1948), *Vijñaptimātratāsiddhi.* Vol. 1. Paris: P. Geuthner.

Maimonides, Moses(1904), *The Guide for the Perplexed.* New York: Dover Publication.

Majumdar, A. K.(1977), *Concise History of Ancient India.* New Delhi: Munshiram Manoharlal Publishers.

Masefield, Peter and Donald Wiebe, eds.(1984), *Aspects of Religion: Essays in Honour of Ninian Smart.* New York: Peter Lang.

Matilal, B. K.(1986), *Perception: An Essay on Classical Indian Theories of Knowledge.* Oxford: Clarendon Press.

_____ (1986), *The Word and the World: India's Contribution to the Study of Language.* Oxford: Oxford University Press.

McGuire, W. and R. F. C. Hull, eds.(1973), *C. G. Jung Speaking: Interviews and Encounters.* Princeton: Princeton University Press.

Paden, William E.(1992), *Interpreting the Sacred: Ways of Viewing Religion.* Boston: Beacon Press.

Park, Jin Y., ed.(2006), *Buddhisms and Deconstructions.* Lanham, Maryland: Rawman

& Littlefield Pub Inc.

Potter, G. R. and M. Greengrass(1983), *John Calvin.* New York: St. Martin's Press.

Raja, K. K.(1963), *Indian Theories of Meaning.* Madras: The Adyar Library and Research Centre.

Rambo, Lewis R.(1993), *Understanding Religious Conversion.* New Haven: Yale University Press.

Reynolds, Frank E. and Donald Capps(1976), *The Biographical Process: Studies in the History and Psychology of Religion.* The Hague: Mouton.

Robertson, Robin(1987), *C. G. Jung and the Archetypes of the Collective Unconscious.* New York: Peter Lang.

Rorty, R. ed.(1967), *The Linguistic Turn: Recent Essays in Philosophical Method.* Chicago: The University of Chicago Press.

Schmithausen, Lambert(2007), *Ālayavijñāna: On the Origin and the Early Development of a Concept of Yogacārā Philosophy.* Tokyo: The International Institute for Buddhist Studies.

Stcherbatsky, F. Th.(1962), *Buddhist Logic.* New York: Dover.

Twiss, Summer B. and Walter H. Conser, Jr., eds.(1992), *Experience of the Sacred.* Hanover, NH: University Press of New England.

Unrai, Wogihara, ed.(1971), *Bodhisattvabhūmi: A Statement of Whole Course of the Bodhisattva (being fifteenth section of Yogācārabhūmi).* Tokyo: Sankibo Buddhist Book Store.

Van Buren, Paul Matthews(1972), *The Edges of Language: An Essay in the Logic of a Religion.* New York: Macmillan.

Vermeersch, Sem(2008), The Power of the Buddhas: *The Politics of Buddhism During the Koryo Dynasty (918-1392).* Cambridge, MA: Harvard University Asia Center.

Wittgenstein, L.(1961), *Tractatus Logico-Philosophicus.* London: Routledge & Paul.

_____ (1953), *Philosophical Investigations. Trans. by G. E. M. Anscombe.* New York: Macmillan.

Yardi, M. R.(1991), *The Bhagavadgītā, as a Synthesis.* Poona: Bhandarkar Oriental

Research Institute.

Zaveri, J. S.(1975), *Theory of Atom in The Jaina Philosophy.* Rajasthan: Agama & Sahitya Prakashan, Jaina Vishva Bharati.

일본 도서

宇井伯壽(1979),《攝大乘論研究》. 東京: 岩波書店.

江島惠教 編(1991),《仏敎の眞理表現における言語の機能》. 東京: 春秋社.

勝又俊教(1961),《仏敎における心識説の研究》. 東京: 山喜房佛書林刊.

左左木月焦(1997),《漢譯四本對照 攝大乘論》. 東京: 臨川書店.

鈴木宗忠(1957),《唯識哲學研究》. 東京: 明治書院.

高橋晃一(2005),《《菩薩地》〈眞實義品〉から〈攝決擇分中菩薩地〉への思想展開》. TOKYO: THE SANKIBO PRESS.

長尾雅人(1982),《攝大乘論-和譯と註解》上下. 東京: 講談社.

長尾雅人·梶山雄一 外 共譯(1983),《大乘佛典 15-世親論集》. 東京: 中央公論社.

早島鏡正·高崎直道 外(2001),《インド思想史》. 東京: 東京大学出版会.

星川啓慈·山梨有希子 譯(2003),《敎理の本質-ポストリベラル時代の宗敎と神學》. 東京: ヨルダン社.

梶山雄一(1983),《仏敎における存在と知識》. 東京: 紀伊國屋書店.

한국 도서

글리크, 제임스(1993),《카오스-현대과학의 대혁명》. 박배식 외 역. 서울: 동문사.

길희성 외(1999),《전통·근대·탈근대의 철학적 조명》. 서울: 철학과 현실사.

김도식(2004),《현대 영미 인식론의 흐름》. 서울: 건국대학교출판부.

김상환(1986),《니체, 프로이트, 맑스 이후》. 파주: 창작과 비평사.

김성철(2008),《섭대승론 증상혜학분연구》. 서울: 씨아이알.

김성철 외(2010),《무성석 섭대승론 소지의분 역주》. 서울: 씨아이알.

김슬옹(2009),《담론학과 언어분석-맥락·담론·의미》. 파주: 한국학술정보.

김하태(1987), 《철학의 길라잡이》. 서울: 종로서적.

권석만(2012), 《현대 심리치료와 상담 이론 마음의 치유와 성장으로 가는 길》. 서울: 학지사.

라캉, 자크(1995), 《욕망 이론》. 권택영 엮음. 서울: 문예출판사.

렘브레히트, 스털링 P.(1987), 《서양철학사》. 김태길 외 역. 서울: 을유문화사.

로제, 존(1988), 《과학철학의 역사》. 최종덕·정병훈 역. 서울: 흐겨레.

마르크스, 베르너(1989), 《현상학》. 이기우 역. 서울: 서광사.

매기, 브라이언 편(1985), 《현대철학의 쟁점들은 무엇인가》. 이명현 외 역. 서울: 심설당.

맥그래스, 앨리스터(2005), 《신학의 역사》. 소기천 외 역. 서울: 知와 사랑.

메이시, 조애너(2004), 《불교와 일반 시스템이론》. 이중표 역. 서울: 불교시대사.

박노권(2006), 《종교심리학》. 대전: 목원대학교출판부.

박종홍(1999), 《한국사상사-불교사상편》. 서울: 서문당.

배국원(1992), 《종교철학의 이해》. 서울: 동연.

보헨스키, 요제프 M.(1989), 《종교논리학》. 서울: 가톨릭대학교출판부.

분석철학회 편(1984), 《비트겐슈타이의 이해》. 서울: 서광사.

브라운, H. I.(1988), 《새로운 과학철학》. 신중섭 역. 서울: 서광사.

비트겐슈타인, 루트비히(2011), 《철학적 탐구》. 이영철 역. 서울: 책세상.

_____ (2010), 《논리-철학 논고》. 이영철 옮김, 서울: 책세상.

사나다 신지 편(2008), 《사회언어학의 전망》. 강석우 외 공역. 서울: 제이앤씨.

사미자(2004), 《종교심리학》. 서울: 장로회신학대학교출판부.

사이토 나루야·사사키 시즈카(2012), 《불교와 과학, 진리를 논하다》. 이성동·박정원 공역. 서울: 운주사.

산티데바(2006), 《입보리행론역주》. 최로덴 역주. 여수: 하얀연꽃, 2006.

새뮤얼, A. 外(2000), 《융분석 비평사전》. 민혜숙 역. 서울: 동문선.

샤프, 에릭J.(2005), 《종교학-그 연구의 역사》. 윤이흠·윤원철 역. 서울: 한울아카데미.

서광(1993), 《불교상담심리학입문》. 서울: 불광출판사.

서광선·정대현 편역(1983), 《비트겐슈타인》. 서울: 이화여자대학교출판부.

소광희 외(1988), 《철학의 제문제》. 서울: 지학사.

쉐플러, 리차드(1995), 《종교철학》. 김정희 역. 광주: 전남대학교출판부.

스타이버, 댄 R.(2001), 《종교 언어철학》. 정승태 역. 대전: 침례신학대학교출판부.

스폴스키, 베르나르드(2001),《사회언어학》. 김재원 외 역. 서울: 도서출판 박이정.

신상규(2004),《비트겐슈타인《철학적 탐구》》. 서울: 서울대철학사상연구소.

안성두 외(2011),《붓다와 다윈이 만난다면》. 서울: 서울대학교출판문화원.

엄슨, J. O.(1988),《分析哲學-양차세계대전 사이의 발전 과정》. 이한구 옮김. 서울: 종로서적.

에이어, A. J.(1989),《흄의 철학》. 서정선 역. 서울: 서광사.

요코야마 코이츠(2019),《유식, 마음을 변화시키는 지혜-나를 바꾸는 불교심리학》. 안환기
        역. 서울: 민족사.

_____ (1989),《유식철학》. 묘주 역. 서울: 경서원.

우에야마 슌페이 외(1990),《아비달마의 철학》, 정호영 역. 서울: 민족사.

워드나우, 로버트 외(2003),《문화분석-피터 버거, 메리 더글러스, 미셸 푸코, 위르겐 하버마
        스의 연구》. 최샛별 역. 서울: 한울아카데미.

윤효녕 외(1999),《주체개념의 비판-데리다, 라캉, 알튀세, 푸코》. 서울: 서울대출판부.

윤희조(2019),《불교심리학연구-상담가를 위한 새로운 심리학》, 서울: 씨아이알.

_____ (2012),《불교의 언어관》, 서울: 씨아이알.

이노우에 위마라, 카사이 켄타, 카토 히로키(2017),《불교심리학사전》. 윤희조 역, 서울: 씨아
        이알.

이부영(1998),《분석심리학 - C. G. Jung의 인간심성론》. 서울: 일조각.

이유경(2004),《원형과 신화》. 파주: 이끌리오.

이은봉(1976),《성(聖)과 속(俗)》. 서울: 한길사.

이주영(1993),《서양의 역사》. 서울: 대한교과서주식회사.

이죽내(1988),《융심리학과 동양사상》. 서울: 하나의학사.

이진우 엮음(1993),《포스트모더니즘의 철학적 이해》. 서울: 서광사.

정승태(2004),《종교철학 담론》. 대전: 침례신학대학교 출판부.

정인석(2008),《의식과 무의식의 대화: 융의 분석심리학을 중심으로》. 서울: 大旺社.

정진홍(2003),《경험과 기억》. 서울: 당대.

정태혁(1984),《인도철학》. 서울: 학연사.

차머스, 앨런(1988),《현대의 과학철학》. 신일철·신중섭 역. 서울: 서광사.

차인석 편집(1983),《사회과학의 철학》. 서울: 민음사.

최명관 역저(1987),《방법서설·성찰·데까르뜨 연구》. 서울: 서광사.

카지야마 유이치(1989), 《인도불교의 인식과 논리》. 전치수 역. 서울: 민족사.

캡스, 월터(1999), 《현대 종교학 담론》. 김종서 외 역. 서울: 까치.

콘퍼드, F. M.(2004), 《종교에서 철학으로》. 남경희 역. 서울: 이화여자대학교출판부.

콜러, 존 M.(2005), 《인도의 길》. 허우성 역. 서울: 소명출판.

타카사키 지키토우 외 편저(2005), 《유식사상》. 이만 역. 서울: 경서원.

타케무라 마사오(1991), 《유식의 구조》, 정승석 역. 서울: 민족사.

테일러, 리차드(1988), 《形而上學》, 엄정식 역. 서울: 종로서적.

포퍼, 칼 R.(1989), 《열린 사회와 그 敵들 II》. 이명현 역. 서울: 민음사.

푸코, 미셸 외(1990), 《구조주의를 넘어서》. 이정우 편역. 서울: 인간사.

푸코, 미셸(2007), 《주체의 해석학》. 심세광 역. 서울: 동문선.

풍우란(1989), 《중국철학사》. 정인재 역. 서울: 형설출판사.

프롬, 에리히(1994), 《종교와 정신분석》. 이재기 역. 서울: 두영.

피터슨, 마이클 외(2006), 《종교의 철학적 의미》. 하종호 역. 서울: 이화여자대학교출판부.

한자경(2008), 《불교철학과 현대윤리의 만남》. 서울: 예문서원.

_____ (2006), 《불교의 무아론》. 서울: 이화여대출판부.

_____ (2002), 《유식무경》. 서울: 예문서원.

한전숙(1987), 《현상학의 이해》. 서울: 민음사.

할랜드, 리차드(1996), 《초구조주의란 무엇인가》. 윤호병 역. 서울: 현대미학사.

핫토리 마사아키·우에야마 슌페이(1991), 《인식과 초월》. 이만 역. 서울: 민족사.

힉, 존 H.(1990), 《종교철학》. 김희수 역. 서울: 동문선.

[논문류]
서양 논문

Fergusson, David(June 1990), "Meaning, Truth, And Realism in Bultmann and Lindbeck." *Religious Studies* 26/2, pp.183-198.

Fisher, Humphrey J.(1973), "Conversion Reconsidered: Some Historical Aspects of Religious Conversion in Black Africa." *Africa* 43, pp.27-40.

Inami Masahiro.(Aug 2001), "The Problem of Other Minds in the Buddhist

Epistemological Tradition." *Journal of Indian Philosophy* 29/4, pp.465-483.

Jung, C. G.(1968), "Archetypes of the Collective Unconsciousness." *The Archetypes and The Collective Unconsciousness.* Trans. by R. Hull. 2nd Ed., pp.3-4.

Mehta, Mukul Raj(1998), "Theory of Karma and Its Kinds-Jainism." *Religion and Culture* 4, pp.215-219.

Murti, T. R. V.(1974), "Some Comments on the Philosophy of Language in the Indian Context." *Journal of Indian Philosophy* 2, pp.321-331.

Rechards, Jay Wesley(Mar 1997), "Truth and Meaning in George Lindbeck's The Nature of Doctrine." *Religious Studies* 33/1, pp.3-53.

Richardson, James T.(1988), "Paradigm Conflict, Types of Conversion, and Conversion Theories." *Sociological Analysis* 50/1, pp.1-21.

_____ (1985), "The Active vs. Passive Convert: Paradigm Conflict in Conversion/ Recruitment Research." *Journal for the Scientific Study of Religion* 24/2, pp.163-179.

_____ (1980), "Conversion Careers." *Society* 17/3, pp.47-50.

Sharma, Ramesh Kumar(1985), "Dharmakīrti on the Existence of Other Minds." *Journal of Indian Philosophy* 13/1, pp.465-483.

Taylor, B.(1976), "Conversion and Cognition: An Area for Empirical Study in the Microsociology of Religious Knowledge." *Social Compass* 23/1, pp.5-22.

Tillich, Paul(1955), "The Nature of Religious Language." *Christian Scholar* 38/3, pp.189-197.

일본 논문

井上善右衛門(1965), 〈第六識の根源について〉.《印度學仏教學研究》13/1 (通卷25), pp.235-238.

上田昇(1986), 〈輪廻の言語觀〉.《仏教學》19, pp.49-74.

片野道雄(2000), 〈攝大乘論における一乘思想〉.《仏教學セミナ》72, pp.1-14.

_____ (1967), 〈攝大乘論におけるアーラヤ識の相(lakṣaṇaについて)〉.《印度學仏教學研

究》16/1 (通卷31), pp.175-178.

_____ (1965), 〈攝大乘論における心意識〉.《印度學仏教學研究》13/1 (通卷25) pp.231-234.

桂紹隆(2002), 〈存在とは何か-ダルムキ-ルテの視点〉.《仏教文化研究所紀要》41, pp.262-275.

佐佐木教悟(1983), 〈大乘菩薩の證入次第について〉.《仏教學セミナ》38, pp.1-17.

勝呂信靜(1982), 〈二取·二分論〉.《法華文化研究》8, pp.15-57.

竹村邦和(1984), 〈敦煌出土攝大乘論疏章に見られる唯識說 1〉.《印度學仏教學研究》32/2 (通卷64), pp.170-171.

竹村牧男(1975), 〈《攝大乘論》の三性說: 世親釋の名の理解を手がかりに〉.《印度學仏教學研究》23/2 (通卷46), pp.752-755.

葉阿月(1967), 〈中邊分別論相品における依他性說から見たVijñānaについて〉.《印度學仏教學研究》16/1 (通卷31), pp.179-184.

舟橋尙哉(1967), 〈末那識の源流〉.《印度學仏教學研究》16/1 (通卷31), pp.184-187.

橫山紘一(1977), 〈唯識思想における否定〉.《宗教研究》51/1 (232號), pp.43-70.

_____ (1976), 〈名と增語とについて〉.《印度學仏教學研究》24/2 (通卷48), pp.695-700.

한국 논문

김기현(2005), 〈루돌프 불트만의 종교 언어비판: 포스트모던 시대의 종교 언어를 위한 시론〉.《기독교철학》1, pp.215-241.

김동기(2006), 〈회심과정의 태도와 태도변화에 대한 사회심리학적 고찰〉.《종교연구》30, pp.141-167.

김봉래(1991), 〈法稱의 他心存在證明〉. 석사학위논문, 동국대학교.

김성철(2006), 〈한국유식학연구사〉.《불교학리뷰》1/1, pp.13-54.

_____ (2004), 〈유가행파의 수행에서 意言의 역할과 의의〉.《보조사상》21, pp.139-172.

_____ (2002), 〈조기 유식학파의 분별개념〉.《인도철학》12, pp.231-259.

김용표(1993), 〈종교 언어의 문제와 경전해석학-Candrakīrti의 진리와 방법의 不可分性論과 관련하여〉.《한국불교학》18, pp.161-182.

김인종(1993), 〈자이나교의 해탈문화에 나타난 Karma-Pudgala〉.《역사와 사회》 18, pp.109-128.

김재영(2003), 〈'심리적' 종교심리학의 회심이론〉.《종교연구》 33, pp.17-40.

김정택(2004), 〈융의 개성화과정에 나타난 나무꿈의 상징성〉.《한국심리유형학회》 11, pp.45-65.

김치온(2013), 〈유식학의 연구현황과 연구과제〉,《한국불교학》 68, pp.135-168.

박경일(2007), 〈무아윤회와 해체철학: 학제적 학문공동체 실험서설〉.《동서비교문학저널》 17, pp.165-193.

박영학(2009), 〈원효의 언어관 연구〉.《원불교사상과 종교문화》 42, pp.197-227.

반신환(2003), 〈루이스 람보의 회심이해〉.《종교연구》 30, pp.1-19.

백진순(2010), 〈아뢰야식의 지평에서 본 타인의 마음〉.《불교학연구》 26, pp.173-208.

_____ (2004), 〈《성유식론(成唯識論)》의 가설(假說, upacāra)에 대한 연구-은유적 표현의 근거에 대한 고찰〉. 박사학위논문, 연세대학교.

성해영(2018), 〈동서양 종교 전통의 '신비적 합일 체험'은 동일할까?-보편주의와 구축주의의 논쟁을 중심으로〉.《종교문화연구》 31, pp.1-31.

소기석(2003), 〈후기비트겐슈타인의 종교 언어관에 대한 연구〉.《종교와 문화》 9, pp.179-207.

송태현(2005), 〈카를 구스타프 융의 원형개념〉.《인문콘텐츠》 6, pp.23-38.

슈미트하우젠(2006), 〈《성문지》에서의 선정수행과 해탈경험〉. 안성두 역.《불교학리뷰》 1, pp.122-159.

안성두(2007a), 〈인도불교 초기 유식문헌에서의 언어와 실재와의 관계: 유가사지론의 三性과 五事를 중심으로〉.《인도철학》 23, pp.199-239.

_____ (2007b), 〈진여의 불가언설성과 佛說-초기유식문헌을 중심으로〉.《천태학연구》 10, pp.229-258.

_____ (2005), 〈보살윤리의 성격과 그 기준:《보살지》를 중심으로〉.《인도철학》 21, pp.153-180.

_____ (2004), 〈瑜伽行派의 見道(darśana-mārga)설 (II): 9심 찰나의 견도설과 止觀〉.《보조사상》 22, pp.74-105.

_____ (2003), 〈유가행파(瑜伽行派)에 있어 견도(見道)(darsana-marga)설(說) (1)〉.《인도철

학》 12, pp.145-171.

안환기(2018), 〈자리이타의 불교심리학적 의미〉. 《인문사회21》 9/4, pp.1193-1206.

_____ (2012), 〈유식불교의 언어관 연구- '사회적 자아'를 형성하는 언어의 역할 문제를 중심으로〉. 박사학위논문, 서울대학교.

_____ (2010), 〈사회심리적 관점에서 본 보살(菩薩)의 회심-유식불교 《攝大乘論》에 나타난 보살을 중심으로〉. 《종교연구》 58, pp.79-99.

_____ (2009), 〈유식불교 '법신(法身)'개념의 심리학적 의미-융의 '자기(self)'와 《攝大乘論》의 '법신'개념을 중심으로〉. 《불교학연구》 23, pp.93-132.

엄정식(1985), 〈종교 언어의 철학적 분석-논리적 실증주의와 일상언어학파를 중심으로〉. 《철학연구》 20, pp.47-69.

우제선(2004), 〈인식의 전환: 다르마끼르띠와 태고보우의 깨달음〉. 《보조사상》 22, pp.107-134.

원의범(1977), 〈인명에서의 언어와 현량(現量)과 실상(實相)〉. 《불교학보》 14, pp.185-202.

윤원철(2007), 〈불교학과 종교학〉, 《불교학연구》18, 불교학연구회, pp.19-40.

윤평중(1988), 〈합리성과 사회비판-비판이론과 후기구조주의를 중심으로〉. 《철학연구》 12, pp.149-159.

윤희조(2018a), 〈불교상담의 과정과 기법을 중심으로 하는 불교상담 방법론〉. 《철학논총》 93/3, pp.203-230.

_____ (2018b), 〈불교상담의 두 모델, 사성제모델과 불이모델〉. 《동서철학연구》 88, pp.77-97.

_____ (2017a), 〈불교심리학의 관점에서 보는 네 가지 차원의 마음〉. 《동서철학연구》 86, pp.127-151.

_____ (2017b), 〈불교의 언어, 불교상담의 언어〉. 《대동철학》 81, pp.241-263.

_____ (2008), 〈《중론》에서의 언어의 문제-그 모순 위의 진실의 세계〉. 《회당학보》 13, pp.151-188.

_____ (2005), 〈망상(prapañca)의 발생과 소멸에 관한 연구-초기불교를 중심으로〉. 석사학위논문, 서울불교대학원대학교.

이명현(1989), 〈언어의 규직과 삶의 형식〉. 《철학》 32, pp.181-190.

이병옥(2002), 〈종교적 감정의 전달과 언어-슐라이어마허의 《종교론》을 중심으로〉. 《해석학연구》 9, pp.293-309.

이부영(1996), 〈분석심리학적 입장에서 본 망상의 정신병리〉.《정신병리학》 5, pp.27-34.

_____ (1995), 〈'재생'의 상징적 의미〉.《심성연구》 12, pp.89-114.

이수진(2006), 〈《허공에 매달린 사나이》에 나타난 칼 융의 개성화 과정〉.《한국현대영어문학》 50, pp.87-110.

이승종(2005), 〈생활양식과 언어게임〉.《철학적 분석》 12, pp.121-138.

이종진(2009), 〈종교 언어의 유의미성: 프리도 릭켄의 일상 언어적 분석에 대한 고찰〉.《신학과 철학》 14, pp.139-163.

이종철(1995), 〈와수반두의 언어관〉.《철학논구》 23, pp.23-62.

이지수(2000), 〈불교의 언어관-언어에 대한 철학적 성찰〉.《과학사상》 35, pp.34-62.

이지중(2005), 〈훈습의 기능에 대한 교육적 탐색-유식학적 언어관과 문훈습(聞薰習)을 중심으로〉.《종교교육학연구》 21, pp.257-280.

전치수(1987), 〈언어의 표시대상(śabdārtha)-Apoha, Sāmānya〉.《한국불교학》 12, pp.161-183.

정승석(2001), 〈인도의 가상현실과 종교적 전통〉.《종교연구》 22, pp.83-105.

정유정(상묵)(2010),《瑜伽師地論》〈五事章〉에 나타난 수행론 연구〉. 석사학위논문, 동국대학교.

정현숙(2002), 〈불교의 무아설과 융의 자기실현 비교고찰〉.《종교교육학연구》 15, pp.321-337.

제르네, 자끄(Jacques Gernet)(1992), 〈유교와 그리스도교 사상-언어의 차이와 사유의 차이〉. 송영배 역.《종교신학연구》 5, pp.275-288.

주성옥(2004), 〈불교의 언어관비판과 극복〉.《불교학연구》 9, pp.55-85.

차상엽(1998), 〈초기 유식학파 無分別智에 대한 研究-攝大乘論을 중심으로〉. 석사학위논문, 동국대학교.

최창규(1996), 〈無着 유식철학의 연구-攝大乘論을 중심으로〉. 박사학위논문, 고려대학교.

피종호(1995), 〈구조주의와 후기구조주의의 텍스트 개념〉.《뷔히너와 현대문학》 8, pp.193-226.

황필호(1980), 〈세속언어와 종교 언어〉.《철학》 14, pp.85-100.

https://en.wikipedia.org/wiki/George_Lindbeck(2019.12.28.검색).

http://www.ibulgyo.com/news/articleView.html?idxno=66827(2019.12.01.검색).

Glossary

가행무분별지 | '능취'[마음의 경계로 무엇을 잡으려는 주관적인 생각]와 '소취'[잡으려는 대상]의 '이취'를 없애가는 과정상의 지혜.

공상 | 다른 것과 공통되는 일반적인 '상'. 즉 타인과 함께 가지는 인식 대상을 '공상'이라고 한다. 반면 고유하고 특수한 '상'을 '자상' 또는 '불공상'이라고 한다.

공종자 | 자타가 함께 수용하는 경계를 만들어내는 '종자'이다. 유식학에서 '공종자'는 제8식인 '알라야식'에 저장되어 있다고 본다. 반면 '불공종자'는 개인의 경험만이 '알라야식'에 저장된 것으로 본다.

근본무분별지 | 대상에 대한 분별인식이 멎고 우리 자신의 본성인 '진여'를 증득하는 지혜. 절대의 참 지혜. '후득지'를 내는 근본이 된다.

기세간 | 일체 중생이 사는 세계. 우리가 사는 산하대지[자연환경] 등의 세계.

ㄷ

대치 | '도'로써 번뇌를 끊는 것.

등류습기 | 원인의 성질과 비슷한 결과를 만드는 '종자'.

ㅁ

명색 | 12연기의 제4지이다. '명'은 심적인 것, '색'은 물적인 것을 가리킨다. 유식학에서는 '오온'의 '종자'를 '명색'이라고 한다.

명언훈습종자 | 언어작용의 결과가 '알라야식'에 저장되어 있는 '종자'. 유식학에서는 모든 심리작용이 '명언훈습종자'의 형태로 저장된다고 본다.

무루종자 | '알라야식'에 존재하는 청정무구한 '종자'. '무루종자'가 원인이 되어 깨달음에 이를 수 있게 된다.

무분별지 | 주객의 구별이 없는 평등한 경지에서 진여를 체득한 지혜. 개념적 사유를 넘어선 지혜. 유식학에서는 이를 세분해서 '가행무분별지'와 '근본무분별지'로 나눈다.

ㅂ

번뇌장 | 번뇌가 마음을 어지럽게 하여 수행이나 열반을 방해하는 것.

법계 | 부파불교에서는 의식의 대상이 되는 모든 사물을 가리킨다. 반면, 대승불교에서는 '법'을 모든 존재 또는 현상으로 해석하여 모든 존재를 포함한 세계를 뜻하며, 또한 모든 현상의 본질적인 양상, 즉 '진여'까지도 뜻한다.

법공 | 모든 존재는 인연이 모여서 생기는 존재로서 실체가 없음을 말한다.

법신 | 진리의 몸. 진리 그 자체를 말한다.

불공상 | 개인만이 가지는 인식 대상. 감각을 동반하여 형성된 '상'

ㅅ

사심사관 | 제법의 '명'[이름], '사'[사물, 현상], '자성'[본질], '차별'[차이]에 대하여 깊이 살펴어 관찰함을 뜻함

사여실지관 | '사심사관'을 통해 얻은 지혜. 이를 통해 '유식'의 참된 뜻을 얻게 된다고 한다.

사태 | 유식학에서 일체 현상을 나타내는 개념. '사태'는 구체적으로 '언어로 표현될 수 있는 영역'과 '언어로 표현될 수 없는 영역'으로 나누어진다.

삼성설 | '변계소집성', '의타기성', '원성실성'을 일컫는다.

성문승 | 붓다의 말을 듣고 이를 관하여 해탈한 사람. 유식학에서 '성문승'은 인식 주관이 영원하지 않다는 사실에 통달하지만 아직 인식 주관과 인식 대상 모두 영원하지 않다는 사실에 통달하지 못한 상태에 있다고 본다.

성문지 | 유식학에서는 '성문승'이 증득하는 지혜로 인식 대상에 대해 분별을 일으키는 지혜라고 함.

소연상 | 유식문헌 《유가사지론》에서는 '상'을 '소연상'과 '인연상'으로 나눈다. '소연상'은 '현

상적 상' 내지 '현상에 대한 관념상'의 의미로 사용되고 있다.

소지장 | 어리석음에 의한 번뇌가 인식 대상의 참모습을 올바르게 인식하지 못하게 방해하는 것.

'식'의 분화 | 마음이 인식 주관과 인식 대상으로 나누어지는 것.

심상 | 마음속에 떠오른 영상

아견훈습종자 | 나 자신이 영원히 존재한다는 생각이 '알라야식'에 '종자'로 남아 있는 것.

아공 | 우리가 '나'라고 하는 것은 '오온'이 화합한 것으로, 참다운 '나'라고 할 것이 없음을 말한다.

안위동일 | 마음과 육체 중 한 쪽이 양호한 상태 혹은 좋지 못한 상태이면 다른 쪽도 그에 대응해서 양호 또는 불량한 상태가 됨을 의미한다. 육체와 마음은 유기적인 관계에 있다는 것.

알라야식 | 유식학에서 제8식을 말한다. '종자'를 저장하고 있으며, 이 '종자'로부터 삼라만상이 전개된다고 본다.

오위 | 유식학은 수행이 진행되면서 번뇌의 제거 정도에 따라 5가지 단계를 설정한다. '자량위', '가행위', '통달위', '수습위', '구경위'.

유루종자 | 미혹의 근원이 되는 '종자'. 윤회의 세계에 태어나게 하는 '종자'

유식 | '식'이라는 것은 대상을 분별하여 아는 작용이다. '유식'이란, 만유가 '식'에 의하여 나타난 것에 불과한 것임을 의미.

유지훈습종자 | 욕계·색계·무색계에서 생사윤회하게 하는 '종자'

의언 | 이치에 맞게 생각하는 것. 본질적으로 '의식'이다. 이해의 작용을 말하는 것으로서 이치에 맞게 분별하고 판단하는 작용

이숙습기 | 원인의 성질과 다른 결과를 만드는 '종자'

인연상 | 유식문헌 《유가사지론》에서는 '상'을 '소연상'과 '인연상'으로 나눈다. '인연상'은 현상이 언어표현을 위한 원인이나 근거로서 작용한다는 것을 나타낸다

전변 | '알라야식'에서 7가지 '식'이 생기며 이것이 '주관'과 '객관'으로 나누어져서 인식이 성립되는 과정.

전의 | 수행을 통해 마음이 질적으로 달라지는 현상

정문훈습종자 | 진리의 말을 잘 듣고 그 말이 '알라야식'에 저장된 '종자'.

종자 | 곡식의 싹이 씨앗[종자]에서 나오는 것처럼 모든 존재현상을 나타나게 하는 원인이 되는 것을 가리키는 말. 유식학에서는 우리 마음의 '종자'[에너지]가 '알라야식'에 감추어져 있다가 인연에 의해 현실로 나타나는 것을 일컫는다.

종자생종자 | 훈습된 '종자'가 '알라야식' 안에서 자라나 새로운 행위를 일으키는 힘을 만드는 과정.

종자생현행 | 현재 작용하는 마음이 '종자'로부터 만들어지는 과정. '종자'로부터 말나식과 6가지 식이 생겨나는 것.

집수 | 유식학에서 집수는 '감각기능을 가진 신체를 비롯하여 정신[혹은 의식]을 통합하고 유지하는 작용'을 의미한다.

타의 배제 원리 | 인도후기 논리학자가 제시한 원리. 언어는 그 언어가 지시하는 대상 이외의 것에 의해 배제됨으로써 의미 있게 된다는 것. 언어가 지시하는 것 이외의 것에 의해 부정됨으로써 그 의미가 드러난다는 것.

현행훈종자 | 현재 활동하는 '식'의 결과가 '알라야식'에 저장되는 것.

후득지 | '근본무분별지' 뒤에 얻는 분별이 있는 지혜. 보살이 중생에게 대자비행을 실천하도록 한다.

각 용어 정의는 《불교학대사전》(서울, 弘法院. 1994)과 《唯識 仏教辞典》(東京, 春秋社, 2010)을 참조해 기술하였습니다.

유식, 마음을 읽다

언어에 대한 인식적-문화적 해석

초판 1쇄 2020년 2월 28일

지은이   안환기
펴낸이   오종욱
펴낸곳   올리브그린
편집디자인 김윤진
주소   경기도 파주시 회동길 145 아시아출판문화정보센터 2F 201호
이메일   olivegreen_p@naver.com
전화   070-6238-8991
팩스   0505-116-8991

가격   18,000원
ISBN   978-89-98938-32-1 93120

이 도서의 국립중앙도서관 출판도서목록(CIP)은 서지정보유통지원시스템 홈페이지(http://seoji.nl.go.kr)와 국가자료공동목록시스템(http://www.nl.go.kr/kolisnet)에서 이용하실 수 있습니다. (CIP제어번호: CIP2020007546)